TEXTES RELIGIEUX

ASSYRIENS ET BABYLONIENS

TRANSCRIPTION, TRADUCTION ET COMMENTAIRE

PAR

FRANÇOIS MARTIN

DIPLÔMÉ DE L'ÉCOLE PRATIQUE DES HAUTES-ÉTUDES
PROFESSEUR A L'INSTITUT CATHOLIQUE DE PARIS

PREMIÈRE SÉRIE

PARIS
LETOUZEY ET ANÉ, ÉDITEURS
17, RUE DU VIEUX-COLOMBIER
1903

TEXTES RELIGIEUX

ASSYRIENS ET BABYLONIENS

TEXTES RELIGIEUX

ASSYRIENS ET BABYLONIENS

TRANSCRIPTION, TRADUCTION ET COMMENTAIRE

PAR

FRANÇOIS MARTIN

DIPLÔMÉ DE L'ÉCOLE PRATIQUE DES HAUTES-ÉTUDES
PROFESSEUR A L'INSTITUT CATHOLIQUE DE PARIS

PREMIÈRE SÉRIE

PARIS
LETOUZEY ET ANÉ, ÉDITEURS
17, RUE DU VIEUX-COLOMBIER
1903

INTRODUCTION

En 1895, J. Craig a publié la copie du texte cunéiforme d'un certain nombre de tablettes assyriennes et babyloniennes, choisies exclusivement dans les pièces d'un caractère religieux[1]. L'éditeur annonçait dans la préface[2] qu'il donnerait dans un second volume[3], avec de nouveaux textes, la traduction du recueil entier suivie de notes et d'un glossaire. Sept années se sont écoulées, et ni J. Craig ni d'autres assyriologues n'ont publié la traduction annoncée.

En reprenant la tâche abandonnée, j'ai cru faire œuvre utile aux progrès de l'assyriologie. Les textes dont on ne possède que la copie ne sont jamais utilisés d'une façon complète.

Lorsque j'ai abordé ce travail, j'avais le choix entre deux méthodes. Avant et après la publication de Craig, plusieurs morceaux avaient paru dans les séries dont ils font partie ou avaient été étudiés isolément dans les revues. C'est ainsi que le P. Scheil en avait traduit quelques-uns dans la *Revue de l'histoire des religions*[4]. Je pouvais donc ou me borner

1. *Assyrian and babylonian religious texts being prayers, oracles, hymns, etc., copied from the original tablets preserved in the British Museum and autographed*, by James Craig, vol. I, Leipzig, 1895 (Assyriologische Bibliothek, fasc. XIII).

2. *Ibid.*, p. v.

3. J'ai publié en 1900, comme thèse de l'École des Hautes-Études, la transcription et la traduction du second volume qui a paru en 1897, et qui ne contient, comme le premier, que des textes ; v. François Martin, *Textes religieux assyriens et babyloniens*, Paris, 1900.

4. *Revue de l'histoire des religions : Choix de textes religieux assyriens*, tirage à part, 1897 ; les autres publications seront indiquées au cours de ce travail.

aux textes qui n'avaient pas encore été transcrits ou traduits, ou donner une étude complète du recueil. C'est à ce dernier parti que je me suis arrêté.

Les textes religieux présentent de si grandes difficultés[1] qu'il y a toujours à glaner, même après les maîtres qui les ont étudiés. Le premier travail de déblaiement accompli permet de porter tout l'effort sur les points plus obscurs, d'en élucider quelques-uns, de mieux délimiter les autres, de préparer ainsi l'interprétation définitive.

Une autre considération m'a amené à publier la transcription et la traduction de tout le volume. Les pièces qui le composent représentent les principaux genres de la littérature religieuse babylonienne ou assyrienne. A ce titre, il forme donc un véritable « recueil de morceaux choisis », et il offre une réelle utilité pour tous ceux qui s'intéressent à l'étude de la religion assyrienne et à celle de la religion juive dans ses origines les plus lointaines.

Les fidèles imploraient la divinité soit par des prières proprement dites, soit par des sacrifices, des offrandes, des rites déterminés qu'ils exécutaient sous la direction des prêtres ou plutôt que ceux-ci exécutaient pour eux. Assez souvent les prières sont mêlées aux cérémonies liturgiques dont elles faisaient, dans ce cas, partie intégrante[2]. De son côté, la divinité daignait parfois répondre à leurs demandes, tout au moins quand ces demandes émanaient du roi, par des oracles que transmettaient les prêtres. Nos textes comprennent donc les diverses sortes d'invocations adressées aux dieux : hymnes, dédicaces, psaumes, litanies, consultations; des extraits des rituels qui guidaient les fidèles et les prêtres, enfin quelques spécimens d'oracles divins.

Les noms des dieux qui reviennent le plus souvent dans

1. Ces difficultés s'augmentent ici des défectuosités de la copie de Craig. M. Virolleaud a bien voulu collationner l'autographie sur les originaux, mais il n'a pas pu obtenir la communication de toutes les tablettes.

2. V. g., dans l'hymne à Marduk et à Zarpânit, n° 1, p. 2 et suiv., et dans les prières au dieu du feu, p. 140 et suiv.

les hymnes, dédicaces et prières du recueil sont ceux de Marduk, Ashur, Nusku, Gishbar et Nabû.

Marduk, le soleil du matin et du printemps, fils d'Ea, dieu de l'abîme, et de Damkina[1] règne à Babylone, où il est vénéré dans le temple de l'E-sagil[2]. Depuis que Babylone a conquis la suprématie politique, qu'elle est la reine des villes de la Chaldée, son dieu est devenu, lui aussi, « le maître des dieux et des hommes dès le commencement[3] ». A ce titre, il a pris le nom de Bêl[4], « le souverain », réservé jusque-là au dieu du ciel et de la terre invoqué dans Nippur[5], il a « dompté l'énorme Tiâmât[6] » et créé l'univers. Maintenant, cet univers qu'il a créé, « il en prend soin[7] » ; il « soutient la terre habitée et les extrémités du firmament[8] » ; il comble de biens ses créatures, distribue l'eau et la lumière nécessaires à la vie[9] ; il veille sur la vie humaine, rend la vie au mort, c'est-à-dire guérit, extirpe la maladie[10]. Il est le dieu des incantations, qui arrête les mauvais démons et rompt les charmes funestes[11] ; il donne de bons conseils à ses clients[12]. Souverain miséricordieux par excellence, il remplit cependant, comme les autres dieux solaires, les fonctions de juge et punit et redresse les méchants[13].

Pour célébrer tant de puissance, tant de bonté, ses fidèles ne trouvent pas assez de louanges : il est « l'extraordinaire, l'intelligent..., la guerre et le combat sont dans la main du

1. *Infra*, p. 117, l. 32; p. 121, l. 15.
2. *Infra*, p. 47, l. 12.
3. *Infra*, p. 47, l. 1-3; p. 159, l. 19.
4. *Infra*, p. 117, l. 21.
5. Cf. Schrader, *Die Keilinschriften und das alte Testament*, 3e édition, par Winckler et Zimmern, Berlin, 1902, p. 372.
6. *Infra*, p. 117, l. 20, allusion au récit de la Création ; v. *Keilinschriftliche Bibliothek*, t. VI, Berlin, 1900, p. 2 et suiv.
7. *Infra*, p. 47, l. 7.
8. *Infra*, p. 115, l. 8.
9. *Infra*, p. 47, l. 10; p. 117, l. 23, 34; p. 119, l. 35.
10. *Infra*, p. 217, l. 7-11.
11. *Infra*, p. 217, l. 7-9; p. 143, l. 45; p. 145, l. 46-56.
12. *Infra*, p. 117, l. 27.
13. *Infra*, p. 47, l. 11; p. 121, l. 10; p. 217, l. 9.

héraut des dieux, de Marduk. A sa marche en bataille, les cieux grondent... [devant] sa splendeur, l'abîme se trouble. Devant le tranchant de son arme, les dieux s'enfuient. A son choc impétueux, il n'est personne qui résiste. Maître terrible qui, parmi les grands dieux, n'a pas de rival! Dans les cieux splendides, majestueuse est sa marche. Dans l'E-kur, le temple magnifique, sa loi est respectée. Dans la tempête, ses armes brillent. A sa flamme, les montagnes escarpées se renversent. De la mer immense, il domine l'immensité. Fils de l'E-sharra est son nom, champion des dieux, son titre[1] ».

Comme Babylone, Ninive a son dieu national, et l'Assyrien lui attribue naturellement le rang suprême dans la hiérarchie divine. Ashur se crée lui-même, et il crée tout. « A Ashur, dit Sennachérib dans une dédicace, à Ashur, le roi de tous les dieux, qui se crée lui-même, dont la personne a grandi dans l'abîme, qui a fait les cieux d'Anu et le monde souterrain[2], » c'est-à-dire l'univers entier depuis le sommet des cieux jusqu'aux profondeurs de l'abîme. Il sait tout, il fixe les destins, il est très intelligent et très habile[3], plein de force et de bravoure, comme il sied au grand dieu d'une nation guerrière[4].

Nusku, le dieu-lampe[5], et Gishbar[6] sont les divinités de la lumière et du feu; ils paraissent souvent identifiés[7]. Les attributs qui leur sont décernés sont ceux de l'élément qu'ils symbolisent, pris dans un sens moral. Ils éclairent l'homme sur la voie à suivre, lui montrent la loi morale, le jugent sur la manière dont ils l'observent. Nusku, « le dieu brillant... édicte l'ordre et le décret..., promulgue la loi de la divinité suprême », et, en juge équitable, il pénètre leur intérieur,

1. *Infra*, p. 159, l. 6-19.
2. *Infra*, p. 313, l. 1-4.
3. *Infra*, p. 127, l. 1-4, 14, 17.
4. *Infra*, p. 129, l. 31, p. 131, l. 15.
5. *Infra*, p. 138.
6. Le nom de ce dieu est lu aussi BIL-GI.
7. Cf. Tallquist, *Die assyrische Beschwörungsserie Maqlû*, 1894, p. 26.

pour glorifier leurs bonnes actions et anéantir l'impie[1]. Le malheureux, poursuivi par les sortilèges du sorcier et de la sorcière, prête le même rôle à Gishbar : « Celui qui juge mon jugement, qui rend ma sentence, c'est toi. Les ténèbres, tu illumines ; les confusions, les troubles, tu y mets ordre..., c'est toi qui édictes l'ordre et le décret. — Lève-toi, le supplie-t-il, pour mon jugement : juge mon jugement, rends ma sentence[2]. »

Le dieu du feu ne se contente pas d'éclairer les dieux et les hommes, de dissiper les ténèbres qui viennent à se répandre sur la terre et dans les cieux. Son pouvoir s'étend jusqu'aux profondeurs des enfers, il illumine l'obscurité de ce séjour des âmes et donne la lumière aux Anunnaki, c'est-à-dire aux divinités infernales[3]. Il est à peine besoin de souligner l'importance de cette conception qui fait régner le feu dans le monde des ombres.

La prière d'Assurbanipal à Nabû[4] est un colloque intime du prince avec le dieu. Comme la dédicace à Marduk et l'oracle de Bêlit[5], cette pièce a été composée probablement dans les dernières années du grand roi, lorsque les Mèdes menaçaient déjà son empire qu'ils devaient renverser. Assurbanipal « ouvre ses mains », il supplie Nabû de ne pas l'abandonner au milieu de ses adversaires[6]. Le dieu répond à sa confiance : « Avec toi, Assurbanipal, moi, Nabû, je suis jusqu'à la fin des jours. Tes pieds ne boiteront pas, elles ne se fatigueront pas tes mains... Ne crains pas, Assurbanipal, je t'accorderai une longue vie. De bons souffles, je pourvoirai ton âme. Ma bouche, celle qui est bonne, te bénira dans l'assemblée des dieux[7]. » Et pour achever de le

1. *Infra*, p. 135, l. 10-13.
2. *Infra*, p. 147, l. 14-19, p. 141, l. 6.
3. *Infra*, p. 141, l. 15.
4. *Infra*, p. 26-31.
5. N° x, p. 46 et suiv., et n° xiv, p. 100-103.
6. *Infra*, p. 27, l. 20 ; p. 29, l. 22, et *verso*, l. 5.
7. *Infra*, p. 29, l. 24-26.

rassurer, il lui rappelle qu'il l'a confié à la déesse reine de Ninive, et qu'elle le garde sur son sein.

A côté des grands dieux, quelquefois dans la même hymne[1], apparaissent les divinités féminines, il serait peut-être plus juste de dire Ishtâr, invoquée sous les différents noms que, dans le cours de l'évolution de la religion assyrienne, elle a pris aux déesses locales auxquelles on l'a identifiée[2], v. g. Nanâ d'Uruk, Bêlit, Bêlit-ili de Nippur, Ishḫara, etc. Le double caractère, très opposé au moins en apparence, de violence et de tendresse, le rôle de guerrière et celui de mère des dieux, des hommes et de toutes les créatures, que les textes religieux donnent à Ishtâr, a fort exercé la sagacité des assyriologues[3]. Certains distinguent volontiers entre l'Ishtâr de l'Assyrie et celle de la Babylonie. La première serait exclusivement la déesse guerrière; la seconde, la déesse de la volupté, la tendre mère des hommes. Quelques-uns portent la même distinction dans l'Assyrie proprement dite et voient dans Ishtâr de Ninive la déesse de l'amour, dans Ishtâr d'Arbèle la déesse de la guerre. D'autres font remarquer que son rôle de déesse de la végétation est peu accentué dans la mythologie babylonienne.

Il ne faut pas trop appuyer sur ces distinctions. Quelques-unes, comme la distinction de l'Ishtâr chaldéenne et de l'Ishtâr assyrienne, ont pu exister à l'origine. Mais elles se sont effacées de bonne heure, au plus tard sans doute dans les conceptions mythologiques qui prévalurent au temps d'Hammurabi (XXIIIe siècle avant Jésus-Christ). Ce roi de Babylone salue déjà dans Ishtâr la déesse de la lutte et du combat comme le feront plus tard les rois de Ninive[4]. Nos textes n'en présentent plus de traces. Dans son oracle

1. Ainsi Zarpânit est souvent invoquée avec Marduk, son époux, v. g. p. 3, l. 11-22; p. 49, l. 26; p. 121, l. 16 et suiv.

2. Cf. Schrader, *Die Keilinschriften und das alte Testament*, 3e éd., p. 422.

3. V. Lagrange, *Études sur les religions sémitiques*, Revue biblique, 1er octobre 1901, p. 554-566, et Schrader, *op. cit.*, p. 428-431.

4. Inscription bilingue de Hammurabi, l. 16-18; voy. *Keilinschriftliche Bibliothek*, t. III, p. 113.

à Assurbanipal, Bêlit, la souveraine d'Arbèle, après avoir prédit au roi qu'elle briserait ses ennemis, lui parle comme la mère la plus tendre : elle veillera sur lui comme une mère sur son fruit ; pendant la nuit, elle lui donnera sa couverture et pendant le jour un vêtement[1]. La description de la reine de Ninive au jour de sa grande fête du mois de ṭebet convient aussi bien à la guerrière qu'à la mère : elle a « le menton barbu comme Ashur », indice de virilité, mais elle est aussi « la gracieuse souveraine de Ninive » : un disque est sur sa tête ; comme une étoile, comme le soleil, elle brille[2].

L'auteur de l'hymne à Ishtâr, n° IX, qui est probablement d'origine babylonienne, l'invoque à la fois comme déesse de la bataille, mère des hommes, protectrice des animaux, déesse de la végétation : « Sublime Ishtâr de la bataille, revêtue de [terreur] ; souveraine qui habites la splendeur, majesté puissante ; flûte harmonieuse dont le son est doux ; génisse sauvage(?), qui fonces sur les contrées ; ouragan qui combats le combat, qui épouvantes le ciel et la terre ; auguste Ishtâr, souveraine des contrées ; guerrière Ishtâr, mère des hommes ; tu marches devant les animaux, tu aimes les troupeaux ; tous les pays, tout l'univers, tu es leur pasteur. Ils sont heureux, et devant toi ils s'inclinent quand ils te voient. Le coupable, le meurtrier, tu les redresses, tu juges leur jugement. Sans toi, le canal ne s'ouvre pas, le canal ne s'endigue pas, lui qui apporte l'abondance, » etc[3].

Il en est de même dans l'hymne adressée à Nanâ, n° XXIII, composée certainement pour un roi d'Assyrie[4]. Il n'est pas jusqu'à Zarpânit, la grande déesse babylonienne, épouse de Marduk, dont le fidèle ne loue « la vaillance[5] », à côté de ses attributs de créatrice et de reine miséricordieuse.

1. *Infra*, p. 103, l. 7-11.
2. *Infra*, p. 37.
3. *Infra*, p. 61, l. 4-16.
4. *Infra*, p. 197-199.
5. *qur-di*, *infra*, p. 121, l. 16-19.

Les hymnes aux déesses comptent parmi les plus beaux monuments de la littérature religieuse de Ninive et de Babylone. Les scribes assyriens n'ont pas célébré seulement avec une vigueur toute guerrière la belliqueuse Ishtâr; ils ont idéalisé en sa personne le rôle de la femme dans ce qu'il a de plus touchant, et ils ont su trouver des accents pleins d'élévation pour dire leur confiance en sa tendresse secourable à tous ceux qui souffrent. Nous venons de lire une de ces productions; la prière à Nanâ, n° XXIII, n'est pas moins belle : « Sans elle, qui fera quelque chose?... Tu rends prospère le malheureux, tu combles l'homme déchu... Resplendis, ô brillante, etc. » Il faudrait la citer en entier[1].

Les litanies s'adressaient quelquefois à une seule divinité, dont elles louaient les divers noms et attributs. Telle l'hymne, en forme de litanie, à Bau, déesse de la médecine : « O déesse Nindindigga, mère des hommes ; déesse Bau, qui prononces l'incantation de vie contre l'agitation du cœur ; déesse Damu, qui soudes l'articulation brisée, etc.[2] » Plus souvent elles énumèrent une série de divinités, comme celles du n° XI, p. 74-79[3]. Dans d'autres litanies, à côté des grands dieux du panthéon babylonien, le suppliant invoque toute une théorie de divinités inférieures ou subalternes, de génies tutélaires et même d'être inanimés divinisés.

La conception mythologique qui prêtait une hypostase divine à des êtres inanimés était très familière aux Babyloniens. C'est un système astral qui est à la base de leur reli-

1. *Infra*, p. 199, l 5, etc. — Cf. dans François Martin, *Textes religieux assyriens et babyloniens*, Paris, 1903, p. 2, la prière à la déesse « Nin-Gal. qui rend la vie douce, la déesse de gloire..., la mère des dieux, la guerrière, la miséricordieuse, la gracieuse, celle dont la personne est pleine d'éclat, celle dont les traits brillent comme le jour, ... la reine de miséricorde qui parle pitié à Shamash, son premier-né » (un des dieux juges).

2. *Infra*, p. 71.

3. J'en ai traduit le début par « Intérieur (ou cœur) de Nabû, *protecteur du faible*, etc. ». Cette traduction est fort conjecturale. La 2ᵉ partie des 4 premières lignes est en mauvais état. Peut-être contenait-elle le verbe « s'apaiser » : « Que le cœur de Nabû s'apaise, » etc.

gion, et ils allaient jusqu'à prier les fleuves, les canaux, les temples, les villes sacrées, leurs portes, v. g. : « Que le Tigre, l'Euphrate, le canal Mekalkal, le canal Durkiba, le canal Shitar, le canal Araḫtum, cher à Marduk, t'absolvent[1].... que la porte, et le nom de la porte, et le maître de la porte et le génie tutélaire de la porte t'absolvent, te délivrent[2] ! »

Dans des textes qui n'ont rien de liturgique, dans des lettres, le correspondant du roi souhaite que la ville d'Uruk et le temple E-anna (de la déesse Nanâ) bénissent son maître[3].

Moins intéressants en apparence que les hymnes et les prières, les textes rituels ont en réalité une importance capitale pour la connaissance de la religion babylonienne et de ses rapports avec le culte mosaïque. En groupant les détails contenus dans les tablettes qui traitent *ex professo* des cérémonies cultuelles ou épars çà et là à la suite des hymnes et des incantations, nous pouvons essayer de nous faire une idée du rôle du prêtre, de la nature des sacrifices et des offrandes, enfin des rites qui les accompagnaient.

Le culte babylonien était un organisme fort complexe. Le nombre des prêtres ou des fonctionnaires subalternes y était considérable, et il n'est pas toujours possible de déterminer la nature de leurs attributions. Nos textes mentionnent l'*urigallu*[4], l'*âshipu*, le *mashmashu*, le *nisakku*, le *bârû*[5].

L'*âshipu*[6], « l'enchanteur », exerce l'art de Marduk, c'est-à-dire l'incantation : par des prières, des sacrifices,

1. *Infra*, p. 207, l. 24, 25.

2. *Infra*, p. 209, l. 17, 18.

3. Harper, *Assyrian and babylonian Letters*, t. III, Chichago, 1896, n. 266, l. 3-4 ; cf. nos 267, 268, 269, 270. Dans ces lettres, le même scribe distingue formellement Ishtâr d'Uruk et Nanâ, n° 268, *verso*, 5 et 6 : *ilu Istàr Uruk ù ilu Na-na-a ana balaṭ napšâte (pl.) ša šarri bêli-ia ušalla*, « Je prie Ishtâr d'Uruk et Nanâ pour la vie du roi, mon maître. »

4. *Infra*, p. 2, l. 5 *bis* ; p. 4, col. IV, l. 13.

5. Le mot *nisakkû* désigne d'ordinaire le prêtre en général, peut-être est-il ici un synonyme de bârû, *infra*, p. 234, l. 27.

6. *Infra*, p. 242-247 et p. 250-272.

des offrandes, toute une succession de rites nombreux et compliqués, il adjure non seulement les dieux de l'incantation, Ea et Marduk, mais tous les autres dieux, de chasser le mal physique, le mal moral qui en est la source, les démons qui en sont les auteurs immédiats.

Le *mashmashu*, que j'ai rendu par « magicien », n'est peut-être qu'un synonyme d'*âshipu*[1]. Cependant il est à remarquer que l'auteur du rituel n° XXIX, semble parler du *mashmashu* comme d'une troisième personne différente de celle à laquelle il s'adresse dans le reste du texte par le discours direct; mais souvent, dans les documents assyriens, les scribes passent brusquement de la 2e à la 3e personne pour le même individu. On ne peut pas donc tirer de conclusion rigoureuse de cette particularité.

Le *bârû*[2], « le voyant », « le devin », joue un rôle prépondérant. Il consulte les dieux sur l'avenir par l'inspection du foie[3] et des entrailles, et aussi par l'observation du vol des oiseaux, « l'observation des huiles dans l'eau, le secret d'Anu, de Bêl et d'Ea, la tablette des dieux, le sachet[4] de cuir de l'oracle des cieux et de la terre, le (bâton) de cèdre cher aux grands dieux[5] ». Tantôt, il interroge Shamash seul, comme dans la série de consultations adressées au *bârû* au nom d'Asarhaddon et d'Assurbanipal, tantôt « Shamash, le seigneur du jugement, et Adad, le maître de la vision[6] ».

1. Voy. Delitzsch, *Assyrisches Handwörterbuch*, Leipzig, 1896, s. v. *âšipu*, p. 247. — Dans Rawlinson, *The Cuneiform Inscriptions of Western Asia*, t. IV, 2e édition, p. 56, *verso*, l. 49, les deux mots paraissent employés comme synonymes l'un de l'autre. — Le *amêluTU-TU*, *infra*, p. 276, l. 13, « l'homme de l'incantation », est sans doute l'idéogramme de *âšipu* qui a le même sens.

2. Voy. Zimmern, *Beiträge zur Kenntnis der babylonischen Religion, Ritualtafeln*, Leipzig, 1899, p. 82.

3. Cf. Boissier, *Note sur un document babylonien se rapportant à l'extispicine*, Genève, 1901. L'observation du foie n'est pas mentionnée ici dans la tablette du rite de l'initiation, *infra*, p. 235.

4. *Infra*, p. 233, l. 7-9 et 13-18.

5. Voy. Knudtzon, *Assyrische Gebete an den Sonnengott*, Leipzig, 1893.

6. Cf. *infra*, p. 20-24 et p. 300-309.

Le *bârû* appartient à une caste spéciale que la tradition faisait remonter à un des rois antédiluviens, Enmeduranki, roi de Sippara, la ville sacrée de Shamash [1]. Enmeduranki avait reçu de Shamash et d'Adad l'initiation aux rites mystérieux de l'art du *bârû*, et il l'avait communiquée aux devins de Sippara et de Babylone. Comme les dieux avaient fait pour lui, il avait mis en leur main « l'observation des huiles dans l'eau, le secret d'Anu, de Bêl et d'Ea, la tablette des dieux, le sachet de cuir de l'oracle des cieux et de la terre, le cèdre cher aux grands dieux. »

A leur tour, les « devins » se transmettaient cette initiation de père en fils. « Le sage, le voyant, le dépositaire de l'oracle des grands dieux, avec la tablette et le kalame adjure son fils chéri en présence de Shamash et d'Adad [2], » et il lui apprend le rituel du *bârû*.

La noblesse d'origine était la première condition imposée à qui voulait remplir les fonctions de *bârû*. Il devait être « de vieille race, descendant d'Enmeduranki, fils de prêtre ». Mais il devait être aussi issu d'un père pur et accompli lui-même dans sa forme et dans ses proportions. Le rituel énumère avec soin les irrégularités exclusives : « Le fils du *bârû*, dont le père n'est pas pur et qui lui-même n'est pas accompli dans ses formes et dans ses proportions, qui est louche, édenté, qui a un doigt mutilé, la peau noirâtre (?) des tumeurs, de la lèpre... [3], un ulcère purulent, ne peut être dépositaire des décrets de Shamash et d'Adad... du collège de ceux qui s'adonnent à la décision de l'art du devin il ne doit pas approcher [4]. »

Ces irrégularités sont en partie les mêmes que celles du *Lévitique*, XXI, 18 : « Aucun homme affligé d'un défaut corporel ne s'approchera (pour faire des offrandes à son Dieu) :

1. *Infra*, p. 233-240.
2. *Infra*, p. 232 et 234, l. 19-21.
3. Voy. le texte assyrien, p. 234, l. 33, *hi-is-ga-lu-u... šu na-ki-lu* ; ces mots désignent des irrégularités qu'on n'a pas pu encore déterminer.
4. *Infra*, p. 235, l. 30-37.

un homme aveugle, ou boiteux, ou camus, ou pourvu d'un membre trop long, ou un homme mutilé au pied ou à la main, ou bossu, ou phtisique, ou ayant une tache à l'œil, ou des dartres, ou la lèpre ou un testicule écrasé [1]. »

Comme les prêtres juifs, le *bârû* et l'*âshipu* avaient leurs vêtements liturgiques, des « vêtements purs » qu'ils revêtaient avant de commencer leur office [2]. Dans le courant de la cérémonie, ils devaient parfois en changer [3]. Ils ne devaient probablement pas les porter en dehors de leurs fonctions, ou tout au moins ils devaient les revêtir dans un certain ordre ; c'est un cas de nullité dans une consultation que le fait par le *bârû* de mettre (en dehors de ses fonctions?) « comme vêtement de dessus », son vêtement liturgique [4].

Les victimes qu'ils offraient aux dieux soit pour les apaiser, soit pour les consulter, devaient être avant tout des victimes pures. « Je t'ai immolé, dit l'*âshipu*, des victimes pures, les plus saints des animaux [5]. » La victime par excellence paraît être le mouton mâle ou femelle. C'est celle qui revient le plus souvent, dans le rituel du *bârû* et de l'*âshipu* [6]. Le *bârû* offre aussi le faon, le bouquetin et la chèvre sauvage [7]. Dans quelques cas l'*âshipu* immole un bœuf [8]. Ces animaux

1. J'ai traduit les mots ŠIR DIR-KUR-RA par peau ou chair noirâtre, parce que dans une lettre, v. *infra*, p. 239, DIR-KUR désigne la couleur d'une variété de laine. Il est donc difficile de l'appliquer ici à autre chose qu'à la peau ou à la chair. Mais s'il faut voir dans ŠIR, comme le veut Bezold (*Catalogue of the cuneiform tablets in the Kouyunjik collection of the British Museum*, Londres, 1889-1899, nos 568 et 574), l'idéogramme de *testicule*, on devra donner à DIR-KUR le sens de brisé, écrasé, mutilé, et nous aurons sous ces mots la dernière irrégularité mentionnée dans le *Lévitique*.

2. *Infra*, p. 111, l. 3 ; p. 297, l. 5.

3. *Infra* p. 251, l. 25, 26 ; p. 253, col. II, l. 9, 10 ; cf. *Lévitique*, VI, 3 et 4.

4. *Infra*, p. 111, l. 3.

5. *Infra*, p. 63, l. 22.

6. *Infra*, p. 109, l. 14 ; p. 111, l. 12, 13 ; p. 243, l. 15 ; p. 257, l. 19, 20; p. 259, l. 30 ; p. 265, l. 38, 44, 45.

7. Ou le bélier sauvage et sa femelle ; voy. *infra*, p. 221, l. 13 ; p. 223, l. 25 ; p. 225, l. 17.

8. *Infra*, p. 245, *verso*, l. 7.

figurent tous parmi les animaux purs dont il est permis aux enfants d'Israël de manger d'après le *Deutéronome* [1].

Le bœuf et le mouton sont de plus matière à sacrifice chez les Hébreux comme chez les Assyriens[2]. A la sortie de l'Égypte, les premiers, sur l'ordre de l'Éternel, emploient le sang de l'agneau pascal pour faire des onctions sur les poteaux et le linteau de leurs maisons et les préserver du passage de l'ange exterminateur[3]. Les seconds attachent également à ce rite une vertu libératrice. Dans une cérémonie exécutée pour le salut du roi, le *mashmashu* doit se rendre à la porte du palais pour immoler un mouton, « avec le sang de cet agneau il [oindra] les linteaux (?) et les montants de droite et de gauche de la porte du palais[4] ». Les mots [il oindra] manquent sur la tablette, dont les signes sont effacés en cet endroit, mais la restitution paraît absolument imposée par le contexte.

Les parties des victimes les plus agréables aux dieux ou douées d'une vertu particulière pour les incantations semblent être la jambe ou l'épaule droite, les reins[5], un morceau appelé *šîru šumê* que j'ai désigné provisoirement par le mot « rôti », mais qui doit être plutôt une partie de l'animal[6]; le cœur[7] et peut-être aussi, pour l'office du *bârû*, la tête et l'ongle ou le sabot[8]. Dans les rites lévitiques, la tête, l'épaule droite et les rognons ont aussi un emploi spécial[9].

1. *Deutéronome*, XIV, 4, 5.
2. Cf. *Lévitique*, IV, 14, 32; XXII, 18, 19, etc. Dans un texte rituel du 2e volume de Craig, malheureusement incomplet, voy. Fr. Martin, *Textes religieux assyriens et babyloniens*, Paris, 1900, p. 110, K, 11243, l. 8, il est question de l'offrande (?) « d'un mouton mort et d'un mouton vivant ». Cf. le passage du *Lévitique*, XIV, 5-7, sur le rite de la purification de la lèpre par l'offrande d'un oiseau mort et d'un oiseau vivant.
3. *Exode*, XII, 7, 13.
4. *Infra*, p. 256, l. 19-21.
5. *Infra*, p. 255, l. 19; p. 265, l. 39, 40.
6. *Infra*, *ibidem*.
7. *Infra*, p. 257, l. 1, et commentaire, p. 272.
8. *Infra*, p. 224, l. 19, 20, et commentaire, p. 230; pour la tête, voy. Zimmern, *op. cit.*, nos 84-85, *recto*, l. 6, et no 86, en entier.
9. *Lévitique*, I, 12; VIII, 25; IX, 13, 21.

Avec les victimes, les prêtres assyriens offraient des gâteaux, des pains, des dattes, du miel, du beurre, du lait, de l'hydromel, du vin ordinaire, du vin de dattes, du vin de sésame, surtout de l'huile, de l'huile excellente, diverses sortes de farine, de la fleur de farine[1]. Ils versaient de la fleur de farine sur les parties de la victime[2] et plaçaient quelquefois dans sa bouche du cèdre, de l'écorce coupée (?), de la résine[3]. En même temps, ils répandaient, en guise d'encens, du cyprès et diverses espèces de plantes sur les cassolettes pour en faire monter une fumée agréable aux dieux[4].

Nous retrouvons une partie de ces objets dans les offrandes ou les cérémonies lévitiques. Il est à peine besoin de le rappeler pour la farine, l'huile qui servait à la pétrir et la libation de vin qui faisaient partie de l'holocauste perpétuel[5]. Dans la consécration des prêtres, une corbeille de pains et de gâteaux sans levain accompagne l'offrande des victimes[6], et douze pains ou gâteaux de fleur de farine sans levain sont placés constamment sur la table du tabernacle devant l'Éternel[7]. Le miel peut être offert ainsi que des pains sans levain comme offrande des prémices, mais à la condition qu'il ne soit pas brûlé sur l'autel[8]. Le cèdre est employé dans la purification de la lèpre sur les individus ou sur les maisons et dans le sacrifice de la vache rousse[9].

1. *Infra*, p. 251, l. 27; p. 253, l. 28-32, et col. II, l. 10-20.
2. *Infra*, p. 255, l. 20, et p. 265, l. 40.
3. Voy. le rituel du *bârû*, *infra*, p. 225, l. 14, 15.
4. *Infra*, p. 255, l. 17, et p. 259-263.
5. *Exode*, XXIX, 40-42; *Lévitique*, II, 4-7; VI, 8, 13-16, etc.
6. *Exode*, XXIX, 2, 23.
7. *Exode*, XXV, 30; XXXIX, 36; *Lévitique*, XXIV, 5-9. Zimmern voit même dans le « gâteau doux », *akâl mutqi*, des Assyriens, des pains sans levain, par opposition à *akâl tumri*. Il est possible que les Assyriens connussent l'emploi du pain azyme dans leur culte, mais je ne crois pas que ce pain soit désigné par le locution *akâl mutqi*; *mutqi* n'est pas nécessairement synonyme d'azyme et *akâl tumri* signifie « gâteau cuit au four » plutôt que « pain avec levain ».
8. *Lévitique*, II, 11, 12.
9. *Lévitique*, XIV, 4-6, 49-52; *Nombres*, XIX, 6.

Il arriva même que les Israélites firent des emprunts directs aux rites babyloniens lorsqu'ils s'écartèrent du culte de Yahweh pour se livrer au culte des idoles. Le gâteau, כַּוָּן, que l'Éternel, par la bouche de Jérémie, leur reproche d'offrir à « la reine des cieux », c'est-à-dire à Ishtâr, est précisément le *kamânu*, pâtisserie cuite au four, que nous voyons dans nos textes le dévot d'Ishtâr offrir à sa déesse[1].

Le nombre des offrandes ou des incantations n'était pas laissé au bon plaisir des prêtres, mais rigoureusement déterminé par le rituel. Dans une cérémonie, l'*âshipu* offre 12 gâteaux; ce nombre, qui nous rappelle les douze pains de proposition[2], revient souvent, ainsi que ses multiples 24, 36, dans d'autres prescriptions pour offrandes[3]. Plus fréquent encore est l'emploi du nombre 7, également sacré aux Hébreux[4]. L'*âshipu* doit disposer 7 cassolettes, remplir 7 vases de vin, dresser 7 autels, préparer 7 vases de miel, d'huile, de beurre, etc[5]. Le nombre 4 était moins en faveur. Il paraît toutefois dans nos textes pour des offrandes de gâteaux[6]. Le nombre 3 est souvent prescrit pour les offrandes[7] et surtout pour les incantations[8]. Elles doivent se réciter tantôt 1 fois, tantôt 3, tantôt 7.

C'est bien le *multiloquium* des païens contre lequel s'élèvera plus tard Notre-Seigneur[9]. D'ordinaire, dans ces

1. *Jérémie*, VII, 18, et XLIV, 19. Voy. Schrader, *Die Keilinschriften und das alte Testament*, 3e édition, Berlin, 1902, p. 441; Jensen, *Keilinschriftliche Bibliothek*, t. VI, p. 380 et 511, et *infra*, p. 60, l. 20 et corrections.

2. *Lévitique*, XXIV, 5.

3. *Infra*, p. 243, l. 13; cf. Zimmern, *op. cit.*, p. 98, l. 33, 44; Rawlinson, *The Cuneiform Inscriptions of Western Asia*, t. IV, 2e édition, Londres, 1891, pl. 56, col. I, 23.

4. Voy. les sept brebis données par Abraham à Abimélek, *Genèse*, XXI, 28; les sept lampes, *Exode*, XXXVII, 23; les sept aspersions avec le sang, *Lév.*, IV, 16, 17.

5. *Infra*, p. 253, l. 31, 32, et col. II, 10; p. 263, l. 27.

6. *Infra*, p. 277, l. 3, 9.

7. *Infra*, p. 259, l. 28, 30.

8. *Infra*, p. 259, l. 37-263, l. 12; p. 244, pl. LXVII, *verso*, l. 4, 5; p. 267, l. 70-77.

9. *Matthieu*, VI, 7.

longues énumérations d'incantations à réciter par le *bârû* et surtout par l'*âshipu*, le rituel se borne à citer les premiers mots du texte, v. g. : « L'incantation à Bêl, le magnifique, le seigneur des Igigi, tu réciteras trois fois[1]. » Mais il contient souvent la formule intégrale des offrandes faites par le *barû*. Elles sont assez courtes et quelquefois pleines de poésie : « O Shamash, seigneur du jugement, ô Adad, seigneur de la vision, je vous apporte, je vous offre un faon pur, un petit de la gazelle, dont les yeux sont gris et la face belle (?), l'ongle sans défaut. (Ce) petit de la gazelle, sa mère l'a mis au monde dans la campagne ; la campagne a étendu sur lui son ombre bienfaisante ; elle l'a élevé ; le champ a été comme son père, la campagne comme sa mère........... il désire ardemment les gués limpides et il se plaît à paître dans les champs....... le cerf n'a pas eu encore de désir sur lui, je vous l'offre[2]. »

Les sacrifices et les offrandes étaient accompagnés de cérémonies interminables, dont le symbolisme nous échappe trop souvent. Pour les exécuter, le *barû* se servait « du sachet de cuir de l'oracle des cieux et de la terre, de la verge de cèdre chère aux grands dieux[3] », d'un instrument consacré à Sin, de l'huile sacrée d'Ea et de Marduk, de la toison d'Adad, des eaux de la toison, œuvre de Shamash et d'Adad[4], d'un roseau, d'une coupe, de la tonne de Bau, du sachet de cuir du fils de Bêlit-sêri, de tamaris, de cèdre, d'orge, de diverses plantes et pierres sacrées, des vêtements de celui pour lequel il consultait le dieu[5]. L'*àshipu* employait des objets d'une nature ou d'un usage non moins mystérieux pour nous : des *ḫulduppê*, des torches, du cuivre fort (?), la peau d'un grand taureau, des semences[6], etc.

1. *Infra*, p. 259, l. 40.
2. *Infra*, p. 221, l. 12-223, l. 20.
3. *Infra*, p. 233, l. 8, 9.
4. C'est-à-dire de la rosée produite sur une toison par l'action de la chaleur du soleil (Shamash) et de l'atmosphère (Adad). Nous n'avons pas, à ma connaissance, de détails sur l'usage qu'ils en faisaient.
5. *Infra*, p. 237, l. 3-7 ; p. 297, l. 4-10 ; p. 301, l. 1 ; p. 305, *verso*, l. 1, 3.
6. *Infra*, p. 253, l. 4-6, et commentaire, p. 270.

De ces pratiques rituelles, je ne signalerai que le rite des poussières, les onctions, les *takpirâti* ou purifications et les ablutions.

D'après la loi de jalousie rapportée au livre des *Nombres* (v, 11-31), le prêtre hébreu devait prendre de la poussière sur le sol du tabernacle, en mettre dans l'eau sainte et faire boire cette eau amère à la femme soupçonnée, pour faire éclater, par ce jugement de Dieu, son innocence ou son crime. Les Assyriens attribuaient aussi une vertu spéciale au mélange composé d'eau, d'huile et de certaines poussières, la poussière du sanctuaire du dieu et la poussière de portes déterminées[1]. Seulement, au lieu d'en faire un breuvage de malédiction, ils s'en servaient, au moins d'après le texte que nous avons ici, comme d'une eau de purification[2] avec laquelle on aspergeait probablement[3] les portes de la maison qu'on voulait purifier ou préserver du mal.

En dehors de cette onction et de l'onction avec le sang d'un agneau que nous avons vue déjà, ils employaient encore dans leurs rites les onctions avec huile ou onguent, ou avec un mélange de miel et de beurre. Le *mashmashu* oint un homme et une femme (ou leurs figurines) avec un onguent spécial et se frotte lui-même avec le baume de miel et de beurre pour le salut d'une troisième personne, le roi[4]. Avant de commencer les consultations de Shamash et d'Adad, le *bârû* s'oignait avec une huile parfumée dans laquelle il avait jeté une plante[5].

1. *Infra*, p. 243, l. 3-11.

2. Le prêtre hébreu composait avec la cendre de la vache rousse une eau de purification pour l'assemblée. Cf. *Nombres*, xix, 9.

3. Ici, encore, le verbe manque : « La porte de la maison du... » *infra*, p. 242, l. 11.

4. *Infra*, p. 251, l. 23-25 ; p. 253, col. ii, l. 6-8.

5. *Infra*, p. 297, l. 4. Ils « ouvraient la bouche », « lavaient la bouche » de leurs divinités avec des eaux pures et les oignaient avec du miel et du beurre; cf. Rawlinson, *The Cuneiform Inscriptions of Western Asia*, t. IV, 2e édition, Londres, 1891, p. 25, col. iv, l. 40, 51, 57 ; Zimmern, *op. cit.*, p. 138, nos 31-37, l. 5, et suiv.; d'après ce texte, on emploie pour la consécration des nouvelles idoles de l'eau pure, de l'huile excellente, de l'huile de cèdre, du miel, du beurre, etc.

Les *takpirâti* sont des cérémonies que l'*âshipu* exécute sur des personnes ou des choses qu'il veut purifier. Il est impossible de ne pas être frappé des analogies qu'elles présentent avec le fameux rite de l'expiation décrit à chaque page du *Lévitique*[1].

Des deux côtés, le verbe qui exprime l'action du prêtre est le même, et il est employé à la même forme, le piel, *ukappar* en assyrien, כִּפֶּר en hébreu.

Le rite s'exécute sur des personnes et sur des objets inanimés. Le prêtre juif doit faire l'expiation pour le sanctuaire, l'autel, les prêtres et tout le peuple[2]. L'*âshipu* fait des *takpirâti* sur le roi[3], sur une maison, sur un objet appelé *qân urigalli*[4].

Le premier procure par ce rite l'expiation, l'effacement du péché. C'est également un but moral que poursuit probablement le prêtre assyrien. Il entend purifier par cette cérémonie l'être qui en est l'objet des impuretés physiques sans doute, mais aussi, au moins pour le roi, des impuretés morales qui ont causé son mal[5].

Quelle est l'action matérielle qui est au fond du rite et que devait exprimer primitivement le verbe *kapâru?* La plupart des exégètes donnent à ce verbe le sens originaire de « couvrir »; ils s'appuient sur l'arabe كفر. Quelques-uns cependant, v. g., Rob. Smith et bien avant lui Raschi,

1. Cf. Zimmern, *op. cit.*, Einleitung, p. 92.

2. *Lévitique*, XVI, 33.

3. *Infra*, p. 250, l. 16, 18, 19; p. 252, col. II, l. 1-3; p. 266, col. V, l. 34, 35.

4. Le texte qui prescrit de faire des *takpirâti* sur une maison se trouve dans Zimmern, *op. cit.*, p. 148, n° 41-42, l. 28 : *bita tu-kap-par-ma tak-pi-rat bîti ana ...bâbi.* Pour le *qân urigalli*, cf. Harper, *Assyrian and babylonian Letters*, t, IV, Chicago, 1896, n° 370, *recto*, l. 11-13. D'après la même lettre, *verso*, l. 5, 6, *ina libbi qân urigalli kam-mu-su-u-ni*, « dans (ou sur) le *qân urigalli* il est resté », le *qân urigalli* serait une partie du temple, ou tout au moins une tente, un pavillon portatif plutôt qu'un étendard, comme j'ai traduit *infra*, p. 264, l. 49. Il faudrait rendre ce passage par : « il sortira du *qân urigalli*. »

5. Cf. le passage du même texte où le roi demande le pardon de ses péchés, p. 256, l. 5-15.

préfèrent celui de « essuyer[1] », et les textes assyriens paraissent leur donner raison. En dehors des textes rituels, *kapâru* est employé, en effet, avec le sens de « essuyer » (les larmes[2]). Dans un passage même de nos textes, il est employé au shafel avec le sens matériel de « faire essuyer » ou de « oindre » la peau d'un mouton et d'une brebis[3].

Faire des *takpirâti*, c'était donc sans doute, à l'origine, essuyer un objet souillé pour en effacer les souillures physiques. Plus tard, on passa à l'application morale, la seule qui soit restée dans la langue de la Bible.

Ce sens s'accorde mieux que celui de « couvrir » avec la conception biblique du péché, tache imprimée à l'âme et qu'il faut en effacer pour la rendre agréable à Dieu[4]. Il répond bien aussi à la nature de l'instrument du rite de l'expiation : c'est avec le sang des victimes que le prêtre fait les diverses expiations[5]; or, avec un liquide on essuie, on efface une tache plutôt qu'on ne la couvre[6].

Nous n'avons pas encore de renseignements bien certains sur la façon dont l'*àshipu* faisait les *takpirâti*. Peut-être était-ce par une ablution avec de l'eau lustrale dans laquelle il jetait du cèdre et du cyprès, s'il faut voir dans les l. 36-40

1. Cf. Gesenius, *Hebraïsches und Aramaïsches Handwörterbuch* bearbeitet von Fr. Buhl, 12e édition, Leipzig, 1895, s. v. כפר.

2. Voy. la légende d'Ereshkigal, 2e fragment, l. 20 : *dimtaša ikappar* « il essuya ses larmes », *Keilinschriftliche Bibliothek*, t. VI, Berlin, 1900, p. 78.

3. *Infra*, p. 242, l. 16.

4. *Jérémie*, II, 22.

5. *Lévitique*, VI, 23 ; XVI, 16-19 ; cf. *II Samuel*, XXI, 3, et *Ezéchiel*, XLIII, 20.

6. L'acceptation de ce sens permet aussi d'expliquer d'une façon satisfaisante *Isaïe* XXVIII, 18, sans recourir à une corruption de texte qui aurait changé חפר, en כפר. Les idées « d'essuyer » et « d'effacer » sont très connexes : « elle sera effacée votre alliance » ou même « elle sera brisée ». Les Assyriens avaient passé eux-mêmes du sens « essuyer », « faire disparaître », à celui de « détruire » : *ukappira qarnâti-ša*, « j'ai détruit ses pinacles » de la ziggurat du temple de Suse, dit Assurbanipal dans ses Annales, col. VI, l. 29. — Il est certain d'ailleurs que, à côté de כפר, « essuyer » il y a dans le lexique sémitique une autre racine כפר, qui signifie « couvrir ».

de la page 266 une glose explicative de la ligne précédente, la l. 35, dans laquelle le rituel prescrit de « purifier le roi par des purifications sacrées », *takpirâti ibbêti*.

L'eau lustrale et les ablutions avaient naturellement leur place marquée dans les rites babyloniens. Une grande pureté était requise dans leur exécution et dans la personne de l'officiant comme dans les victimes[1]. Le *bârû* qui devait interroger les dieux se lavait donc à l'aurore, avant le lever du soleil, dans un vase à ablutions[2], et il se purifiait avec du tamaris et une plante appelée *tullal*. Si, malgré toutes les précautions prises, quelque impureté se mêlait aux présages, le dieu ne répondait pas. Le *bârû* devait alors se laver de nouveau dans l'eau lustrale, procéder même au lavage de la bouche de l'idole[3], et recommencer les prières. Et comme il était toujours possible qu'une impureté vînt troubler les rites dans le cours de la cérémonie, il suppliait la divinité de ne pas en tenir compte : « Laisse, que quelque chose d'impur ait touché les victimes ou sur les victimes ait été fait. Laisse, qu'un IP[4] impur, une impureté ait approché, ait souillé le sanctuaire de la vision ; laisse, que dans ce lieu un objet impur ait été vu ; laisse, que le mouton de ta grande divinité, offert pour une vision, soit imparfait, défectueux ; laisse, que celui qui touche le mouton ait revêtu comme vêtement de dessus son vêtement liturgique, qu'un objet impur il ait mangé, il ait bu, il ait employé en onctions, il ait touché, il ait foulé. Laisse, que moi, le *bârû*, ton serviteur, j'aie revêtu comme vêtement de dessus mon vêtement liturgique, qu'un objet impur j'aie mangé, j'aie bu, j'aie employé en onctions, j'aie touché, j'aie foulé[5], » etc.

On aspergeait d'eau lustrale le lieu où devaient s'accomplir les rites[6], et une prière spéciale accompagnait cette as-

1. Voy. *supra*, p. XV, XVI.
2. *Infra*, p. 297, l. 3, 6. Cf. *Lévitique* XVI, 4 : Aaron doit laver son corps dans l'eau avant de pénétrer dans le sanctuaire.
3. Voy. *supra*, p. XXI, n. 5, et *infra*, p. 221, l. 10.
4. Objet inconnu.
5. *Infra*, p. 109, l. 11-14, et p. 111, l. 1-4.
6. *Infra*, p. 243, l. 12.

persion[1]. On en versait aussi sur les victimes[2]. Toute une partie du rituel porte le titre de « tablettes de la piscine »; au cours d'une cérémonie décrite dans une de ces tablettes composée pour le roi, le monarque devait faire de fréquentes ablutions, en particulier se laver dans l'eau au lever du soleil, en se plaçant dans la piscine, puis revêtir un vêtement liturgique pur[3].

Tous ces rites, comme les offrandes, comme les sacrifices, comme les prières, avaient naturellement pour but d'obtenir la faveur des dieux. C'est avant tout pour le prince que les prêtres les sollicitent; ils prient aussi pour la cité, v. g. pour Babylone[4], pour ses habitants, pour tous les fidèles de leurs divinités.

Pour le roi, ils demandent à Shamash et à Adad de l'éclairer sur les affaires d'État qu'il va entreprendre : vaincra-t-il les ennemis, prendra-t-il telle forteresse, son armée sera-t-elle heureuse [5]? Ils prient tous les dieux de lui accorder un sceptre juste, une houlette ferme pour régir les peuples, d'affermir son trône et de bénir son règne[6].

Pour tous, prince et sujets, ils demandent un « bon souffle des dieux[7] » et tout ce que ce souffle apporte avec lui : « la santé de la chair, la joie du cœur, l'allégresse de l'âme, une vie de longs jours, » tous les biens terrestres[8], et surtout une faveur très goûtée des Assyriens comme des Hébreux, le triomphe sur les adversaires. Sur ce sujet, ils s'expriment en termes que ne désavouerait pas le Psalmiste :

1. Cf. Zimmern, *op. cit.*, n°s 79-82, l. 8, et n° 96, l. 4. Pour consulter les dieux ou pour les apaiser, on leur offrait même des eaux sacrées de l'Amanus et du Tigre; pour l'eau de l'Amanus, voy. Zimmern, *ibid.*, n°s 75-78, l. 6; n°s 84-85, l. 8, et n° 86; pour celle du Tigre, *ibid.*, n°s 31-37, l. 20.
2. Zimmern, *op. cit.*, n° 30, l. 5; n° 31-37, l. 24; n°s 84-85, l. 5 et suiv.
3. *Infra*, p. 269, l. 53; p. 257, l. 17.
4. *Infra*, p. 3, l. 7, 8.
5. *Infra*, p. 108-111; p. 300-307.
6. *Infra*, p. 51, l. 9; p. 199, l. 21, et p. 43, l. 3-7.
7. *Infra*, p. 182, l. 197.
8. *Infra*, p. 51, l. 8; p. 57, l. 6-11; p. 199, l. 22-30.

Qu'ils meurent, eux; que moi, je vive;
qu'ils passent, eux; que moi, je prospère;
qu'ils soient anéantis, eux; que moi, je reste debout;
qu'ils s'affaiblissent, eux; que moi, je me fortifie!
O dieu du feu, le puissant, le plus élevé des dieux...
toi, tu es mon dieu; toi, tu es mon maître;
toi, tu es mon juge; toi, tu es mon sauveur;
toi, tu es mon vengeur[1].

Les maux physiques causés par les démons et qui s'opposent à la jouissance de ces biens sont la suite des péchés commis par celui qui souffre[2]. Or, la vie de l'homme, ses péchés par conséquent comme ses bonnes actions, « est écrite » devant les dieux[3]. Le malade devra donc les supplier « de briser la tablette de ses fautes », de « retrancher ses méchancetés[4] », de chasser de son corps les esprits mauvais qui le tourmentent pour le châtier. Dans le fragment XXI, le malade ou le pénitent prie Marduk de les livrer aux divinités infernales, aux gardiens des sept portes de l'enfer, au grand portier de la terre d'où on ne revient pas, aux Anunnaki, les grands dieux de l'abîme: « Ne revenez pas, s'écrie-t-il, ne revenez pas[5]. »

Aux consultations précises adressées par le roi sur l'opportunité ou le succès de ses entreprises, Shamash et Adad devaient répondre par oui, *annu* ou par non, *ullu*[6], par une

1. *Infra*, p. 147, l. 29-33, et 149, l. 36-38. Cf. *Psaumes*, VII, 7-10; IX, 5-13; XVIII, 41-43. et 48-50; XXI, 9-13; LV, 16; LVIII, 7-12; CXXXVII, 9; CXL, 10-12, etc.

2. *Infra*, p. 57, *verso*, l. 1-3; cf. François Martin, *Textes religieux assyriens et babyloniens*, Paris, 1903, p. XVIII.

3. « Ma vie est écrite devant toi, » *infra*, p. 29, l. 21; cf. *Psaumes*, CXXXIX, 16; *Daniel*, XII, 1; *Apocalypse*, XX, 12-15.

4. *Infra*, p. 257, l. 5, 6.

5. *Infra*, p. 293; cf. Descente d'Ishtâr aux enfers, *Keilinschriftliche Bibliothek*, t. VI, Berlin, 1900, p. 80.

6. Pour *annu*, voyez *infra*, p. 108, l. 1; p. 110, l. 12. Sur *ullu*, voyez Delitzsch, *Assyrisches Handwörterbuch*, Leipzig, 1896, p. 113, col. a, s. v. *apâlu*. Nabonide semble avoir reçu dans une circonstance cette réponse négative, mais le texte n'est pas très clair, voy. *Keilinschriftliche Bibliothek*, t. III, 2e partie, Berlin, 1890, p. 116, col. II, l. 4.

réponse proprement dite, *šupiltu*[1], par un oracle, *tamit*[2], *têrtu*[3], *piristu*[4], *parşu*[5]; par un jugement, *dîna dînu*; une sentence, *purussu*[6]; par une illumination, *napâḫu*[7]; ou enfin par une vision ou une parole : « Le voyant verra-t-il, l'écoutant entendra-t-il[8] ? »

Parfois, le prince consultait aussi d'autres divinités pour se renseigner sur les événements qui l'intéressaient : ainsi, d'après l'oracle de Bêlit[9], Assurbanipal aurait demandé à cette déesse ce qu'étaient devenus certains personnages. Mais habituellement il leur adressait des prières conçues en termes généraux plutôt que des consultations positives et la réponse du dieu était une exhortation à la confiance, une assurance que son secours ne ferait pas défaut[10]. Les Assyriens concevaient ces manifestations divines tantôt comme une simple parole, un « souffle » qui sortait de la bouche de l'idole[11], tantôt comme une brillante théophanie : « Toi, tu as ouvert la bouche en criant : Pitié, Ashur ! — Moi, j'ai entendu ta voix ; du haut de la grande porte des cieux, je me montre aussitôt....... qu'on me regarde et qu'on me loue, car Ashur, le seigneur des dieux, c'est moi[12] ! »

Dans les deux cas, le dieu dictait ou inspirait son oracle, *abîtu*, à ses prêtres. On trouvait la tablette devant l'idole, et on la présentait au roi avec le cérémonial prescrit: « Voilà

Dans les consultations que nous avons, il n'en est pas question, à ma connaissance.

1. *Infra*, p. 20, l. 7.
2. *Infra*, p. 22, *verso*, l. 8; p. 110, l. 13 ; p. 306, l. 11.
3. *Infra*, p. 110, l. 14.
4. *Infra*, p. 234, l. 38.
5. *Infra*, p. 296, l. 2 : les nuances qui différenciaient tous ces mots nous échappent.
6. *Infra*, p. 234, l. 29; p. 236, l. 9.
7. *Infra*, p. 306, l. 10.
8. *Infra*, p. 108, l. 9; p. 296, l. 1, 20.
9. *Infra*, p. 100, *verso*, l. 3-5.
10. *Infra*, Oracle à Asarhaddon, p. 88-95, et Oracle à Assurbanipal, p. 100-103.
11. « Un souffle répondit (à Assurbanipal) de la bouche de Nabû, son maître », *infra*, p. 29, l. 23.
12. *Infra*, p. 91, l. 12-16, et 24, 25.

l'oracle qui était devant la statue. Cette tablette des décrets d'Ashur sur un plateau devant le roi paraîtra. De bonne huile on l'aspergera, des moutons en sacrifice on offrira ; des parfums on brûlera, au roi on la lira[1]. »

Telles sont, dans leurs grandes lignes, les principales notions qui se dégagent de ces textes sur la partie cultuelle de la religion babylonienne. Toutes fragmentaires qu'elles sont, elles présentent assez d'intérêt pour nous faire vivement désirer la découverte et la publication d'un plus grand nombre de tablettes rituelles, qui permettent au moins d'achever une ébauche dont nous pouvons à peine en ce moment jeter les premiers traits.

En terminant cette étude, je m'en voudrais de paraître oublier les conseils et les encouragements si précieux que m'ont donnés si souvent M. Oppert et le P. Scheil : que ces deux maîtres daignent recevoir l'expression de ma respectueuse reconnaissance.

François Martin.

1. *Infra*, p. 91, l. 26-32.

ABRÉVIATIONS

BA.	*Beiträge zur Assyriologie und (vergleichenden) Sprachwissenschaft*, herausgegeben von Fr. Delitzsch und P. Haupt, Leipzig.
Brünnow	Rudolph E. Brünnow, *A classified list of all simple and compound ideographs, etc.* Leyde, 1889.
I, II Craig	J. Craig, *Assyrian and babylonian religious texts, etc.*, vol. I, Leipzig, 1895; vol. II, Leipzig, 1897.
Delitzsch *AHW*	Fr. Delitzsch, *Assyrisches Handwörterbuch*, Leipzig, 1896.
I, II, III, IV Harper	R. Fr. Harper, *Assyrian and babylonian Letters*, Chicago, 1892-1902, 8 volumes.
J. A.	*Journal asiatique.*
Jensen, *Kosmologie*	P. Jensen, *Die Kosmologie der Babylonier*, Strasbourg, 1890.
Maqlû	Knut L. Tallquist, *Die assyrische Beschwörungsserie Maqlû*, 1894 (Acta Societatis scientiarum Fenniciæ, t. XX, n° 6).
Meissner	Bruno Meissner, *Supplement zu den assyrischen Wörterbüchern*, Leyde, 1898.
NE, XI.	*Das babylonische Nimrod-Epos*, t. XI (le déluge), cité d'après Jensen, *Mythen und Epen*, Berlin, 1900 (Keilinschriftliche Bibliothek, t. VI).
PSBA.	*Proceedings of the Society of Biblical Archæology.*

II, IV, V R.	H. C. Rawlinson, *The Cuneiform Inscriptions of Western Asia,* Londres, t. II, 1866, t. IV, 1891 (2e édition), t. V, 1880-1884.
Recueil de travaux.	*Recueil de travaux relatifs à la Philologie et à l'Archéologie égyptiennes et assyriennes,* publié sous la direction de G. Maspero, Paris.
Scheil, *Mémoires.*	Délégation en Perse, *Mémoires publiés sous la direction de M. de Morgan,* tome II, *Textes élamites-sémitiques,* par V. Scheil, Paris, 1900.
ZA.	*Zeitschrift für Assyriologie,* herausgegeben von Carl Bezold, Leipzig, 1886-1891 ; Berlin, 1892-1893 ; Weimar, depuis 1894.
Zimmern, *Ritualtafeln.*	Heinrich Zimmern, *Beiträge zur Kenntnis der babylonischen Religion,* zweite Lieferung : *Ritualtafeln für den Wahrsager, Beschwörer und Sänger,* Leipzig, 1899 et 1900.
Zimmern, *Šurpu*	Heinrich Zimmern, *Beiträge zur Kenntnis der babylonischen Religion,* erste Lieferung : *Die Beschwörungstafeln Šurpu,* Leipzig, 1896.

Dans le texte assyrien, les mots écrits en grandes capitales sont les mots sumériens, les mots entre [ ] sont des restitutions[1], les syllabes entre ( ) sont les compléments phonétiques; les points suspensifs répondent aux lacunes des tablettes. Dans le texte français, les passages en italique sont ceux dont la traduction est conjecturale.

1. Voy. p. 52, commentaire de la l. 3, le système spécial que j'ai dû adopter pour la restitution du texte de la dédicace d'Assurbanipal à Marduk, p. 46-51.

TEXTES RELIGIEUX
ASSYRIENS ET BABYLONIENS

I

Hymne a Marduk et a Zarpanit

I. — HYMNE A MARDUK ET A ZARPANIT. *D-T.* 109.

Recto. PLANCHE I.

1 ^{ilu}*M*[*arduk*]...................... *lit*

2 *e-bir šamê (e) šâpiku(ku) irṣitim(tim)*

3 *ma-di-di mê* (pl.) *tam-tim mu-ur-riš merištu(tû)*

4 *a-šib E-UD-UL bêl Bâbili* ^{ilu}*Marduk ṣîru*

5 *mu-šim šimâti* (pl.) *ša ilâni* (pl.) *kališunu*

5 ^{bis} *ana-ku* ^{amilu}*urigallu E-KU-A aqabbu(u) damiqti-ku*

6 *na-din ḫaṭṭi ellitim(tim) ana šarri pa-liḫ-ḫi-šu*

7 *ana ali-ku Bâbili nap-šir*

8 *ana E-SAG-GIL bîti-ku ri-še-e rêma*

9 *ina kibiti-ka ṣir-tû bêl ilâni rabûti*

10 *ana pân* ^{amilu}*mârê* (pl.) *Bâbili liš-ša-kin bir-tû*

---

11 *ištu pân* ^{ilu} *Bêl uṣṣi-ma ana* ^{ilu} *Bêlti-iá ikribu šuatu iqabbi*

---

12 *gaš-rat i-lat ṣi-rat* ^{ilu} *ištârâte* (pl.)

13 ^{ilu} *Zar-pa-ni-tum na-bat kakkabi a-ši-bat E-UD-UL*

14 *gamrat (?) i-lá-a-tú ša nûri-ša lu-bu-ši-šu*

15 *e-bi-rat šamê(e) šâpikat(kat) irṣitim(tim)*

16 ^{ilu} *Zar-pa-ni-tum ša man-za-su ša-qu-u*

17 *nam-rat* ^{ilu} *Bêlti-iá ṣi-rat u ša-qat*

18 *ina* ^{ilu}*ištârâte* (pl.) *ul i-ba-ši kîma ša-a-šu*

19 *a-ki-lat qàr-ṣu ṣa-bi-át a-bu-tú*

20 *mu-rab-bi-i* ^{amilu}*mešrâ mu-ša-aš-rat* ^{amilu}*labna*

21 *mu-šam-ki-át* ^{amilu}*nakira la a-dir iluti(ti)-šu*

22 *e-ṭi-rat ka-mi-i ṣa-bi-át qâtâ' na-az-ku*

I. — Hymne a Marduk et a Zarpanit. *D-T.* 109.

Recto. Planche I.

1 O Marduk.......................................
2 qui parcours les cieux, qui verses la terre (pour les fondations),
3 qui mesures les eaux de la mer, qui plantes les plantations,
4 qui habites l'E-udul, seigneur de Babylone, auguste Marduk,
5 qui fixes les destins de tous les dieux,
5 *bis* moi, le grand-prêtre de l'E-kua, j'implore ta miséricorde.
6 Tu donnes le sceptre auguste au roi qui te craint;
7 à ta ville, Babylone, sois propice;
8 à l'E-saggil, ton temple, fais miséricorde.
9 Par ton ordre auguste, seigneur des grands dieux,
10 sur les citoyens de Babylone que (ton) regard se repose.

---

11 D'auprès de Bêl (le suppliant) se retirera; à ma déesse Bêlit il adressera cette prière:

---

12 O la plus puissante, la plus élevée, la plus auguste des déesses,
13 Zarpanitum, héraut des étoiles, qui habites l'E-udul,
14 la plus parfaite des déesses, dont la splendeur est le vêtement!
15 Elle parcourt les cieux, elle verse la terre,
16 Zarpanîtum, dont la demeure est élevée.
17 Elle brille, ma souveraine, elle est auguste et élevée.
18 Parmi les déesses, il n'en est pas comme elle.
19 Elle venge, elle fait le bien.
20 Elle grandit l'homme puissant, elle relève celui qui est tombé.
21 Elle terrasse l'adversaire qui ne craint pas sa divinité.
22 Elle protège le captif, elle prend les mains de l'infirme.

Recto. Planche I (suite).

23 *ša* ^{amilu} *ardu iqabbu(u) damqiš šumi-ku ki-bi-i u dumuq*

24 *ana šarri pa-liḫ-ḫi-ku* *šimti-su*..............

25 *ana* ^{amilu} *mârê* (pl.) *Bâbili* ^{amilu} *Bâbili nad-nu šu-ruq šu-nu*

Colonne II[1].

1 *ana* ^{ilu} *Bêl*.............

2 *u ki ku*...............

3 *ana qabal (?)*..........

4 *nam-ma*..............

5 *i ku se*...............

6 *i di ku*...............

7-17 *u-mu*...............

18 *ilu*...............

19 *te*.................

20 *te*.................

22 *ilu*.................

23 et 24 *te*.............

Verso. Planche II, colonne IV.

1 *ur*.......... *mi ib.*..............................

2 *ša Bâbili ali-šu*.......... *si e*....................

3 *ša E-SAG-GIL bît e*.........................

4 *ša mârê Bâbili* ^{amilu} *Bâbili*.......................

5 ^{ilu} *Bêl i-qàr-rab-ku ki*.......... *ana da-ri*..........

6 *ú-ḫal-laq* ^{amilu} *nakir-ku ú-šam-qat za-ma-an-ku*

7 *e-nu-ma e-gug (?) ka-bit-ka ana bîti-šu i-*...........

8 *ḫaṭṭu itgurtu kakku* ^{ilu} *MIR ušiṣu-ma ana šarri*......

9 *arad (?) šarri i-maḫ-ḫa-aṣ e*........... *te su*........

10 *šùm-ma di-ma-tu-šu il-lik* ^{ilu} *Bêl ú*...............

11 *šùm-ma di-ma-tu-šu-nu ittallaku* ^{ilu} *Bêl e-zi-*[*iz*]

12 ^{amilu} *nakir napišti is-ḫi-ma i-šak-kan miqit-su*

---

13 *e-nu-ma an-na-a i-pu-šu itti MAN-šu MAN* ^{amilu} *uri-gallu*

14 *ḪI-NAM-meš ša 3 U a-an* *NU-ME-meš*

1. Il ne reste rien de la col. III du *verso*, et le fragment de la col. IV tel que le donne Craig, est en grande partie inintelligible.

Recto. PLANCHE I (suite).

23 O toi que ton serviteur invoque, prononce son nom avec bonté et fais miséricorde.

24 Au roi, qui te craint, son destin.....................

25 Aux citoyens de Babylone accorde (tes) dons.

Verso. PLANCHE II, COLONNE IV.

1 ....

2 de Babylone, sa ville............................

3 de l'E-saggil, le temple.........................

4 des Babyloniens, habitants de Babylone.............

5 Bêl te bénit................ pour toujours ....

6 il anéantit ton ennemi, il terrasse ton adversaire......

7 Lorsque ton foie est irrité, à son temple il............

8 Le sceptre, *l'insigne*, l'arme du dieu MIR, il fait porter au roi ....

9 Le serviteur du roi frappe.........................

10 Lorsque ses larmes ont coulé, Bêl..................

11 Lorsque leurs larmes ont coulé, Bêl s'est irrité,

12 L'homme ennemi de l'âme il a détruit, il a consommé sa ruine,

---

13 Lorsqu'il aura fait cela avec le.......... le ....de l'urigallu,

14 Des..........de 3 U de long, des ....

Verso. Planche II, colonne IV (suite).

15 *NU-TAR-meš iṣê* (pl.)*-ma ša rik-su ina e-šig-ši-e*

16 *i-rak-ka-as šu-nu-tú šùm-ma* ^{ilu}*Bêl (?)*..........

17 *ina ušulti ú-kan niqâ ana ḫimêti šamni*.............

18 *pa-ṭir-šu naq-bi ša* ^{ilu}*Marduk*.............

19 *LUGAL BIL ša ilâni ana zirqi šikari-šu bît*........

20 *ikribi-ka (?) an-na-a šarru u*...................

21 ^{ilu}*Marduk nam-ri mu*.........................

22 *qa-mu-ú ša* ^{ilu}*A-num*.......................

23 ^{ilu}*Gibil*....................................

Verso. PLANCHE II, COLONNE IV (suite).

15 des.......... des bois d'incantation sur.............
16 il préparera. Lorsque........................
17 dans un vase, il placera une victime avec du beurre, de l'huile....................................
18 il le déliera. Les *sources* de Marduk................
19 Le seigneur du feu des dieux *à l'écoulement de sa boisson*.................................
20 *Ta prière,* le roi...............................
21 Marduk, le brillant.............................
22 L'embrasement d'Anu.........................
23 Le dieu Gibil...................................

COMMENTAIRE

Recto. 2 On peut lire aussi *sâniqu* (*LAL*) et traduire : « qui relies les cieux, qui assujettis la terre. »

5 *bis* Omise par Craig dans son autographie et restituée dans les corrections publiées en tête de son second volume. — *Aqabbu(u)* transcription conjecturale de *E-u*, cf. l. 23. Le British Museum s'étant refusé à communiquer cette tablette, je n'ai pas pu faire collationner ce passage et quelques autres, qui restent douteux.

14 *Gamrat*. Craig a lu *LIL-bat*, signes qu'il est impossible de rendre par une transcription satisfaisante. J'ai supposé qu'il fallait lire *ZAG-TIL*, « complet en force » : *UR-SAG ZAG-TIL-LA ME-EN*, « tu es complet en force », *Textes inédits* communiqués par le P. Scheil, *passim*.

15 *Šâpi-kat*. Craig a lu *LAL-ât(gir)*. Plus bas, l. 19, 21 et 22, le signe *GIR(ât)* est écrit d'une tout autre façon. Ici, il faut lire probablement *LAL-kat*. La confusion est facile dans l'écriture babylonienne.

19 *Akilat qarṣu* doit se prendre évidemment dans un bon sens. Cf. *turru gimilli* « rendre le bien » et « rendre le mal » selon le contexte.

Ṣa-bi-ât abûtû. La lecture est trop connue pour faire dériver *ṣa-bi-ât* d'une autre racine que *ṣabâtu*. Pour ce mot, comme pour *mu-šam-ki-ât*, l. 21, il faut admettre l'omission du signe *ta* par le scribe ou par Craig.

22 *Na-az-ku*, r. נזק, « endommager ».

25 *Nad-nu* avec le sens de *don* au lieu de *donné*, qui paraît imposé par le contexte.

Verso. 8 Le mot *itgurtu* a plusieurs sens en assyrien. V. Delitzsch, *AHW*, 160. Ici il désigne probablement un objet matériel, insigne des dieux et des rois, r. نَجَر, « charpentier, menuisier », primitivement un objet fabriqué par l'art du menuisier.

9 *Arad*. Craig semble avoir lu *TE*.

13 *MAN* semble désigner un objet du culte, un ustensile dont se servait l'urigallu.

18 *Pa-ṭir-šu* écrit *pa-bê-šu*. Le signe *bê* paraît avoir aussi la valeur *ṭir;* cf. Scheil, *Mémoires*, t. II, p. 71, à propos de Ruquratir, Laquratir.

20 *Ikribi-ka* transcription conjecturale de la copie de Craig, qui ne répond à aucun signe connu; a-t-il lu *sa* ou *zu(ka)?*

II

Prière a une Déesse

II. — Prière a une déesse. *K.* 3330.

Recto

1 *šiptu* ^{kakkabu}*GIR-TAB*.........................
2 *il-tum* *rim-*[*ni-tum*].........................
3 *še-mat* *ik-ri-bi*...............................
4 *qa-i-šat* *balaṭi*.......................
5 *ina ûmi(mi) an-ni-i*:........................
6 ^{ilu}*I-šum* ....
7 *mu-kil-lu* *ad-me-ki*........................
8 *i-zi-za-ma* .... 9 *li*...........

Planche III.

10 ^{ilu}*ištârâte* (pl.)............................
11 *ina ki-bit-ti-*[*ku-nu*].........................
12 *ši-mu-ú ik-ri-bi-*[*ia*]..........................
13 *ù at-tu-nu ki-niš naplisu-nin-ni*..................
14 *ma-'-du* *ar-nu-ia*.........................
15 *ma-ḫar-ku-nu ar-ni lip-pa-ṭir*.....................
16 *di-ni di-na* *purussa* [*purussi*].......
17 *šá a-na ia-ši* *kiš-pi*.......................
18 *up-ša-še-e* *limnuti(ti) ša amêlûti* (pl.) *ša*........
19 *ù* *mimma šum-šu* *šá a-na ma-ka-li-e*............
20 *ša* *murṣu lâ ṭâbu ud-di nukurtu a-ka-lu šikaru*....
21 *ZI-TAR-RU-DA* *kala ša is-ḫu-ra*..........
22 *šá ša-nam-ma* *ú-še*.........
23 *ina ki-bit-*[*ku*]*-nu* *kit-ti* *ša* [*la uttakkaru*]....
24 *up-ša-šu-u* ..... [*a*]*-a iṭḫu-ni a-a iq-ru-bu-ni*.......
25 *ana eli* *e-pi-ši* *e-piš-ti* *li-*[*turru*]....
26 ^{ilu}*Iš-ḫa-ra ummu rim-ni-tum šá nišê* (pl.)...........
27 *ina lumun attalî* ^{ilu}*Sin ša ina arḫi pulpul ûmi pulpul*
28 *limnêti idâte* (pl.) *ittâtu* (pl.) *limnêti* (pl.) *lâ ṭâbâti* (pl.)
ša ina êkalli-ia
29 .... *is-ti* .... *ashur-ki* .... *al-si-ki*.....

II. — Prière a une déesse. *K.* 3330.

Recto

1 Incantation. O Ishtar..............................
2 déesse miséricordieuse. ....
3 qui exauces la prière ....
4 qui donnes la vie.......................
5 en ce jour ....
9 O Ishum..
7 qui soutiens ton enfant...........................
8 lève-toi...

Planche III.

10 Les déesses..
11 Par votre ordre...................................
12 Exaucez ma prière.................................
13 Et vous, avec bonté, regardez-moi..................
14 Nombreux (sont) mes péchés.........................
15 Que devant vous mon péché soit absous..............
16 Jugez mon jugement, rendez ma sentence.............
17 L'incantation dirigée contre moi...................
18 les machinations mauvaises des hommes qui..........
19 et tout ce qui porte un nom qu'en nourriture ....
20 Lorsqu'une maladie mauvaise, la détresse, l'hostilité, une nourriture, une boisson.....................
21 qui tranche l'âme, tout ce qui m'entoure............
22 tout autre chose qu'on [trame]........
23 par votre ordre ferme, qui est immuable ....
24 que ces machinations ne viennent pas, n'approchent pas..
25 Contre celui qui accomplit cette œuvre...............
26 ô Ishḫara, tendre mère des hommes ....
27 dans l'éclipse funeste de la lune qui tel mois, tel jour...
28 (dans) les mauvais signes, les présages funestes, défavorables, qui dans mon palais,
29 .... je me suis tourné vers toi......je t'ai implorée.

Verso.

2 ..... *nar-bi ka* ....

3 *E-SAG-IL-ki* ....

4 *E-ZI-DA* *ku* ....

5 *ilâni* (pl.) *ša šamê(e) u [irṣitim]* ....

6 *ilâni* (pl.) *rabûti* (pl.) ....

7 ^{ilu}*A-num* ^{ilu}*Bêl* ....

---

8 *KA-KA-MA* *ŠU[IL-LA]* ....

---

9 *šiptu* ^{ilu}*Be-lit-i-li bêltu šur-bu-tum ummu ri-mi-ni-tum a-ši-bat šamê(e) elluti*

10 *al-si-ki bêlti-ia i-ziz-[zi-im-ma ši-mi-i ia-a-ti]*

11 *eš-e-ki asḫur-ki kîma u[linnu ili-ia u* ^{ilu}*ištâri-ia ulinna-ki aṣ-bat]*

12 *aš-šum di-ni da-a-ni [purussa parâsi]*

13 *aš-šum bul-lu-ṭu šul-lu-[mu bašû(u) itti-ki]*

14 *aš-šum eṭeru [ti-di-e]*

15 ^{ilu}*Be-lit-i-li bêltu ša-qu-tum ummu ri-mi-ni-tum*

16 *ina ma-'-du-ti kakkab ša-ma-mi bêltu ka... kit-ki ib-ša itti uznâ'-a-a*

17 *upuntu muḫ-ri-in-ni-ma [liqî(i) un-ni-ni-ia]*

18 *lu-uš-pur-ki ana ili-ia zi-[ni-i* ^{ilu}*ištâri-ia zi-ni-ti]*

19 *ana ili ali-ia ša šab-su-ma [kâm-lu itti-ia ina biri u šutti it-ta-na-aš-ka-nam-ma]*

20 *ina lumun attalî* ^{ilu}*Sin ša [ina arḫi pulpul ûmi pulpul išakna(na)]*

21 *lumun [idâte* (pl.) *ittâtu* (pl.) *limnêti* (pl.) *lâ ṭâbâti* (pl.)]

22 *ša ina ê-kal-[li-ia u mâti-ia ibašû(a)]*

23 ^{ilu}*Bê-lit-i-li bêl[tu šur-bu-tum ina a-mat ki-bi-ti-ki ṣir-ti ša ina E-KUR bašû]*

24 *ù an-ni-ki [ki-nim ša lâ ênû(u)]*

25 *[ili]-ia šab-su [li-tu-ra* ^{ilu}*ištâri-ia zi-ni-tum]*

26 *ilu ali-ia ša šab-su-[ma kâm-lu libbi-šu itti-ia]*

Verso.

2 ....ta grandeur..............................

3 ton E-sagil..............................

4 l'E-zida..............................

5 Les dieux des cieux et de la terre..................

6 Les grands dieux..............................

7 Anu , Bêl..............................

---

8 Prière de l'élévation des mains....................

---

9 Incantation. Bêlit-ili, ô colossale souveraine, tendre mère qui habites les cieux splendides,

10 je t'ai implorée, ma souveraine, lève-toi, exauce-moi.

11 Je t'ai cherchée, je me suis tourné vers toi; comme le vêtement de mon dieu et de ma déesse j'ai saisi ton vêtement,

12 car juger mon jugement, rendre ma sentence,

13 car faire vivre, sauver, est en toi,

14 car tu peux conserver mon intelligence.

15 O Bêlit-ili, souveraine auguste, tendre mère,

16 au milieu des nombreuses étoiles du ciel, ô souveraine, ...ton ...... est dans mon esprit.

17 Accepte de moi cette offrande de farine, accueille ma prière.

18 Puissé-je t'envoyer à mon dieu irrité, à ma déesse irritée,

19 au dieu de ma ville qui s'est montré irrité, est furieux contre moi, dans une vision et un songe,

20 dans une funeste éclipse de lune qui a eu lieu tel mois, tel jour,

21 les funestes signes, les présages mauvais, défavorables,

22 qui dans mon palais et dans mon pays ont paru.

23 O Bêlit-ili, souveraine colossale, par ta parole auguste qui est dans l'E-kur,

24 et ta protection fidèle, inviolable.......

25 que mon dieu irrité revienne, que ma déesse irritée,

26 que le dieu de ma ville dont le cœur est irrité, furieux contre moi,

Verso (suite).

26 *ša i-zi-za li-*[*nu-ḫa ša i-gu-ga?*] ....
27 ^{ilu}*Be-lit-i-li bêltu* [*šur-bu-tum ṣa-bi-ta-at*] ....
28 *a-na* ^{ilu}*Marduk šar ilâni* (pl.) [*bêl ri-mi-ni-ia bu*].....
29 *ṣu-lul-ki rap-šu* [*ta-a-a-ra-tu-ki kab*]...............
30 *gi-mil dum-qi* [*ù ba-la-ṭi eli*]........................
31 *nar-bi-ki lu-ša-*[*pi dà-li-li-ki lud-lul*]

---

32 *KA-KA-MA* ....

Verso (suite).

26 qui est courroucé, qu'il se calme lui qui est en fureur..
27 O Bêlit-ili, souveraine colossale, qui prend............
28 à Marduk, roi des dieux, mon souverain miséricordieux.....
29 ta protection est grande, ta compassion est............
30 le don de la faveur et de la vie........................
31 Je veux célébrer ta grandeur, je veux me vouer à ton service.

---

32 Prière......................................

COMMENTAIRE

21 Le *recto*, l. 1 à 9, et tout le *verso* ont été omis par Craig. Les restitutions du *verso*, 9-31, sont de King, qui a publié ce texte avec les variantes de ses duplicata dans *Babylonian Magic and Sorcery*, n° 7, pl. XV et XVI.

III

Consultation de Shamash et de Adad

III. — Consultation de Shamash et de Adad. *K.* 2370.

Recto. Planche IV, colonne I.

1 ^{ilu}*Šamaš* [*bêl*] *di-nim* ^{ilu}*Adad bêl bi-ri*

2 . . . . *bît e-mu-ti šú-bul-ta ba-ba-lim-ma libbi-šu ub-lam*

3 [*ilu*]*-ti-ku-nu rabîti(ti) mimma šú-bul-ta libbi-šu ub-la*

4 . . . *ina ul-lu-uṣ libbi(bi) ḫu-ud pa-ni u te-di-ki*

5 . . . *šú-a-tum ḫa-diš im-maḫ-ḫar-ma libbi-šu i-ḫi-šu šá-šam*

6 . . . *ša* ^{ilu}*Šamaš u* ^{ilu}*Adad a-ša-lu-ma*

7 [*qi*]*-bi-i-šú-nu ki-ni šu-pil-tu u-pil-lu-ma*

8 [*ina*] *ḫu-ud libbi (bi) aš-mu-ú ša damiqtu ina pî-šu iškun-ma*

9 [*Il*]*u-ut-ku-nu* ^{ilu}*Šamaš u* ^{ilu}*Adad ki-a-am*

---

10 . . . *ša ú - še - bi - lu ênê*[2] (pl.)*-šu*

---

11 [^{ilu}*Šamaš*] *bêl di-nim* ^{ilu}*Adad bêl bi-ri*

12 [*sin*]*ništu pulpul bêlit-su a-šib-ti ṣilli-šu ištu ûmê(me)* (pl.) *rûqûti* (?)

13 . . . *ina ba-tu-ma šal-meš it-ta-na-al-la-du-ma*

14 *zikaru ia-'-nu-ma libba(ba)-šu šum-ru-zu*

15 . . . *ana melammu(?) epišti(ti) ba-ru-m*[*a*]. . . . . *en na meš ba*

Colonne II.

1 *DUK ša zikara ul-la-du* . . . .

2 *ú ši-i na lu tu* . . . .

---

3 *ta-mit bêlti niš-tam-ma* . . . .

---

4 ^{ilu}*Šamaš bêl di-nim* [^{ilu}*Adad bêl bi-ri*] . . . .

5 *pulpul ša qit(?) ûmê(me)* (pl.) . . . .

III. — Consultation de Shamash et de Adad. *K.* 2370.

Recto. Planche IV, colonne I.

1 Shamash, seigneur du jugement, Adad, seigneur de la vision,
2 [dans] la maison de sa famille, ont apporté le don que désirait son cœur.
3 Votre grande divinité lui a accordé tout ce que désirait son cœur.
4 ....avec la joie dans le cœur, l'allégresse sur sur les traits et un habit de fête,
5 .... celui-ci se présente gaiement, son cœur se hâte,
6 .... à ce que j'ai demandé à Shamash et à Adad
7 leur parole fidèle a fait une réponse.
8 Dans la joie du cœur, je l'ai entendue; elle a placé une grâce sur sa bouche,
9 votre divinité, ô Shamash et Adad, en ces termes.

---

10 ....qu'ont fait porter ses yeux.

---

11 O Shamash, seigneur du jugement, ô Adad, seigneur de la vision.....................................
12 la femme X, sa dame, qui habite à son ombre depuis des jours lointains
13 ....tout d'un coup, heureusement, a enfanté.
14 Ce n'est pas un fils, son cœur est triste.
15 ....l'œuvre du voyant...................

Colonne II.

1 ......qui a enfanté un homme....................
2 et elle...

---

3 L'oracle de la dame nous avons entendu.............

---

4 O Shamash, seigneur du jugement, ô Adad, seigneur de la vision.....
5 X, qui........pendant des jours...................

COLONNE II (suite).

6 *ina ba-tu-ma ina šip-rí*.............................

7 *libbu(bu) ša pulpul mu-ti-ša*.........................

8 *zu-ú-ta ûmê(me) ṭe-en*..............................

9 *ma-la bašû(ú) šum-ma ina ûmê(me)*...............

10 *šum-ma ina ûmê(me) rûqûti* (pl.) *i-sa-ab ni*..........

11 *ri-ḫu-ut amélutu itti dib-bu*..........................

12 *e-ṣi adi ûmi A ḪI GUB libbi-ša*...................

13 *ša ûmê* (pl.) *ma-lu-ti šal bi iṣ*........ 14 *na*.........

Verso. COLONNE III.

1 *DUK*................ 2 *uš-ta-pa-aš ša*............

3 *IṢ ŠAL-LA-' Ú ŠA-U-BI*..........................

4 *akâlu ikkal gi da tu mur mû ša*....................

5 *puluḫtu ša libbi DA-ma Ù-TU*......................

6 *e-zib ša šar-ra ú*...................................

7 *libba(ba)-ša*..

---

8 *ta-mit ḫa-riš-tu*...................................

---

9 *ilu Šamaš bêl di-nim* [*ilu Adad bêl biri*]...............

COLONNE II (suite).

6 soudainement, par l'œuvre..........................
7 Le cœur de X, son épouse..........................
8 L'éclat des jours..................................
9 Tout ce qu'il possède lorsque dans des jours...........
10 Lorsque dans les jours lointains il aura vieilli........
11 la procréation de l'humanité ....
12 ..... jusqu'au jour *de l'eau abondante de* son cœur...
13 Lorsque des jours pleins...........................

Verso. COLONNE III.

1 Un vase........ 2 on offrira.......................
3 L'objet ŠAL-LA-', la plante ŠA-U-BI..............
4 Une nourriture il mangera........ l'eau de...........
5 La crainte du cœur.....elle enfante.................
6 Laisse..
7 Son cœur......................................

---

8 Oracle de l'incantation...........................

---

9 O Shamash, seigneur du jugement, ô Adad, seigneur de la vision.......................................

COMMENTAIRE

Col. I, 2 *šu-bul-ta,* dérivé de יבל « don » ou « objet du désir du cœur », ce vers quoi le cœur se porte, ou *šu-pul-ta,* cf. *infra, šu-pil-tu* de אפל « une réponse » ? Ce texte fait partie des textes de Shamash et Adad, qui sont en général mal écrits. L'absence de points de comparaison et le mauvais état de la tablette en rendent la traduction très conjecturale.

4 *batu,* « soudainement ». Cf. l'hébreu בָּתָה.

IV

Prière d'Assurbanipal a Nabû

IV. — PRIÈRE D'ASSURBANIPAL A NABÛ. *K.* 1285.

Recto. PLANCHE V.

1 ..... *ar-ta-na-at-ta-ka* ^{ilu}*Nabû ina puḫur ilâni* (pl.) *rabûti* (pl.)

2 [*ḫa-aṭ-ṭ*]*a-nu-u-a la it-ta-nak-ša-du napšâte* (pl.)-*ia*

3 .... *ki at-ta-na-aḫ-ḫar-ka qar-rad ilâni* (pl.) *aḫê* (pl.)-*šu*

4 ..... *ti* ^{ilu}*Ašur-bân-aplu a-na ur-kiš a-na ma-te-ma*

5 ... [*a-n*]*a-ku at-te-'-i-la ina šêpâ*^{2} ^{ilu}*Nabû*

6 ..... ^{ilu}*Nabû ina puḫur ḫa-aṭ-ṭa-nu-u-a*

7 *i-*[*ti*]*-ka* ^{ilu}*Ašur-bân-aplu ana-ku* ^{ilu}*Nabû a-di ṣa-at ûmê(me)*

8 *šêpâ*^{2} (pl.)-*ka la is-sa-nam-ma-a la i-nar-ru-ṭa qâtâ*^{2} (pl.)-*ka*

9 *an-na-a-te šaptê* (pl.)-*ka la en-na-ḫa a-na mi-taḫ-ḫu-ri-ia*

10 *lišân-ka la ta-at-ta-ni-gi-ir ištu (šaptê* (pl.)-*ka*

11 *šá a-na-ku da-ba-bu ṭâbu at-ta-na-ad-da-nak-ka*

12 *a-šad-daḫ pâni-ka ú-šad-daḫ la-an-ka ina bît E-MAŠ-MAŠ*

---

13 ^{ilu}*Nabû iq-ṭa-nab-bi ma-a pi-i-ka am-me-u šá ṭâbu*

14 *šá it-ta-na-aḫ-ḫa-ra* *a-na* ^{ilu}*Ur-kit-tu*

15 *la-an-ka šá ab-nu-u-ni it-ta-na-aḫ-ḫar-an-ni a-na i-tu-us-si ina E-MAŠ-MAŠ*

16 *šim-ta-ka šá ab-nu-u-ni it-ta-at-ta-na-aḫ-ḫar-an-ni*

17 *ma-a ú-bab-bi-la* *ina bît bêlit KALAMA*

18 *napšâte* (pl.)-*ka it-ta-na-aḫ-ḫar-a-ni ma-a balaṭ-su ur-rik ša* ^{ilu}*Ašur-bân-aplu*

---

19 *ka-me-is ina ki-in-ṣi-e-šu* ^{ilu}*Ašur-bân-aplu it-ta-na-aḫ-ḫar a-na* ^{ilu}*Nabû bêli-šu*

20 *ad-da-ni-ka* ^{ilu}*Nabû la tu-maš-šar-an-ni ia-a-ši*

IV. — Prière d'Assurbanipal a Nabû. *K.* 1285.

Recto. Planche V.

1 .... je m'attache à toi, ô Nabû, dans l'assemblée des grands dieux.

2 Mes adversaires n'atteindront pas mon âme.

3 ..... je me présente à toi, guerrier des dieux, tes frères.

4 ..... Assurbanipal, pour la suite des temps, pour toujours,

5 ... moi, je me couche aux pieds de Nabû.

6 ... Nabû, au milieu de mes adversaires.

7 Avec toi, Assurbanipal, moi, Nabû (je suis) jusqu'à la fin des jours.

8 Tes pieds ne boiteront pas, elles ne se fatigueront pas tes mains;

9 tes lèvres ne se lasseront pas de m'implorer;

10 ta langue ne *fourchera* pas sur tes lèvres,

11 car moi, je te donnerai une bonne parole.

12 Je marcherai devant toi, j'introduirai ta personne dans le temple de l'E-mashmash.

---

13 Nabû parla : Ta bouche, celle qui est bonne,

14 qui invoque Urkittu,

15 ta personne que j'ai créée m'implorent pour entrer dans l'E-mashmash.

16 Ta destinée que j'ai créée m'implore.

17 Voici : je t'introduirai dans le temple de la souveraine des pays.

18 Ton âme me suppliera : « Prolonge la vie d'Assurbanipal. »

---

19 Courbé dans sa tunique, Assurbanipal se présente à Nabû, son maître :

20 Je t'invoque, ô Nabû, ne m'abandonne pas, moi.

Recto. PLANCHE VI (suite).

21 *balâṭi-ia ina pâni-ka ša-ṭir napšâte* (pl.)*-ia paq-da ina sûni* ^{ilu} *Bêlit*

22 *ad-da-ni-ka* ^{ilu} *Nabû gaš-ru la tu-maš-šar-an-ni iá-ši ina bi-rit ḫa-ṭa-nu-u-a*

---

23 *e-tap-la za-ki-qu ištu pân* ^{ilu} *Nabû bêli-šu*

24 *la ta-pal-laḫ* ^{ilu} *Ašur-bân-aplu napšâte* (pl.) *arkâti* (pl.) *ad-da-nak-ka*

25 *šârê* (pl.) *ṭâbûti itti napšâte* (pl.)*-ka a-paq-qid*

26 *pi-ia am-me-u šá tâbu ik-ta-nar-rab-ka ina puḫur ilâni* (pl.) *rabûti* (pl.)

Verso.

1 *ip-te-te* ^{ilu} *Ašur-bân-aplu up-ni-šu it-ta-na-aḫ-ḫar a-na* ^{ilu} *Nabû bêli-šu*

2 *ša iṣ-ba-tu ina šêpâ'* ^{ilu} *šar-rat Ninuâ*^{ki} *la i-lu-ad ina puḫur ilâni* (pl.) *rabûti* (pl.)

3 *ša ina qa-an-ni-šá* ^{ilu} *Ur-kit-tu ka-ṣir la i-lu-ad ina puḫur ḫa-ṭa-nu-te-šu*

4 *ina puḫur ḫa-ṭa-nu-te-ia la tu-maš-šar-an-ni* ^{ilu} *Nabû*

5 *ina puḫur bêl iá-as-si-ia la tu-maš-ša-ra napšâte* (pl.)*-ia*

---

6 *ṣi-iḫ-ru at-ta* ^{ilu} *Ašur-bân-aplu šá ú-maš-šir-u-ka ina eli* ^{ilu} *šar-rat Ninuâ*^{ki}

7 *la-ku-u at-ta* ^{ilu} *Ašur-bân-aplu šá aš-ba-ka ina bur-ki* ^{ilu} *šar-rat Ninuâ*^{ki}

8 *ir-bi zi-zi-e ša ina pi-ka šak-na 2 te-en-ni-iq 2 ta-ḫal-lap ana pa-ni-ka*

9 *ḫa-ta-nu-te-ka* ^{ilu} *Ašur-bân-aplu ki-i si-pi ina pa-an me-e i-šú-'*

Recto. PLANCHE VI (suite).

21 Ma vie est écrite devant toi; mon âme est déposée aux pieds de Bêlit.
22 Je t'invoque, ô puissant Nabû, ne m'abandonne pas au au milieu de mes adversaires.

---

23 Un souffle répondit de la bouche de Nabû, son maître:
24 Ne crains pas, Assurbanipal, je t'accorderai une longue vie.
25 De bons souffles ton âme je pourvoirai.
26 Ma bouche, celle qui est bonne, te bénira dans l'assemblée des grands dieux.

Verso.

1 Assurbanipal ouvrit ses mains, il supplia Nabû, son maître.
2 Celui qui prend les pieds de la déesse reine de Ninive ne sera pas confondu dans l'assemblée des grands dieux.
3 Celui que Urkittu garde sur son sein ne sera pas confondu dans l'assemblée de ses adversaires.
4 Dans l'assemblée de mes adversaires, ne m'abandonne pas, ô Nabû.
5 Dans l'assemblée de mes oppresseurs, n'abandonne pas mon âme.

---

6 O mon petit Assurbanipal, toi que j'ai confié à la déesse reine de Ninive;
7 ô mon pauvre Assurbanipal, toi que j'ai *déposé* sur le sein de la déesse reine de Ninive,
8 des quatre mamelles qui sont près de ta bouche, deux tu suceras, avec deux tu couvriras ta face.
9 Tes adversaires, ô Assurbanipal, seront comme des *algues* à la surface des eaux.

Verso (suite).

10 *ki-i bur-bi-il-la-a-te šá pa-an šat-ti iz-za ta-ad-ar-ru-qu ina pân šêpâ'-ka*

11 *ta-az-za-az* [ilu] *Ašur-bân-aplu ina tar-ṣi ilâni* (pl.) *rabûti* (pl.) *tu-na-'-ad ana* [ilu] *Nabû*

Verso (suite)

10 Comme des........ qui sur...... se tiennent, tu les fouleras aux pieds.
11 Tu te tiendras debout, ô Assurbanipal, en présence des grands dieux pour louer Nabû.

COMMENTAIRE

Recto. 8 *is-sa-nam-ma-a*, I, 3, de סמה, qui se dit surtout de l'infirmité des yeux, « être aveugle », mais aussi de la claudication, cf. le syr. ܐܣܡܝ, claudicavit.

10 *ta-at-ta-ni-gir*, I, 3, de נקר ou plutôt de דנר, « se recroqueviller ». Cf. l'araméen דנר, « se rouler ensemble », et l'arabe دَجَر, *confusus fuit in ṣermone.*

12 *pâni-ka* écrit *SAG-ka*. On pourrait transcrire aussi *rišu-uk-ka*, « à ta tête », ou encore *a-mat-taḫ rîši-ka* « je dirigerai ta tête ».

15 *i-tu-us-si* inf. ift. de יצא, pour *itu-uṣ-ṣi*.

17 *û-bab-bi-la*, lecture douteuse. La copie de Craig, *tuk bab(nu?) bi la*, doit être fautive, mais il n'a pas été possible de collationner ce texte. Comme beaucoup d'autres, il est « *exposé* ».

19 *ki-in-ṣi-e*, cf. arabe قميص, *tunica, camisia*, à moins de le rapprocher de la racine assyrienne כמץ (ק?) « jeter à terre », v. Delitzsch, *AHW*, 336 b, et de lui donner le sens de « prostration ».

Verso. 2 *i-lu-ad*, probablement d'une racine לוד. Cf. syr. ܠܘܛ, « maudire ».

3 *qa-an-ni*, v. dans Meissner, p. 85 a, les passages où se trouve ce mot. Il me paraît signifier « sein », « intérieur » et de là « famille ».

5 *bêl iá-as-si-ia* : ces mots ne se rapportent pas à Nabû et ne doivent pas se traduire par « secoureur », comme le propose, sous une forme dubitative d'ailleurs, Meissner, p. 12 b. C'est une locution parallèle à *ḫaṭanute-ia* de la ligne précédente. *Iá-as-si* signifie

donc « ennemi, oppresseur », rac. אמס[1] ; cf. syr. ܥܡܣ, « s'agiter » et ܥܡܘܣܐ, « injuste, pervers ».

7 *aš-ba-ka* ne peut-être la 2ᵉ p. m. s. du permansif de *ašâbu*. Il faut admettre une racine *šabû* ou שבך avec le sens de « placer », « confier ».

8 *zi-zi-e,* mamelles, v. héb. זיז et l'ar. زِيزَة.

9 *si-pi,* équivalent assyrien de סוף ?

10 *bur-bi-il-la-a-te,* peut-être pour *bul-bil-la-a-te* r. בלל, cf. syr. ܒܘܠܒܠܐ. L'assyrien a une tendance à remplacer *l* par *r*; nous trouvons *raqraqu* « cigogne », à côté de *laqalaqa,* et *mar libbi-šu,* I, Harper, *K.* 183, *verso* 22, pour *mal libbi-šu.*

V

Hymne a Ishtâr

V. — Hymne a Ishtâr. *K.* 1286.

Recto. Planche VII.

1 ..... *damiqtu bi-lat Ninâ^{ki} ..... a-li-lat mâti*
2 *šar-ḫat šú-ru-ḫat el-lit ^{ilu} Ištârâte* (pl.)
3 *Ninâ^{ki} bu-un-bu-ul-lu ša-kin šá ina libbi (bi) la......*
4 *E-MAŠ-MAŠ šá ta-na-da-a-ti ša-kin..............*
5 *šá ina libbi (bi)-šu aš-ba-tam ^{ilu}Iš-tar šar-ra-[tu]*
6 *a-ki ^{ilu}Ašur ziq-ni zaq-nat nam-ri-ri ḫal-pat........*
7 *a-gu-u ina qaqqadi-ša a-ki kak-ka-bi..............*
8 *šá ilu ša-na-a-ti da-i-ra-ti iškun šá ki-i [^{ilu}] Šamaš napḫa*
9 *zig-gur-ra-tú bal-ti Ninâ^{ki}......... na-šat....*
10 *ûmu XVI kam šá ^{arah} ṭebitu e-ra ša E-MAŠ-[MAŠ ú]-nam-ma-ra.....*
11 *tu-ṣa-a be-lit mâti ^{ilu}Bêlit ša[r-r]a-tú a-ši-bat*
12 *a-na âṣi-ša šá ^{ilu}Be-lit Ninâ^{ki} ..... e-riš-šu kal ilâni* (pl.)
13 *šarru ib-bu-ti la-biš rab-bu-u-ti it-tal-bi-ša ṣubâti*
14 *ina niqê* (pl.) *el-la-a-ti ib-ba-a-ti ^{ilu} Ašur-bân-aplu e-ru-ba*
15 ... *du-uš šu-pa si-mat ilu-ti bi-el šarrâni* (pl.) *dan-na*
16 ..... *id-di-id ša ta-at-ta-aṣ-ṣi be-el šarrâni* (pl.)
17 .....*[ta]-šal-li-ma ta-at-ta-šir ina bît la-li-e ša zîmu(?)*
18 .... *na-siq..... ba a...... ina šub-ta-ša a-na*

Verso. Planche VIII.

1 .... *ša-du el-me-ši ...... ba ...... ba-nu-u....*
2 .... *ṣa-ḫi-ti ú mi-iṭ ^{ilu} Ašur-bân-aplu šar tak-ni-e-ma*

V. — Hymne a Ishtâr. *K.* 1286.

Recto. Planche VII.

1 Gracieuse souveraine de Ninive..... la puissante du pays,

2 la plus grande, la plus colossale, la plus illustre des déesses.

3 Ninive est le *sanctuaire* au milieu duquel elle [réside],

4 un E-mashmash splendide, placé.....

5 au milieu duquel elle habite, Ishtâr, la reine.....

6 Comme Ashur, elle a le menton barbu, elle est revêtue de splendeur.

7 Un disque est sur sa tête, comme une étoile.....

8 Un dieu lui a donné des années éternelles..... comme Shamash, elle brille.

9 La ziggurat majestueuse de Ninive..... elle porte.....

10 Le seizième jour de Ṭebet, on fait briller la *châsse* de l'E-mashmash ;

11 tu sors, souveraine du pays, Bêlit, reine qui (l')habites.

12 Sa sortie, de la déesse Bêlit de Ninive, tous les dieux l'ont désirée.

13 Le roi s'est revêtu de brillants (ornements), il s'est couvert de vêtements splendides.

14 Avec des victimes, des (offrandes) pures et belles, Assurbanipal est venu.

15 ..... ornement de la divinité, puissant souverain des rois.

16 .... lorsque tu sors, maître des rois,

17 .... tu te diriges prospère vers le temple de la belle *figure.*

18 .... dans sa demeure, vers

Verso. Planche VIII.

1 ..... *le mont* des diamants..... brillant.....

2 ..... *splendide, et l'arme* d'Assurbanipal, le roi magnifique.

Verso. PLANCHE VIII (suite).

3 .... *ba-ni ḫi-e-pi* *eli nišê* (pl.)......

4 .... *meš-ka* *tar-ḫu-ṣu* *taš (?)-kun* ....

5 .... *tam-tim* *e-liš u šap-liš ina maḫ-ri-šu lil-li-k*[*u*]

6 .... *ki šá mâtâte* *liš-šú-nik-ka*

7 .... *ra-bi-e Ninâ*^{ki} *mi-taḫ-ḫur bil-tu*..........

8 ...... ^{ilu}*Ašur-bân-aplu mâru*.... *ki-e-nu pa-liḫ-*[*ki*]

---

9 *ik-ri-bi an-nu-ti*............ *e ak* ....

10 *lu-la šá pi-ia lu-u*...............................

Verso. PLANCHE VIII (suite).

3 ..... [que tu as] bâti est tombé en ruines sur les hommes.....

4 .... ses..... tu as placé.....

5 .... des mers en haut et en bas à toi qu'ils viennent.

6 .... des contrées qu'ils t'apportent

7 .... les grands de Ninive, l'apport du tribut.....

8 ..... Assurbanipal, fils fidèle, qui te vénère.........

---

9 Ces prières......................................

10 L'abondance de ma parole, qu'elle [te soit agréable].

COMMENTAIRE

3 *bu-un-bu-ul-lu* probablement pour *bubbullu*, r. בבל. Ce mot, différent du substantif *bubbulu* cité par Delitzsch, *AHW*, 167 a, signifie sans doute « sanctuaire » ou « palais ». Cf. *panpanu*.

11 *e-ra*. C'est un objet qu'on fait briller pour la procession d'Ishtâr, par conséquent une « niche » ou une « châsse ». V. Delitzsch, 125 a. Peut-être aussi désigne-t-il la « cour » du temple et est-il à rapprocher de l'arabe حَرَى.

11 *a-ši-bat* et non *a-šal-bat*, comme a lu Craig.

18 Le dernier mot de la ligne *a-na* devait se rapporter au texte de la 1re ligne du *verso*, qui est effacée.

VI

Prière pour Assurbanipal

VI. — Prière pour Assurbanipal. *K.* 226.

Recto. Planche IX.

1 *ú-na-'-ad* ^{ilu}*Ašur-bân-aplu*........................
2 *šá pal-ḫu uznu rabîtu (tu) naplusu*................
3 ^{ilu}*Na-na-a be-lit ilâni* (pl.) *rabûti* (pl.)..............
4 ^{ilu}*Ašur-bân-aplu* ^{amilu}*ša-an-gu-ú-ku-nu* [*ku-ru-bu*]
5 ^{ilu}*Ašur šarru-us-su ku-ru-ub*.................
6 *idân²-šu* ^{ilu}*Nabû ku-ru-ub*.................
7 ^{ilu}*Sin kussi-šu tak-ki-in*.................
8 *mu-bi-lat mâti ú-na-'-u-du* ^{ilu}*Ur-kit-*[*tu*]............
9 *ina tir-ṣi-šu šá* ^{ilu}*Ašur-bân-aplu*..............
10 *ina ûmê* (pl.)*-šu šá ri-é-um*....................
11 ^{ilu}*Na-na-a ina gu-um libbi (bi)-ša*...............
12 ^{ilu}*Ašur-bân-aplu šarri ut-tu-šu*..................
13 *ina ali ma-ḫa-zi-ša šá*..........................
14 *taḫ-ḫur un-nin-ni-šu*............................
15 *ina ali-ša ba-ni-e*..............................
16 ^{ilu}*Ašur-bân-aplu šarru*.........................
17 *ḫa-mi um-man-šu*...............................
18 *bêl šarrâni* (pl.) *ina ḫu-*[*ud libbi-šu*]..............
19 *ik-bu-us e-ru-*[*ub*]..............................
20 ^{ilu}*Bêlit ina gu-u*[*m libbi-ša*]......................

Planche X.

21 ^{ilu}*Ašur-bân-aplu šá a*..........................
22 *ina tir-ṣi-šu šá* ^{ilu}*Ašur-bân-aplu*................
23 *ina qabal ali-ša ú-šú-uz*.........................
24 *am-mar e-mu-ru ú-na-'* [*a-du*]....................
25 *iš-ma-a mâtâte i-ru-ub*..........................
26 ^{ilu}*Bêlit še-di-e man*...........................

VI. — Prière pour Assurbanipal. *K.* 226.

Recto. Planche IX.

1 Je veux célébrer Assurbanipal......................
2 le pieux, l'intelligent, l'objet des faveurs [des dieux]...
3 Nanâ, souveraine des grands dieux..................
4 Assurbanipal, votre prêtre, [bénissez-le].............
5 O Ashur, bénis sa royauté........................
6 O Nabû, bénis sa puissance.......................
7 O Sin, affermis son trône.........................
8 La *souveraine* du pays, je veux louer Urkittu.........
9 Au temps d'Assurbanipal.........................
10 aux jours du pasteur [d'Ashur]....................
11 Nanâ, dans la fidélité de son cœur..................
12 a regardé le roi Assurbanipal......................
13 Dans sa ville sainte de...........................
14 elle a accueilli sa prière..........................
15 Dans sa ville splendide..........................
16 Assurbanipal...................................
17 *gouverne* son peuple............................
18 Le seigneur des rois, dans la joie [de son cœur]........
19 a foulé aux pieds, est entré.......................
20 Bêlit dans la fidélité de son cœur...................

Planche X.

21 Assurbanipal, qui...............................
22 au temps d'Assurbanipal..........................
23 au milieu de sa ville, il se tient....................
24 tous ceux qui l'ont vu l'ont loué...................
25 Les contrées ont entendu. Il est entré [dans le temple]
26 de Bêlit. Les bons génies ....

COMMENTAIRE

17 *ḫa-mi* perm. du qal de חמה, « gouverner, diriger ». C'est à cette racine qu'il faut rattacher *ḫamât*, « soutien ».

VII

Dédicace d'Assurbanipal a Marduk

VII. — Dédicace d'Assurbanipal a Marduk.

K. 120 b + 144 + 3298 + 3265.

Recto. Planche X.

1 *ana* ^{ilu}*Marduk bêlu ṣi-i-ru šar ilâni* (pl.) *šur-bi-i e-til-li*..........

2 *e-mu-qa-an ṣi-ra-a-te a-ša-rid nap-ḫar bêlê* (pl.)

3 *dan-dan-nu a-ša-rid šamê (e) u irṣitim (tim) a-ši-ir* ^{ilu}*Igigi u* ^{ilu}*(Anunnaki)*

4 *na-ši kakka ilu iz-zu ma-am-al ilâni* (pl.) *rabûti* (pl.) *ni*...........

5 *bêlu kab-tu git-ma-lum* [*šá it-ta*]*-a-šu la in-ni-ti-qu* ...

6 ^{ilu}*Marduk*..... *u mu-bal-lu-u nap-ḫar rag-gi ša*......

7 [*pa-qid kul-lat nap-ḫa-ri ta-me-iḫ ṣi*]*(r-ri-tú r)u-ba-tú ṣa-'-nu pul-ḫa a*..........

8 [*mu-kil mar-kăs šamê (e) u irṣitim (tim)*] *ir-šu šal-ba-bu pal*.........

9 *(ma-lik r)a-ma-ni-šu ša ina gi-mir NU-BAT-TIL ta*..

10 [*be-el kup-pi naq*]*-bi e-di-e u ta-ma-a-ti*..............

11 [*bêlu ri-me-nu-ú*] *li-qu-ú un-nin-ni*..... *še-mu-ú*......

Planche XI.

12 *šar Bâbili*^{ki} *bêl E-SAG-IL êkal ilu-(ti-ka)*...........

13 *da-'-in di-en mi-ša-ri muš-te-(šir tênišêti)*...........

14 *a-na-ku* ^{ilu}*Ašur-bân-aplu šarru rabû (u) šarru dan-nu šar kiššati*..........

15 *a-na ud-du-uš ma-ḫa-zi za-na-an eš-ri-(e-ti)*..........

16 *ša ina ûmî(mi) ul-lu-ti ina uggat libbi(bi)*...........

VII. — Dédicace d'Assurbanipal a Marduk.

K. 120 b + 144 + 3298 + 3265.

Recto. Planche X.

1 A Marduk le souverain auguste, roi des cieux, le colossal, le grand....................................

2 aux forces puissantes, le premier de tous les souverains,

3 le très puisssant, le premier des cieux et de la terre, le bienfaiteur des Igigi et des Anunnaki.............

4 le porteur de l'arme, le dieu impétueux, le plus violent des grands dieux...........................

5 le souverain majestueux, accompli, dont on ne franchit pas les limites...............................

6 Marduk.................qui anéantit tous les méchants qui..

7 qui prend soin de l'univers, qui porte le grand sceptre, qui remplit de terreur.........................

8 qui tient le verrou des cieux et de la terre, le sage, le rugissant.....................................

9 qui est son propre conseiller, qui dans toute l'abondance.......................................

10 Seigneur des sources, des fontaines, des flots, des mers...

11 souverain miséricordieux qui accueille la supplication, qui exauce (la prière).......................

Planche XI.

12 roi de Babylone, souverain de l'E-sagil, le palais de ta divinité.......................................

13 qui prononce des jugements droits, qui dirige (l'humanité)..

14 moi, Assurbanipal, roi grand, roi puissant, roi des régions..

15 pour relever la grande ville, pourvoir les sanctuaires..

16 que dans les jours anciens, dans la colère de mon cœur...

Planche XI (suite).

17 *a-na ša-kan gi-mil-li u tur-ri tuq-te-e ilu . . . .*

18 *ina ki-bi-ti-šu ṣir-ti ak-šu-ud Elamû (ú) . . . .*

19 *ina tu-kul-ti-šu mat-su ú-šaḫ-ri-ba ú-ša-li-ka n(a-mu-iš)*

20 *ù Tuk-dam-me-i šar Umman-man-da tab-nit Ti-amat tam-šil ilu . . . .*

21 *a-na la e-piš an-ni la ḫa-ṭi-e mi-ṣir mâti-ia ni . . . .*

22 *i-šit la ik-kut-ma zi-kir-ka kab-tu ša ^{ilu}Igigi . . . .*

23 *a-na šur-bi-i be-lu-ti-ka ù da-na-an ilu-ti-ka . . . .*

24 *ki-i šip-ri ilu-ti-ka ša taš-pu-ra um-ma ú-sap-paḫ il-lat. .*

25 *Sa-an-dak-šat-ru mâru ṣi-it libbi(bi)-šu ša a-na te-ni-šu iš-ku-nu a . . . .*

26 *aš-me-ma at-ta-id ^{ilu}Marduk qar-du ù a-na zi-kir ^{ilu} Zarpanîtum . . . .*

27 *u-še-piš-ma MA-SA'-AB ḫurâṣi ru-uš-ši-i pa-šal-li . . .*

28 *ina ši-pir ^{ilu}GUŠKIN-BANDA nak-liš ab-ni-ma a-na qur-ru-bi . . . .*

29 *ina AG-AG-ṭe-e ašipu-u-ti ina te-lil-ti ilu ša . . . .*

30 *a-na qur-ru-bi (mî)li na-dan zi-i-bi u . . . .*

Verso. Planche XII.

1 *a-na i-tab-bul še-rim u li-lá-a-ti ka-a-an la . . . .*

2 *e-nu-ma ^{ilu} MA-SA'-AB ḫurâṣu šú-a-tú i-na-aš-šú-ma ^{ilu} Mi-na-a-i-kul [be-li] . . .*

3 *a-na šat-ti ^{ilu} Marduk bêlu rabû(u) MA-SA'-AB šú-a-tú ḫa-diš nap-lis-ma*

4 *ia-a-ti ^{ilu} Ašur-bân-aplu ri-ša-an-ni rêma e-ma a-ša-as-su-ka.*

5 *li-ki un-ni-ni-ia ši-mi qa-ba-a-a la ba-še-e murṣi na. . . . .*

6 *e-ma MA-SA'-AB ḫurâṣu šú-a-tú ina ma-ḫar ilu-ti-ka da . . . . .*

PLANCHE XI (suite).

17 pour châtier, pour tirer vengeance..................
18 par son ordre auguste, j'ai conquis. L'Élamite........
19 avec son appui, j'ai dévasté son pays, je l'ai ruiné.....
20 Tugdammê, roi des Ummân-manda, progéniture de Tiâmat, image de.............................
21 pour ne pas commettre de faute, ne pas pécher, la frontière de mon pays il...........................
22 *Il s'enfuit, il ne vénéra pas* ton nom majestueux que les Igigi....................................
23 Par la puissance de ta majesté et la force de ta divinité,
24 selon le message de ta divinité que tu m'avais adressé, en disant : Je briserai la puissance de.............
25 de Sandakshatru, son fils, son rejeton, dont il avait fait son....................................
26 après (sa défaite), je louai Marduk, le guerrier, et pour la gloire de Zarpanît........................
27 je fis faire un *plateau* en or brillant, en *pashalli*.......
28 Avec l'art du dieu Gushkin-Banda, je l'ai exécuté artistiquement pour l'offrande...................
29 avec les cérémonies de l'incantation, les prières de.....
30 pour offrir des libations abondantes, pour présenter les offrandes...................................

Verso. PLANCHE XII.

1 pour porter matin et soir, perpétuellement.. ....
2 Lorsque le dieu ? élèvera ce *plateau*, le dieu Minâ-ikulbêli ....
3 éternellement, ô Marduk, regarde ce plateau avec complaisance.................................
4 à moi, Assurbanipal, fais grâce quand je t'invoque....
5 accueille ma prière, exauce ma supplication, l'absence de maladie (accorde-moi).....................
6 Lorsque ce *plateau* d'or en présence de ta divinité.....

PLANCHE XII (suite).

7 *ina ṭuḫ-ḫi-e bur-sag-ga u bur-gi-e kala nap-lis-ma* ....

8 *ṭu-ub šêrê* (pl.) *ḫu-ud libbi (bi) na-mar ka-bit-ti balâṭ ûmê* (pl.)

9 *id-na ḫaṭ-ṭa i-šar-tú ušpara ki-i-nu ša nišê* (pl.) *ba*.....

10 *ina ki-bi-ti-ka rabîtu (tû) kul-lat šarrâni* (pl. *ni*) *a-šib pa-rak-ki a*.......

11 *ni-ir a-a-bi-ia šum-ki-ta gi-ra-a-a ina ki-rib mâti-(ia)*

12 *ilu Zar-pa-ni-tum ḫi-ir-tú na-ram-ta-ka balaṭ napištim (tim)-ia kak*.......

13 *ilu Nabû aplu git-ma-lum sukkal-ka ṣi-i-ru ka-a-a-a*[*n*]..

14 *ilu Taš-me-tum kal-lat E-SAG-IL a-ši-bat ka-bit-ti* ....

15 *ina palê (e) ûmê* (pl.) *rûqûti* (pl.) *e-nu-ma MA-SA'-AB ḫuraṣi*......

16 *MA-SA'-AB ḫurâṣi šú-a-tú li-diš-ma ši-pir-šu a*......

17 *ta-nit-ti ilu Marduk bêli-ia u zi-kir šú-me-ia*..........

18 *ša MA-SA'-AB ḫurâṣi šú-a-tú ul-tu E-SAG-IL šú-bat*.......

19 [*ú ta-nit-ti*] *ilu Marduk bêli-ia ú-naq-qar-ú-ma zi*......

20 [*ilu Marduk bêlu rabû (u)*] *idâti* (pl.) *lum-ni-šu ina šamê (e) u irṣitim (tim)*.........

21 *50 MU-ḪAL ša ina eli MA-SA'-AB ḫurâṣu ša ilu (Marduk)*

PLANCHE XII (suite).

7 quand on présentera toutes les *offrandes excellentes* et les *libations*, regarde (avec bonté)................

8 la santé de la chair, la joie du cœur, l'allégresse de l'âme, une vie de longs jours (donne-moi).........

9 donne un sceptre juste, une houlette ferme qui (guide) les peuples..................................

10 par ton ordre auguste, tous les rois qui habitent des palais.......................................

11 Écrase mon ennemi, terrasse mon adversaire au milieu de (mon pays)................................

12 Zarpanît, ton épouse auguste, la vie de mon âme......

13 Nabû, le fils accompli, ton ministre auguste, constamment...

14 Tashmêtum, la fiancée de l'E-sagil, qui habite à l'intérieur...

15 Dans les années des jours lointains, lorsque le *plateau* d'or (sera endommagé)........................

16 ce *plateau* d'or, qu'on renouvelle son œuvre..........

17 Le symbole de Marduk, mon seigneur, et la commémoraison de mon nom (qu'on y inscrive).............

18 Celui qui (enlèverait) ce *plateau* d'or de l'E-sagil......

19 et qui effacerait [le symbole] de Marduk, mon seigneur,

20 Marduk, le grand seigneur, des présages funestes, dans les cieux et sur la terre (lui enverrait)............

21 Voilà les 50 lignes qui sont écrites sur le *plateau* d'or de (Marduk)

COMMENTAIRE

Recto. 1 J'ai suivi dans la transcription la copie de Strong, beaucoup plus exacte que celle de Craig. V. J.-A. 1893, p. 365 et suiv.

3 Les restitutions entre [ ] sont faites d'après K. 3412; celles entre ( ), par analogie avec des passages connus. K. 3412 contient en termes à peu près identiques, mais en caractères assyriens, la dédicace d'un *ŠA-NA (niknakku)* en or, c'est-à-dire d'une cassolette, par Assurbanipal à Marduk.

8 *mu-kil mar-kăs.* Strong a transcrit *mu-rim mar-kas* et traduit « qui fixe les bornes », J.-A. 1893, p. 374, 376. Le mot *markas* n'a pas, à ma connaissance, le sens de « borne ». Craig, p. 10, note 5, a transcrit *mu-rim mâr išdi sâmi-e !*

9 Sur *NU-BAT-TIL* avec le sens probable d' « abondance », v. Strong, J.-A., 1893, p. 381.

10 *be-el kup-pi.* Strong et Craig ont lu à tort *be-el du ši*, que Strong transcrit *âlik pâni.*

21-25 Ce passage est obscur. Peut-être vaudrait-il mieux, malgré la présence de *ana la* qui signifie habituellement « pour ne pas », traduire « *sans* faire de mal, *sans* nuire à la frontière de mon pays, il s'enfuit (mais) il ne vénéra pas le nom », etc. Aussi, en retour, Assurbanipal écrasa son fils Sandakshatru, avec l'aide de Marduk. En tout cas, il ne faut pas lire *ḫa-di-e*, « joie » (Strong), mais l'inf. *ḫa-ṭi-e* parallèle de *êpiš anni.*

27 Le *MA-SA'-AB* offert ici par Assurbanipal n'est pas nécessairement identique au *niknakku* qu'il présente dans K. 3412. Tandis que ce dernier est une « cassolette », le *MA-SA'-AB* d'après les l. 30 *infra*

et 1 *verso*, paraît être plutôt une « coupe » ou un « plateau » avec lequel on présentait les libations et autres offrandes, sans les faire brûler dessus.

28 *ilu* *GUŠKIN-BANDA*, « le dieu *fils de l'or* », c'est-à-dire le dieu des orfèvres.

Verso. 2 Le nom de la divinité que je n'ai pas pu transcrire est dans la partie brisée de II R 59, 27. Il est fort possible que *Minâ-ikul-bêli* qui remplit le rôle de panetier à l'égard de Marduk soit un de ses noms.

7 *bur-sag-ga* et *bur-gi-e* désignent l'un et l'autre des offrandes. Le premier paraît composé de *BUR*, vase, et *SAG*, excellent. V. *infra*, pl. XXX, l. 39, *šur-ka bur-sag-gu u da-pa-a*, « offre un *bursaggu* et du miel »; et pl. LIX, l. 32, ... *ma-ar ilâni* (pl.) *ša bur-sag-gi*. *Bur-gi-e* semble formé de *BUR*, « vase », et de *GI*, « perpétuel, fondé. » Cependant on pourrait aussi y voir un mot sémitique, racine فرج « dilater », פרג « rendre joyeux ». Cf. syr. ܦܘܪܓܢܐ « joie », « volupté ».

9 *ušparu*, comme le prouvait déjà K. 4361, col. II, 5, où *IṢ UŠ-BAR* est en parallélisme avec *ḫaṭṭu*, *palû* et *šibirru*, signifie ici « la houlette », synonyme de sceptre.

10 Entre cette ligne et la suivante, la tablette porte une ligne effacée. K. 3412 donne à cet endroit deux lignes qui manquent dans notre texte : *ma-a-ti liš-tam-ru-ma liš-mu-ḫa nišê* ..... | *šur-qamma nuḫšu duḫ-du ḫe-gal-lu*, « qu'il veille sur le pays, que ses habitants prospèrent..... accorde l'abondance, la richesse et la prospérité ».

20 Je ne sais comment Strong a pu transcrire ici *ŠI-DUB meš* par *tuklâti*, J.-A. 1893, p. 376, et le traduire, p. 380, par « les armées », alors que « les présages funestes » sont un des châtiments souhaités aux contempteurs des dieux.

VIII

Psaume de Pénitence

VIII. — Psaume de Pénitence. *K.* 3177.

Recto. Planche XIII.

1 ..... [*ilu*] *ištâri-ia*..............................

---

2 ..... *man-nu i-*[*di ili-ia šu-bat-ka*]
3 *man-za-az-ka el-la* [*ku-um-ma-ka*]
4 *ki-ma GI NA-A šú-'-*[*du-ra-ku*]
5 *tir-ra ki-šad-ka ša taš-*[*bu-su eli-ia*]
6 *suḫ-ḫi-ra pa-ni-ka ana elli ma-k*[*a-li-e šamê*].
7 *šap-ta-a-ka ṭu-ba lim-ḫu-ra* [*qi-bi-ma lu-šir*]
8 *ina pi-i-ka el-lim ki-b*[*i lu-šir*]
9 *ina idi limutti šu-tí-qa-an-ni-ma lu-un-ni*...........
10 *ši-man-ni-ma ši-mat ba-*[*la-ṭi*]
11 *ûmê(mi)-ia ur-ri-ka ba-la-ṭa ki-*[*ša*]
12 *ili-ia el-lu ba-an kul-lat nišê* (pl.) *at*................
13 *ana-ku a-ku-ú a-dir-ti ma-'-da-at*
14 *ir-ṣi-tum ma-ḫi-rat ana apšî a-dir-ti liš-du-ud.*
15 ... *eš-ru-tum lim-ḫu-ru a-di-ra-ti-ia*

Verso. Planche XIV.

1 *hi-ṭa šá e-pu-šú u*[*l-i-di*]
2 *ar-ni šá ú-qal-li-lu u*[*l-i-di*]
3 *an-nun la ili-ia u* [ilu] *ištâri-ia ša*.....................
4 *a-na ma-ru ú-kab-bi-su*..........................
5 *im-mir-tum ina ṣêri-ša qâta lu*......................
6 *be-el-ša i-mur-ši-ma ḫa*..........................
7 *ana-ku ina bîti aš-ba-ku*..........................
8 *na-za-qu di-'-*[*u*]..............................
9 *ardu u amtu ba*................................
10 *a-a-ú-tu*.....................................
11 *ù ši-i*.......................................

VIII. — Psaume de Pénitence. *K.* 3177.

Recto. Planche XIII.

1 .... ma déesse..................

2 ....qui connaît, [ô mon dieu, ta demeure],
3 ton habitation splendide, [ton séjour]?
4 Comme le roseau NA-A je suis [dans la tristesse];
5 tourne vers moi ton cou que tu en as [détourné].
6 Tourne ta face du haut de ton brillant séjour [des cieux].
7 Que tes lèvres répondent ce qui est bon; [dis: Que je prospère].
8 De ta bouche auguste, dis: [Que je prospère].
9 Au travers du mal, fais-moi passer intact, fortifie-moi.
10 Fixe pour moi un destin de vie.
11 Prolonge mes jours, accorde-moi la vie.
12 O mon dieu auguste, créateur de tous les hommes,
13 je suis dans l'affliction, ma tristesse est grande.
14 La terre *approche* de l'abîme; qu'elle emporte ma tristesse.
15 ....qu'il accueille mes lamentations.

Verso. Planche XIV.

1 La faute que j'ai faite, je ne [sais pas];
2 le péché que j'ai commis, je ne [sais pas].
3 Un péché en ce qui n'était pas de mon dieu et de ma déesse.........
4 *contre un enfant,* j'ai péché.......................
5 Une jeune fille, sur elle la main j'ai (levé).
6 Son maître l'a vue...........................
7 moi dans la maison, je suis resté.................
8 La clôture du sanctuaire.........................
9 Le serviteur et la servante.......................
10 Quels sont ceux...............................
11 et celle.....................................

COMMENTAIRE

Recto 2 Les restitutions du *recto* sont faites d'après *K.* 143 (II Craig, pl. 7); cf. François Martin, *Textes religieux assyriens et babyloniens,* p. 38 et suiv.

Verso 3-11 Ces lignes sont assez obscures. Le suppliant semble s'accuser d'avoir fait du mal à un enfant et à une jeune fille, l. 4, 5.

IX

Hymne a Ishtâr

IX. — Hymne a Ishtâr. *K.* 2001.

Recto. Planche XV, colonne I.

1 *be (?) . . . ma-am (?)-mi du. . . . .*

2 *ṣi-in-na-tu* ^{ilu}*Ištâr ša ša-bu-ú (?). . . . .*

3 ^{ilu}*GU-še-e-a qa-i-šat GU ša-a-ti (?). . . . .*

4 *te-li-tu* ^{ilu}*Ištâr ša tu-qu-un-ti ḫal-p*[*at*]. . . . .

5 *bêltu šá ša-lum-ma-tú ra-ma-at ra-šub-ba-tú dan-nat*

6 *malilu ḫa-li-lu ša ri-gim-šu ṭa-a-bu*

7 *ri-im-tum mu-nak-ki-pat kib-ra-a-ti*

8 *a-ku-ku-tum ša qab-la qab-lat šamê(e) u irṣi-tim(tim) DI-rat*

9 *ša-qu-tum* ^{ilu}*Ištâr ba-i-lat kib-ra-a-ti*

10 *qa-rit-tum* ^{ilu}*Ištâr ba-na-at te-ni-še-e-ti*

11 *e-ri-bat pa-an bu-lim ra-i-mat ú-tul-li*

12 *ša kul-lat ma-ta-a-ti gi-mir ka-la-ma re'at-si-na*

13 [*i-*]*ṭib-bu maḫar ka-a-ši kan-sa kî i-še-'-ú-ki-ma*

14 *ḫab-lu šaq-šu tuš-te-še-ri ta-din-ni di-in-šu-un*

15 *ina ba-li-ki nâru ul ip-pat-ti nâru ul is-sik-kir*

16 *ša ub-ba-lu balâṭi ina ba-li-ki palgu ul ip-pat-ti*

17 *palgu ul is-sik-kir ša išatû nišê* (pl.) *rapšâti* (pl.)

18 *ina ba-li-ki išqu zittu nindabû u kurmatu ul iš-šar-raq*

19 ^{ilu}*Ištâr bêltu ri-me-ni-tú a-ta-mar pa-ni-ki*

20 *riksu itti urqi elli ina šizbi elli itti ka-man tum-ri*

Planche XVI.

21 *az-qup-ki* ^{karpatu} *A-DA-GUR ši-man-ni u mug-ri-in-ni*

IX. — Hymne a Ishtâr. *K.* 2001.

Recto. Planche XV, colonne I.

1 .... *de colère*..............................
2 *bonne* Ishtâr ....
3 déesse *Gu-šêa* qui donnes *les céréales*................
4 Sublime Ishtâr de la bataille, revêtue (de terreur).....
5 souveraine qui habites la splendeur, majesté puissante;
6 flûte harmonieuse, dont le son est doux;
7 *génisse sauvage* qui fonces sur les contrées,
8 ouragan qui combats le combat, qui *épouvantes* le ciel et la terre;
9 auguste Ishtâr, souveraine des contrées,
10 guerrière Ishtâr, mère des hommes;
11 tu marches devant les animaux, tu aimes les troupeaux;
12 tous les pays, tout l'univers, tu es leur pasteur.
13 Ils sont heureux (et) devant toi ils s'inclinent quand ils te voient.
14 Le coupable, le meurtrier, tu (les) redresses; tu juges leur jugement.
15 Sans toi le canal ne s'ouvre pas, le canal ne s'endigue pas,
16 lui qui apporte l'abondance. Sans toi la rigole ne s'ouvre pas,
17 la rigole ne s'endigue pas, où se désaltèrent les peuples nombreux.
18 Sans toi la portion, la part, les offrandes sacrées et la nourriture ne sont pas présentées (aux dieux).
19 O Ishtâr, souveraine miséricordieuse, je contemple ta face.
20 Une offrande avec de l'herbe pure dans du lait pur avec un ..... de four

Planche XVI.

21 je t'ai préparé (dans) un vase A-DA-GUR; écoute-moi et accueille-moi.

Planche XVI (suite).

22 *aṭ-bu-ḫa-ak-ki immera niqê elluti qud-du-ša ša bu-ul ṣêri*
23 *ú-ṭaḫ-ḫi mir-sa ana ka-par-ra-a-ti ša* *ilu* *Tammuz*
24 *aš-tak-kan kurmâti* (pl.) *ana zab-bi zab-ba-ti maḫ-hi-e u maḫ-ḫu-ti*
25 *ak-ki-šak-ki minma* *abnu* *uknu mul-ti ḫurâ* [*ṣi*]

Colonne II.

Il n'en reste que des fragments insignifiants :

22 *ak*..... 23 *šal*..... 24 *ana ilu* (ou nom propre) 26 *ilu*.....

Verso. Colonne III.

1 *ilu*..... 2 *ina*..... 3 *ilu* *Tam*[*muz*]..... 4 *mur*..... 5 *la*..... 6 *kak*..... 7 *ša*.....

Planche XVII, colonne IV.

1 *e-nu-ma tal-la-ku* *ú-ru-uḫ-ka*
2 *lim-nu saḫ-ḫir-šú-ma* *pa-nu-uš-ka lil-lik*
3 *e-nu-ma te-ib-bi-ru* *nâru* *Ḫu-bur*
4 *tum-mi-šu-ma* *ilu* *E-a ma a-a i-tur-ra*
5 *e-nu-ma tal-la-ku* *ṣêra*
6 *tum-mi-šu kir-bi-tú ma a-a is-saḫ-ra*
7 *e-nu-ma ta-zak-ki-pu* *bu-la*
8 *bu-lu li-tar-ru-šu ka-la kir-bi-ti*
9 *šu-zib* *amilu* *marṣa ma liš-tam-ma-ra ilu-ut-ka*
10 *dá-li-li-ka lid-lul ana nišê* (pl.) *rapšâti* (pl.)

---

11 *kîma an-nam ana pân* *ilu* *Tammuz 3 šu imanu* (*ú*)

Planche XVI (suite).

22 je t'ai immolé des moutons, des victimes pures, les plus saints des animaux;

23 je t'ai offert un *onguent* pour les *purifications* de Tammuz;

24 j'ai donné des aliments pour le prêtre et la prêtresse, le prophète et la prophétesse,

25 je t'ai offert toutes sortes de lapis-lazuli, une grande quantité d'or.

Planche XVII, colonne IV.

1 Lorsque tu vas ton chemin,
2 renvoie le mal, devant toi qu'il s'en aille.
3 Lorsque tu passes le canal Ḫubur,
4 conjure-le par Ea et qu'il ne revienne pas.
5 Lorsque tu vas dans la plaine,
6 conjure-le par la campagne et qu'il ne retourne pas.
7 Lorsque tu fais lever le bétail,
8 que le bétail lui crie par toute la campagne.
9 Sauve le malade, il célébrera ta divinité.
10 Il te vénérera au milieu des peuples lointains.

---

11 En ces termes, devant Tammuz il parlera 3 fois.

Planche XVII, colonne IV (suite).

12 ^{amilu}*marṣu ana šapliš maiali irrub-ma bu-ub pâni-šu ikattam*

13 *pâni-šu ana tallakti(ti) ša* ^{ilu}*GIR-ḪA T-TI išakkan 7 rikse* (pl.)

14 *7 ŠU ilapat-su e-nu-ma ilputu-šû im-šû-uš*..........

15 *u kam iqabbi* ^{ilu}*Ištâr na-ram-ta*....................

16 *i-da-ka lil-lik ištu šapliš maiali uṣṣi*................

17 ^{ku}*šaḫḫa ulabbaš ina idâ'-šu imaḫaṣ(aṣ) 7 ŠU ana* [*imni*]

18 *7 ŠU ana šumêli isaḫḫar-ma ina ašri limni ip-pa*....

19 *ù kam iqabbi*

---

20 ^{ilu}*Ištâr ina ašri limni-ki ab-bal-kit itti nîšê* (pl.) *ki* ...

Planche XVIII.

21 *lim-na ḫa-a-a-ṭu mu-kil rêš limuttim(tim) ša ina zumri-*[*ia*]

22 *šêrê* (pl.) *-ia buânê* (pl.) *-ia šumêli u imni (?)-ia rak-su*

23 *ana limutti zikarê* (pl.) *an-ni ina ûme(me) an-ni-i*.....

24 *ina zumri-ia us-ḫi-šu-ma ana ag-gi libba-ki*.........

---

25 *7 ŠU iqabbi-ma lubuštu pûti-šu u sissiktu*...........

26 ....*ḫi a u* ^{ku}*MA-A T*..................

Planche XVII, colonne IV (suite).

12 Le malade au fond de son lit entrera; le *haut* de son visage il couvrira.

13 Devant lui, pour le départ du dieu Girḫatti, on disposera 7 offrandes.

14 7 fois on le touchera; après l'avoir touché, on le frottera,

15 et on parlera ainsi : Que Ishtâr, la chérie de..........

16 marche à tes côtés. (Alors) du fond du lit il sortira....

17 un vêtement *de deuil* il revêtira; à ses côtés, on arrosera, 7 fois à droite,

18 7 fois à gauche; il tournera dans le lieu mauvais......

19 et ainsi il parlera :

20 Ishtâr, dans ton lieu mauvais, je suis séparé des hommes...

Planche XVIII.

21 Le méchant sorcier qui lève une tête mauvaise, qui dans mon corps.............................

22 mes chairs, mes articulations, ma droite et ma gauche lie...

23 contre ce mal des hommes, en ce jour...............

24 de mon corps extirpe-le dans la colère de ton cœur....

25 7 fois il dira (cela); son vêtement de devant et un vêtement de dessus...

26 ....un vêtement MA-AT...............

COMMENTAIRE

Recto 1. Les premiers signes de la l. 1 sont fort douteux.

2 *ṣi-in-na-tu*, « celle qui protège » ? Cf. צנן « protéger », d'où צִנָּה « bouclier ».

3 *ilu GU-še-e-a* Meissner. BA, III, 274, a traduit « déesse Gušea qui donne des présents », voyant dans *gu-ša-a-ti* une forme secondaire de *qištu*. Je crois qu'il faut voir dans *GU* l'idéogramme de *qû*, « tige » : « déesse de la tige des céréales qui donne la tige des céréales », et dans *Gu-ša-a-ti* un mot composé de *gu* + *ša-a-ti*, peut-être un pluriel féminin de *šeu* « grains ». Cette hypothèse est confirmée par le passage IV R., 27, n° 1, 12-13, où Tammuz, époux d'Ishtâr, et lui aussi un dieu de la végétation, est qualifié de *qû ša ina musarî mê lâ ištû*, « plante qui, dans le jardin, n'a pas bu d'eau ».

4 *te-li-tu*, r. אלה'. Voir *Fragment sur la prise de Suse*, l. 14, *Recueil des Travaux*, XXIII, 156.

6 *ḫa-li-lu*. Dans les autres langues sémitiques, cette racine signifie « percer », ar. خَلَّ, syr. ܚܠܠ, h. חלל. En assyrien, il a, au moins au qal, le sens dérivé de « résonner », « faire résonner » ; cf. *K*. 4623, recto 10-11, *ša ki-ma ma-li-li ku-bi-e i-ḫal-lu-lum*, « dont (la poitrine) comme une flûte fait résonner (litt. flûte) les paroles ».

8 *a-ku-ku-tum* probablement le singulier du pluriel *akukâte*, cité sans traduction par Delitzsch, *Assyrisches Handwörterbuch*, 53, a. Il vient de la racine عك « se précipiter avec violence », « se ruer ». et signifie « ouragan », « trombe ».

DI-*rat*. Je ne connais à DI aucune valeur idéographique terminé par un ר, et je ne vois pas non plus de racine verbale à laquelle on puisse ramener la forme *(ṭ) di-rat*. Le scribe aurait-il omis un signe?

13 [*i*]*ṭib-bu*. Le texte porte ...*lu (dib) bu* et non ...*ku-bu* (Craig), ou ...*ḫab-bu* (BA, III).

20 *ka-man* désigne un mets; ses idéogrammes commencent tous par *ša*=*akâlu*, v. gr. *ŠA-ŠA'-KA*, v. Delitzsch, *AHW*, 336, a.

tumri, rac. חמר, syr. ܬܡܪ « dessécher » la viande, désigne probablement un aliment desséché au four ou cuit sur le feu, ou peut-être seulement une espèce de « four ». Son idéogramme *KI-NE* est aussi celui de *pêntu* « charbon ardent » et de *kinûnu* « brasero ».

Verso. 2 *pa-nu-uš-ka*, irrégularité due peut-être à une distraction du scribe, au lieu de *panu-uk-ka*.

8 *li-tar-ru-šu* de תרה. *SAL-GA'-GA'* = *mu-tar-ri-tu* et *mu-ṣa-pir-tu* ; ce dernier verbe parait signifier « murmurer », « parler ». Voir Delitzsch, *AHW*, sv. I צפר, II, 1. *Tarû* aurait donc aussi le sens de « crier », comme le propose Iensen, *Mythen und Epen*, p. 240. à propos de NE, XI, 155, *itarri ul issaḫra*, « le corbeau crie, ne revient pas ». Notre passage confirme cette hypothèse, car *litarru-šu* est en parallélisme avec *tummi-šu*. Le bétail doit crier pour mettre en fuite le mauvais.

13 [ilu] *GIR-ḪAT-TI*, sans doute le génie malfaisant, auteur de la maladie.

15 *kam* pour *ki-a-am*.

17 [ku]*šaḫḫa*, écrit *ŠA'-ḪA*, racine שחח, « oppresser », « plonger dans la douleur » au pael.

25 *pûti*, écrit *SAK-KI* qu'on peut transcrire aussi *pâni*, « le vêtement avec lequel il avait couvert sa face », *supra*, l. 12.

X

Hymne a Bau

X. — Hymne a Bau. *DT.* 48.

Recto. Planche XVIII, colonne I.

1 .... *SI IN NA* .... *QIT*

2 .... *ra ak um-me* ....

3 [*DINGIR NIN*]-*DIN-DIG(?)-GA DAMAL SAG* [*MI-GA*]-*QIT*

4 *ilu id. umme(me) ṣal-mat qaq-qa-di*

5 *DINGIR BA-U TU NAM-TI-LA ŠUB-BA ŠA' GIG-GA-QIT*

6 *ilu id. na-da-at ši-pat ba-la-ṭi ana ki-iṣ libbi(bi)*

7 *DINGIR DA-MU MULU KUD-DA SA UL-UL-QIT*

8 *ilu id. ša bu-a-na pat-qa i-qaṣ-ṣa-ru*

9 *DINGIR* [*G*]*U-NU-RA ŠIT-KAK KALAM-MA-QIT*

10 *ilu id. pa-qid-da-at ma-a-ti*

11 *DINGIR DAMAL-ŠU-MAḪ-A ŠI-UM E-KUR-RA-QIT*

12 *ilu id. ab-rak-kăt e-kur*

13 *DINGIR DAMAL-ŠU-ḪAL-BI DAMAL ḠAR-ZI-GAL-LA-QIT*

14 *ilu id. um-me* [*šik*]-*na-at napištim(tim)*

15 *ḌINGIR TU-ṬE-IN-TU-BA-ŠAG LUḪ MAḪ ŠA' E-KAL MAḪ-QIT*

16 *ilu id. suk-ka-lu ṣi-i-ru ša ki-rib êkalli ṣîri*

17 *SAG-GIG KA-GIG ŠA'-GIG KIR-GIG*

18 *mu-ru-uṣ qaq-qa-di id. sin-ni id. libbi(bi) ki-iṣ libbi(bi)*

19 [*GI*]*G-IT-PA SA-MA-NA' TUR-RA ḪUL-G*[*AL*]

20 [*murṣu*] *id. i-ni a-sak-ku sa-ma-nu mur-ṣu* [*limnu*]

Colonne II.

1 *šiptu ul-tu ilu*..... 2 *it-ti na-al*..... 3 *it-ti im-na*..... 4 *ki-ma U ki*..... 5 *ina kib-si-ma*..... 6 *ina kib-si lu*..... 7 *it-ti nam*..... 8 *[ilu]E-a*..... 9 *ki-šal* ..... 10 *pu-luḫ-tu*.....

X. — Hymne a Bau. *DT.* 48.

Recto. Planche XVIII, colonne I.

1/2 ....mère.................

3/4 Déesse Nin-din-dig-ga, mère des hommes;

5/6 Déesse Bau, qui jettes l'incantation de vie contre l'agitation du cœur;

7/8 Déesse Damu, qui soudes l'articulation brisée;

9/10 Déesse Gunura, qui veilles sur le pays;

11/12 Déesse Damal-shu-maḫ-a, gouvernante de l'Ekur;

13/14 Déesse Damal-shu-ḫal-bi, mère des créatures vivantes;

15/16 Déesse Tu-ṭe-in-tu-ba-shag, ministre auguste de l'intérieur du palais auguste;

17/18 le mal de tête, le mal de dents, le mal de cœur, l'irritation du cœur,

19/20 [le mal] d'yeux, *l'affaiblissement, la paralysie des articulations,* (toute) maladie mauvaise (chasse).

COMMENTAIRE

7-8 Les valeurs *batqu* pour *KUD-DA* et *qaṣâru* pour *UL-UL* ne sont pas notées dans Brünnow.

15 *DINGIR TU*, etc. Voir dans Brünnow, n° 811, un nom divin similaire.

19-20 *asakku* un « affaiblissement des forces » d'après l'idéogramme ID = forces, PA = *naraṭu* « se fatiguer »; cf. le syriaque ܥܘܣܩܐ « angustiae ». — *Samanu* désigne une maladie des articulations, peut-être leur paralysie ou leur engourdissement; SA = *buânu* « articulations » ; NA' = *ṣalâlu, rabâṣu*, « se coucher ».

XI

Litanies

XI. — Litanies. *K.* 2365 + 2525.

Recto. Planche XIX.

1	*ŠA' DINGIR MU-ṢI-[IB-BA-SA'-A*	*U NIM (?) KAR ŠA' BA*.
2	*ŠA' UMUN DINGIR [DI-KUD MAḪA AN*	*U NIM (?) KAR*........
3	*ŠA' UR-SAG GAL*	*U NIM (?) KAR*........
4	*ŠA' DINGIR NUZKU [QIT*	*U NIM (?) KAR*.........
5	*ŠAL-KU URU MA*	*DAMAL GAL DINGIR [NIN LIL*...
6	*DINGIR A-RU-RU*	*NIN DINGIR MU-UL-[LIL-LAL*...
7	*DAMAL E-A*	*ZAG DINGIR ŠE-EL-[TEG-GAL*...
8	*UGUNU AZAG-GA*	*ZAG MA-GI-A*..........
9	*AB EN-QIT-KI*	*DUR-AN-KI*...........
10	*ŠA' AB ELIM-MA*	*mu-un-ZU*..............
11	*DINGIR MU-ELIM-[MA*	*ŠE' DI*............
12	*UMUN DINGIR SES-[KI*	*UMUN DINGIR AŠ-IT*..
13	*ŠUL DINGIR BABBAR*	*UMUN UR-SAG GAL*....
14	*DAMAL MU-GIG-IB*	*UGUNU E TUR-KA-[LAM-MA*...
15	*KUR GUL-GUL*	*UGUNU E-AN-NA*......
16	*ŠAL-KU ZI-DA*	*UGUNU-MU DINGIR [NA-NA-A*...
17	*DINGIR LIL-LAL EN-[NA*	*UGUNU DINGIR KA-NI [SUR-RA*...
18	*DINGIR MER-*$^{(im)}$*RA*	*AM UD-DA ḪU-SI*.....
19	*UMUN URUGAL-LA*	*DINGIR SIT-LAM-TA-[UD-DU-A*...
20	*UR-SAG GAL*	*UMUN DINGIR IP-A [RA*...

XI. — Litanies. *K.* 2365 + 2525.

Recto. Planche XIX.

1	Intérieur de Nabû,	*protecteur du faible* ....
2	Intérieur du maître, du [Dieu grand juge,	*protecteur du faible* ....
3	Intérieur du grand guerrier,	*protecteur du faible* ....
4	Intérieur de Nuzku,	*protecteur du faible* ....
5	O grande de la ville,	mère grande, ô Bêlit ....
6	Aruru,	souveraine, ô Bêlit ....
7	Mère de l'abîme,	la première du dieu She-[elteg-gal...
8	Souveraine illustre,	la parfaite fiancée ....
9	Demeure de Nippur,	de Dur-an-ki ....
10	Intérieur de la maison [Elimma,	qui sais..................
11	O Mu-elim-ma,	qui apaises, qui parfais.....
12	Seigneur Sin,	ô Ash-it ....
13	Héros Shamash,	seigneur grand guerrier ....
14	Mère Ishtâr,	souveraine de l'É-tur-ka-lam-[ma...
15	Seigneur de la destruc-[tion,	souveraine de l'Ê-an-na ....
16	Grande, éternelle,	ô ma souveraine Nanâ .....
17	O Lil-lal-en-na,	ô Ka-ni-shur-ra...........
18	O Adad,	taureau brillant, auguste...
19	Souverain de l'arallu,	ô Allamu................
20	Grand guerrier,	seigneur Ninip ....

Recto. PLANCHE XX.

21 *DINGIR MAR-TU*	*MU-LU ḪAR-SAG-GA'-[QIT...*
22 *DINGIR AM-AN-KI*	*AM URU-ṢI-IB-BA-K[I-[QIT]...*
23 *DAMAL AB MAḪ*	*DINGIR DAM-GAL-[NUN-[NA]*
24 *DINGIR ID-MULU-[RU-TIK*	*DI-KUD-KALAM-MA ..*
25 *ŠAL-KU ZI-DA*	*DINGIR KI-ŠAG NU-[NUNUZ ŠAG...*
26 *MU-UD-NA KI-AG-[ZU*	*DINGIR PAP-NUN-AN-[KI-QIT...*
27 *LUḪ ZI*	*DINGIR MU-ṢI-IB-BA-[SA'-A...*
28 *E-GI-A*	*TUR-SAG DINGIR IP...*
29 *LUḪ AN-NA*	*ZAG ŠUL (?)* ....
30 ...... *MAḪ-DI*	*KINGAL DINGIR NUZ-[KU...*
31 .... *UK UMUN BAR*	*LUḪ ṬU-DUB* ....
32 [*UR*]-*SAG GAL*	*DUG-GA* ....
33 .... *GI-GI*	*DINGIR EN-*[*LIL-LAL*].
34-35 ..... *id. id.*	....

Verso. PLANCHE XX.

1 *E-NE-AG DINGIR [BABBAR KIR RA [RA*	*ib-ba*....................
2 *E-NE-AG-bi-KU*	*DINGIR BA-DUB-DUB...*
3 *DINGIR BA-DUB-[DUB*	*KI BA*..................

Recto. PLANCHE XX.

21 A-dad de la tempête,	homme de la montagne....
22 Êa,	seigneur d'Éridu..........
23 Mère de l'abîme vaste,	ô Damkina ....
24 Id-mulu-ru-tik,	juge de l'univers ....
25 Grande, fidèle	Ki-shag des bons oracles...
26 ton épouse chérie,	Zarpanît ....
27 Ministre fidèle,	Nabû....................
28 Fiancée	du premier fils de Ip ......
29 Ministre d'Anu,	le premier, le héros ....
30 .... héros,	gouverneur, o Nuzku ......
31 .... seigneur de l'o-[racle	ministre du Ṭu-dub ....
32 .... grand guerrier,	parle.....................
33 .... reviens	ô Bêl....................

Verso. PLANCHE XX.

1 A l'ordre de Shamash...	....
2 A sa parole	le dieu Ba-dub-dub........
3 Le dieu Ba-dub-dub	....

PLANCHE XX (suite) et XXI.

4	*DINGIR BABBAR [DINGIR UR-RA*	*BA* ....
5	*DINGIR SES-KI DIN- [GIR NUZKU*	*SUḪ-BA* ....
6	*UD GAL AN-TA*	*UMUN KA ba-an*.........
7	*UD ḪUL MA-AL-LA- [E*	*KA-NAG-GA' SU*........
8	*SAḪAR SU KUR- [KUR-RA-A'Š*	*ba-ni-ip [GI-GI]*..........
9	*GI-LI-BAR-PU-bi-TA*	*ba-da-an-[KU]*............
10	*EBURU-PA-ŠE-bi-TA*	*ba-da-an-[KU]*............
11	*E GI-TIM-bi-TA*	*ba-da-an-[KU]*............
12	*URU-KI-UR-bi-TA*	*ba-da-an-[KU]*............
13	*KA-NAG KI-MAR- [DA-bi-TA*	*ba-da-an-[KU]*............

Planche XX (suite) et XXI.

4	Shamash, Nabû	....
5	Sin, Nuzku	....
6	grande lumière d'en haut,	seigneur de la parole ......
7	un jour mauvais est	sur le pays ....
8	Avec la poussière, sur la [montagne	il [apaisera] ....
9	Dans la cannaie	. il [habite].................
10	Dans sa plantation d'*is-* [*hin*	il [habite] ....
11	Dans sa maison de l'enclos	il [habite].................
12	Dans un endroit de so- [lives	il [habite].................
13	Dans son pays et à côté [de sa résidence	il [habite].................

COMMENTAIRE

Recto. 1 *DINGIR MU*, etc., surnom de Nabû, « le dieu, *SA'-A* qui prononce, *MU* un nom, *ṢI-IB-BA* bon ».

U-NIM. Ces deux signes, dans cette ligne et dans les suivantes, sont très douteux. La traduction en est aussi fort conjecturale : *U* = *ênšu*, « faible »; *NIM* = *êlû*, « être élevé »; *KAR* = *êṭeru*, « conserver ». Peut-être faudrait-il voir dans *U-NIM* un simple préfixe verbal.

6 *Aruru* est nommée immédiatement après Bêlit, comme un synonyme de cette déesse, et le priant lui donne une épithète de Bêl, *MU-UL-LIL-LAL*. Aruru n'est donc qu'une forme de Bêlit.

8 *ZAG-MA-GI-A*. Est-ce un synonyme de *E-GIA* « fiancée » ? Voir *infra*, l. 28.

9 *AB EN-QIT-KI*, etc., pourrait se traduire « Prince de Nippur, etc. », car *AB* a la valeur *nasiku*. Mais, outre qu'il n'est pas précédé ici de *AMIL*, les Babyloniens prêtaient volontiers une hypostase aux villes ou aux temples; v. gr. Harper, t. III, n° 274, *recto*, 2 : *Uruk*[ki] *ù E-AN-NA a-na šar matati be-li-ia lik-ru-bu*, « que la ville d'Uruk et le temple d'E-an-na bénissent le roi des pays, mon maître ».

E-DUR-AN-KI, II R., 50, 19 a = *ziggurratu Larsam*, mais *DUR* a aussi la valeur *riksu*, IV R., 29*, 4 C. col. II, 7, 16, et IV R., 55, col. I, 13-22; cf. Zimmern, *Ritualtafeln*, 113 n. 2; *ibid.* n° 55, st. I, 11, la mention de *DUR-AN-KI*. Le nom de cette localité mystique serait donc « le lien du ciel et de la terre », et d'après ce passage, il serait un des surnoms de Nippur.

10-11 *AB ELIMMA*. Encore une localité mystique, peut-être un temple de Bêl : *ELIM* = Bêl, voir Brünnow, n° 8883.

14 *TUR-KALAM-MA*, d'après la collation de Virolleaud. Craig a lu à tort *E-LAGAR*.

17 *LIL-LAL-EN-NA*. Le nom de cette divinité semble n'être que celui de Bêl retourné avec *NA* pour complément phonétique de *EN* = *EN(NA)-LIL-LAL*.

24 *DINGIR-ID-GAL*, etc.; « ce juge de l'univers » est ici Marduk, puisque son fidèle invoque aussitôt après « son épouse chérie Zarpânit ». Cf. II R., 56, 29 c et IV R., 4, 56 et 60 b.

25 La déesse *KI-ŠAG*, « siège de la miséricorde », est identique à Zarpânit.

29 *ŠUL*. Craig et Virolleaud ont lu *ŠAḪ*, signe auquel je ne vois aucun sens acceptable dans ce contexte.

31 *LUḪ-ṬU-DUB*. Craig et Virolleaud ont lu *QIT-id.-DUB?*

Verso. 1 La première et la plus grande partie du *verso* manque, ce qui rend le fragment conservé à peu près inintelligible. Le signe que j'ai rendu par *KIR* est le signe de la bouche *ka* avec le complément phonétique redondant *RA-RA*.

XII
Prière

XII. — Prière. *K.* 8601.

Recto. Planche XXI. *Verso.*

Recto	Verso
1 ....*ta-kal*	1 ...*a-bu*...............
2 ....*ta-ti*	2 ...*ša tur ti*...........
3 ....*na-da-ku*	3 ...*la ad-du-u-uk*......
4 ..... [*nap*]-*li-sa-an-ni*	4 ..*abi-ia ummi-ia DA-* [*GAL*...
5 ...*di-im-ti tu-um-tal-* [*la-an-ni*	5 ..[*bêli-ia*]*rabî(i) bêlti-ia* [*rabî*[*ti*]...
6 ....*šú-uk-ki*	6 ..*ia u dimti-ia u dimti-* [*ia*...
7 ..[*at*]-*ta ki-niš nap-li-* [*sa-an-ni*	7 ..*is-si ki-mil-ti ili-ia ilu* [*ištâri-ia*
8 ...*az-ma amîlu šú-ú i-* [*bal-luṭ*	8 ......*ni* *ia-a-ši*
9 ...*ki-niš nap-li-sa-an-ni*	9 ...*lu ṣalmânu* (pl.)-*šu-* [*nu*
10 ..[*amêlu*] *šú-u i-bal-luṭ*	10 ....[*ilu*]-*ti-ku-nu rabîti* [*(ti)*...
11 .. *ki-niš nap-li-sa-an-ni*	11 .....*sa-li-ma šuk-na-ni*
12 ..*ili-ia a-na áš-ri-šu li-* [*tur*	12 ....*niknakka êpuš* [*(uš)*
13 ...*bêlu qa-i-šú balâ*[*ṭi*]	
14 ...*la in-nin-nu-ú-ki*	

XII. — Prière. *K.* 8601.

Recto. Planche XXI. *Verso.*

Recto.

1 . . . .
2 . . . .
3 . . . . [mon péché] je [confesse,
4 . . . . regarde-moi.
5 . . . . tu m'as rempli [de larmes.
6 . . . . *relève-moi.*
7 . . . . ô toi, regarde-[moi avec faveur.
8 . . . . . [dis] cet homme-là [vivra.
9 . . . . regarde-moi [avec faveur.
10 . . . cet homme-là vivra.
11 . . . . regarde-moi avec [faveur.
12 [Que le mal], ô mon dieu, [revienne en son lieu.
13 . . . . seigneur qui donnes [la vie
14 . . . . je te prie.

Verso.

1 . . . . le père . . . .
2 . . . .
3 . . . je n'ai pas frappé. . . .
4 . . . . mon père, ma [mère. . .
5 . . . . mon grand seigneur, [ma grande dame. .
6 . . . . . . et mes larmes et [mes larmes. . .
7 . . . . avec la colère de [mon dieu, de ma déesse
8 . . . . moi
9 . . . . leurs statues
10 . . . . . votre grande divi-[nité,
11 . . . . . faites miséricorde.
12 . . . . . j'ai offert un holo-[causte.

COMMENTAIRE

Recto 6 *šu-uk-ki*, « relève-[moi] », ou « [de joie] abreuve-moi », r. שקה, « abreuver », par opposition à « de larmes tu m'as rempli ».

14 *in-nin-nu-ú-ki* serait la 1re personne du parfait de אנן[3] employé dans le sens transitif comme l'uftael.

XIII

Oracle a Asarhaddon

XIII. — Oracle a Asarhaddon. *K.* 2401.

Recto. Planche XXII et XXIII, colonne I.

1 ... *ni* 2 ... *ṭa-ab-tú* 3 ... *[iš]-šak-nu* 4 ... *uḫ-ti-*
ṣi šarru
5 ..... *us-si-li-a* 6 ..... *[i]-na šamê (e) u irṣitim (tim)*
7 ..... *a-na E-SAR-RA* 8 ..... *[a]na* ^{ilu} *Ašur-aḫi-*
iddin šar ^{mâtu}*Aššur*^{ki}
9 ..... *mâtu ša* ^{ilu} *Ašur-aḫi-iddin* 10 ..... *[ma]-ḫi-ir*
*ina eli šêpê*² *lil-lik*
11 ..... *[E]-SAR-RA* ^{ilu} *Ašur is-sa-kan* 12 ..... *šá*
ka libbi ali
13 ..... *aš* 14 ...... *ni* 15 ..... *aš-ši* 16 .... *matâti*
17 ..... *ina pân* ^{ilu} *Ašur*
18 ...... *ni-ta* ^{ilu} *Ašur-aḫi-iddin* 19 ...... *il-lak-u-ni*
20 ..... *i-šar-ru-pu*
21 ..... *ga-ri-ni-šu* 22 .... *dim-me* 23 .....
šu ú-še-taq
24 ..... *a mârê* (pl.) ^{mâtu}*Aššur* 25 ..... *nakiri-šu ik-*
ta-šad
26 ..... *nakiri-šu* 27 ..... *šêpâ*²*-šu is-sa-kan* 28 .....
is ^{ilu} *Šamši*
29 ..... *[ni-pi]-iḫ* ^{ilu} *Šamši* 30 ..... *[ni-pi]-iḫ* ^{ilu} *Šamši*
31 ..... *[ni-pi]-iḫ* ^{ilu} *Šamši*
32 ..... *a-ḫap-pi*

Planche XXII et XXIII, colonne II.

1 *Gi-mir-a-a ina qâti-šu a-d[i]*
2 *i-ša-tu ina* ^{mâtu}*El-li-pi um-ma-ad (?)*
3 *kip-pat irbittim (tim)* ^{ilu} *Ašur it-ta-na-šu*
4 *ištu bîti i-nap-pa-ḫa-an-ni*

XIII. — Oracle a Asarhaddon. *K.* 2401.

Recto. Planche XXII et XXIII, colonne I.

1 .... 2 ...... le bien 3 ...... est placé 4 ...... il *a brisé*, le roi
5 .... il *a élevé* 6 ...... dans les cieux et la terre.
7 .... vers l'Esarra 8 .... à Ashur-aḫi-iddin, roi d'Ashur.
9 .... le pays d'Ashur-aḫi-iddin 10 ...... [*tout ri*]*val* à ses pieds viendra.
11 .... [dans l'E]sarra Ashur (l') a placé 12 .... au milieu de la ville.
16 .... les pays 17 ...... devant Ashur.
18 .... Ashur-aḫi-iddin 19 .... ils viennent 20 .... ils embrasent.
21 .... son ..... 22 .... colonne 23 ...... il fera avancer
24 .... les Assyriens 25 .... son ennemi il saisira
26 .... son ennemi 27 .... ses pieds il placera 28 .... du soleil.
29 .... [comme le brillant] lever du soleil 30 ...... [comme le brillant] lever du soleil 31 .... [comme le brillant] lever du soleil 32 .... je (les) écraserai.

Planche XXII et XXIII, colonne II.

1 Les Gimirréens à sa main *j'ai livré*.
2 Le feu au pays d'Ellipi je mettrai.
3 Les quatre confins Ashur lui donnera.
4 Au-dessus de ma maison il m'illustrera,

Colonne II (suite).

5 *bîti i-rab-bu-u-ni*
6 *šarru mi-ḫir-šu la-aš-šu*
7 *a-ki ṣi-it* ^{ilu} *Šamaš na-mir*
8 *an-ni-u šul-mu šá ina pân* ^{ilu} *Bel šasurru*
9 *ina pân ilâni* (pl.) *ša-ki-nu-u-ni*

---

10 *an-nu-šim* ^{amilu}*Sar-sar-a........*
11 *us-sa-at-qab-bu-ka us-si-ṣu-nik-ka*
12 *il-ti-bu-ka at-ta pi-i-ka*
13 *tap-ti-ti-a ma-a a-ni-na* ^{ilu} *Ašur*
14 *a-na-ku kil-la-ka as-si-me*
15 *ištu libbi abulli šamê (e)*
16 *at-ta-qa-al-la-al-la*
17 *la-aq-ru-ur i-ša-tu lu-ša-kil-šu-nu*
18 *at-ta ina bir-tu-šu-nu ta-za-az*
19 *ištu pa-ni-ka at-ti-ši*
20 *a-na šadê (e) us-si-li-šu-nu*
21 *abnê* (pl.) *ak-kul-lu ina muḫ-ḫi-šu-nu a-zu-nu-un*
22 *nakirê* (pl.) *-ka aḫ-ta-ti-ip*
23 *da-me-šu-nu nâra um-tal-li*
24 *li-mu-ru lu-na-i-du-ni*
25 *a-ki* ^{ilu} *Ašur bêl ilâni* (pl.) *a-na (?)-ku-ni*
26 *an-nu-u šul-mu ša ina pân ṣa-al-me*
27 *dup-pi a-di-e an-ni-u ša* ^{ilu} *Ašur*
28 *ina eli ḫa-'-u-ti ina pân šarri e-rab*
29 *šamnu ṭâbu i-za-ar-ri-qu*
30 *immerê niqê* (pl.) *ip-pu-šu*
31 *rikkê il-lu-ku*
32 *ina pân šarri i-sa-as-si-u*

---

33 *a-bit* ^{ilu} *Ištâr ša* ^{alu}*Arba'-il*
34 *a-na* ^{ilu} *Ašur-aḫi-iddin šar* ^{matu}*Aššur*
35 *ilâni* (pl.) *abê* (pl.)*-ia ..... an-ni*

COLONNE II (suite).

5 ma maison grandira.
6 De roi égal à lui, il n'y a pas ;
7 comme le lever du soleil, il brille.
8 Voilà l'oracle que devant Bêl de la *fécondité*,
9 devant les dieux, on a placé.

---

10 Voici que les gens de Sarsar...
11 fondent sur toi, font irruption contre toi.
12 Ils t'attaquent. Toi, ta bouche
13 tu as ouvert en criant : Pitié, Ashur !
14 Moi, j'ai entendu ta voix ;
15 du haut de la grande porte des cieux
16 je me montre aussitôt.
17 Je veux les brûler, par le feu je les ferai consumer.
18 Toi, tu te tiendras debout au milieu d'eux.
19 De ta présence, je les ôterai,
20 les montagnes je leur ferai gravir.
21 Des pierres de *malheur* sur eux je ferai pleuvoir.
22 Tes ennemis, je les terrasserai,
23 de leur sang, je remplirai le fleuve.
24 Qu'on regarde et qu'on (me) loue,
25 car Ashur, le seigneur des dieux, c'est moi.
26 Voilà l'oracle qui (était) devant la statue.
27 Cette tablette des décrets d'Ashur
28 sur un *plateau* devant le roi paraîtra.
29 De bonne huile on l'aspergera,
30 des moutons en sacrifice on offrira,
31 beaucoup de parfums on *brûlera*,
32 au roi on la lira.

---

33 Oracle d'Isthâr d'Arbèle
34 à Ashur-aḫi-iddin, roi d'Ashur :
35 Les dieux, mes pères..............................

Verso. Planche XXIV, colonne I.

1 *ina eli* [*š*]*á e-ṭí-ir-šu-nu(?)*
2 *mê* (pl.) *ṣar-ṣa-ri ta-si-qi-šu-nu(?)*
3 *karpatu ma-si-tú* · *šá* *1/2*
4 *mê* (pl.) *ṣar-ṣa-ri tu-um-ta-al-li*
5 *ta-at-ta-an-na-šu-nu*
6 *ma-a ta-qab-bi-a ina libbi-ku-nu*
7 *ma-a* ^{ilu}*Ištâr pa-áq-tú ši-i*
8 *ma-a tal-la-ka ina alâni* (pl.)*-ku(?)-nu*
9 *na-gi-a-ni-ku-nu akâlê* (pl.) *ta-ka-la*
10 *ta-maš-ši-a a-di-e an-nu-ti*
11 *ma-a ištu libbi mê* (pl.) *an-nu-ti*
12 *ta-šat-ti-a ta-ḫa-sa-sa-ni*
13 *ta-na-ṣa-ra a-di-e an-nu-ti*
14 *šá ina eli* ^{ilu}*Ašur-aḫi-iddin aš-kun-u-ni*

---

15 *a-bit* ^{ilu}*Istâr ša* ^{alu}*Arba'-il*
16 *a-na* ^{ilu}*Ašur-aḫi-iddin šar* ^{mâtu}*Aššur*
17 *a-ki ša me-me-ni la e-pa-šu-u-ni*
18 *la a-di-nak-kan-ni*
19 *ma-a 4 si-ip-pi ša* ^{mâtu}*Aššur*
20 *la ak-pu-pa-a la a-di-nak-ka-a*

Planche XXV.

21 *nakiri-ka la ak-šú-du*
22 ^{amîlu}*gi-ṣi-ṣi-ka a-a-bi-ka*
23 ...... *ti la al-qu-tú*
24 ...... *a-na a-a-ši mi-nu ta-di-na*
25 ...... *li šá qa-ri-ti*
26 .... *šá-ak-ṣú eširtu*
27 *ak-*[*ka-l*]*i a-ka-li*
28 *ak-*[*ki ina*] *ka-a-si*
29 *ma-a ina pa-ni a-da-gal*
30 *ènè' ina muḫ-ḫi ak-tar-ar*

Verso. PLANCHE XXIV, COLONNE I.

1 A ceux que *j'ai sauvés,*
2 des eaux *ṣarṣar* tu leur feras boire.
3 Un vase *masitu*, à demi,
4 d'eaux *ṣarṣar* tu rempliras,
5 tu leur donneras.
6 Et voici, tu réciteras : « Au milieu de vous, »
7 et encore : « Ishtâr veille elle-même ;
8 voici qu'elle vient dans vos villes,
9 (dans) vos districts. » Des aliments tu mangeras,
10 (et) tu oublieras ces décrets.
11 Alors de ces eaux
12 tu boiras (et) tu te souviendras,
13 tu observeras les préceptes
14 qu'à Ashur-aḫi-iddin j'ai donnés.

---

15 Oracle d'Ishtâr d'Arbèle
16 à Ashur-aḫi-iddin, roi d'Ashur.
17 Selon tout ce que (j'ai dit) n'ai-je pas fait,
18 ne t'ai-je pas donné ?
19 Les quatre confins du pays d'Ashur
20 n'ai-je pas dompté, ne t'ai-je pas livré ?

PLANCHE XXV.

21 Ton ennemi, ne l'ai-je pas saisi ?
22 Ton adversaire, ton ennemi,
23 . . . . ne l'ai-je pas emporté ?
24 [Et toi] à moi qu'as-tu donné ?
25 . . . . *la poutre.*
26 . . . . le temple.
27 Je ma[nge] un aliment.
28 J'ai ver[sé dans] la coupe.
29 Voici : je (la) regarde en face,
30 mes deux yeux je fixe dessus.

Planche XXV (suite).

31 *ma-a kit-tu-ma 1/2 a-kal a-ṣu-di*
32 *1/2 karpatu ma-si-tú ša šikari ṭâbi*
33 *ki-in U ur-ki A ku-su*
34 *la aš-ši-a i a pi-ia la aš-kun*
35 *lu-mal-li ka-a-su ina muḫ-ḫi la as-si*
36 *la-la-a-a lu-tir-ra*

Verso. Planche XXIV, colonne II.

1 ...... *ni* 2 ...... *la aš-ši* 3 ...... *ur* 4 ...... *e-ta-li-a* 5 ...... *a-sa-kan*
6 ...... *a-na-ku-ni* 7 ...... *a-ki* ^{ilu} *Ištâr* 8 ...... *rab (?) at-ti-ni*
9 ...... *ša tú-ta-am-me-ša*
10 ...... [*bi*]-*ib-la mu-ur šadâni* (pl. *ni*)
11 ...... *la ak-bu-us*
12 ...... *ub ina eli* ^{ilu} *Ašur-aḫi-iddin.*
13 ...... *ri-iš* ^{ilu} *Ašur-aḫi iddin*
14 ...... *šá* ^{mâtu} *Aššur*
15 .... *at-ta-nak-ka*
16 .... *ak-ta-ša-ad*
17 ...... *is-si-ka i-zá-zu-ni*
18 ...... *na-bal-ku-tú*
19 .... *ta-am-mar*
20 .... *meš ilu a-na-ku-ni*

Planche XXV.

21 ...... *ḫu ir (sa?)-di-du (?)-ni*
22 ...... *šá šú-me-li*
23 ...... *na-ṣu i-ša* ......
24 ...... *êkallu*
25 ...... *êkal-šú* ....
27 ...... *ka i-si-ḫu-ni*
28 ...... *bi a ina eli šin-ni-šu-nu*
29 ...... *za-qi-ba-a-ni*
30 ...... [*a*]-*sa-kan-šu-nu*

Planche XXV (suite).

31 Voici, *exactement* la moitié d'un mets *aṣudi*,
32 un demi-vase *masitu* de bonne boisson
33 prépare. *De l'herbe verte, de l'eau kusu*
34 je n'ai pas pris, à la bouche je n'ai pas mis.
35 Si on remplissait une coupe, dessus je n'ai pas prié (en disant :
36 « Qu'il me rende mes délices. »

Verso. Planche XXIV, colonne II.

2 .... je n'ai pas levé.
5 .... j'ai placé
6 .... c'est moi
7 .... comme Ishtâr
9 .... que tu as adjurée
10 .. le produit, les jeunes [animaux des montagnes.
11 ... je n'ai pas foulé aux pieds
12 .....à Ashur-aḫi-iddin
13 .... Ashur-aḫi-iddin
14 ..... du pays d'Ashur
15 .... je t'ai donné
16 .... j'ai conquis
17 ... avec toi ils se tiennent
18 .... la destruction
19 .... tu verras
20 .... c'est moi

Planche XXV.

21 ....
22 .... à gauche
23 ....
24 .... le palais
25 .... le palais
27 .. [contre] toi ils se sont [révoltés
28 .... sur leurs dents
29 .... des poteaux
30 .... j'ai placé.

COMMENTAIRE

Recto, pl. 22, col. I, 4 *uḫ-ti-ṣi*, « il a brisé » pour *uḫ-ti-iṣ-ṣi*.

Col. II, 1 *a-d*[*i*] serait pour *addi*, 1re pers. du parfait de *nadû*, mais il est douteux.

2 *um-ma-ad* est également une lecture douteuse. Virolleaud croit lire *ta-aš* et les restes d'un signe qui paraît être *kup(du)*, *ta-aš-kup*, « le feu pour le bûcher sera dressé dans le pays d'Ellipi ? »

4 Les paroles des l. 4 et 5 sont placées dans la bouche d'Asarhaddon ; *inappaḫanni* est employé dans un sens transitif et métaphorique.

8 et 9 On peut encore traduire : « Voilà l'oracle qui est devant Bèl de la fécondité, devant les dieux qui (sera) fidèle », en séparant *ša* de *kinûni*.

10 Après *Sar-sar-a*, on voit encore les restes de deux ou trois signes, peut-être *ni ti*.

11 *us-sa-at-qab-bu-ka*, uštafel de תקף, « fondre sur » ; cf. héb. תקף *Koh.*, 4, 12, « attaquer ». Strong, BA., II, 628, a lu *us-sa-ad-bi-bu-ka*.

16 *at-ta-qa-al-la-al-la* est l'imparfait de l'intafal de קלל employé dans le même sens que le nifal de ce verbe en hébreu, le sens réfléchi de « se montrer rapidement » ; cf. *Isaïe*, 30, 16, יִקַּלּוּ רֹדְפֵיכֶם, « ils apparaissent ceux qui vous poursuivent ».

Pl. 23, col. II, 21 *a-zu-nu-un*, au lieu de la forme ordinaire de l'imparfait *azannun*, avec le sens de « faire pleuvoir » ; cf. dans le récit du Déluge, NE., XI, 91, la variante *i-za-an-na-nu* pour *u-ša-az-na-na*.

22 *aḫ-ta-ti-ip* et non *uḫ-ta-ti-ip*, comme le veut Delitzsch. Il n'y a pas de redoublement indicateur de l'uftael ; cf. l'hébreu où le même verbe a au qal le sens analogue de « emporter ».

25 *a-na-ku-ni.* Le signe *na* est douteux. En transcrivant *na*, j'ai suivi Craig. Virolleaud a lu un signe qui se rapproche plutôt de *qa : a-qa-ku-ni*, « car (moi), Ashur, le seigneur des dieux, *je veille* ».

28 *ḫa-'-u-ti.* Faut-il lire *ina muḫ-ḫa-'-u-ti* et voir dans ce mot une forme secondaire de *muḫḫu?* Quoi qu'il en soit, il paraît désigner le support sur lequel on devait présenter la tablette au roi.

31 *il-lu-ku* de עלק ? Cf. l'arabe علّق, employé en arabe vulgaire de Syrie avec le sens de « mettre le feu à un objet ». Le contexte rend ici cette signification certaine.

Verso. Pl. 24, col. I, 2 *ṣar-ṣa-ri* probablement une forme palpel de צרר, eaux « d'angoisse », c'est-à-dire amères; cf. *qalqaltu*, « famine », de קלל, « être insuffisant ».

6 « Au milieu de vous ». Ces paroles sont sans doute les premiers mots et, par conséquent, le titre d'un texte rituel. De même celles des lignes 7 et 8.

19 *si-ip-pi* de סבב, « entourer », me paraît signifier « environs », les régions hostiles qui avoisinent l'Assyrie aux quatre points cardinaux. Il ne peut s'agir ici de « seuil ». La déesse ne pourrait se glorifier d'avoir plié, brisé les seuils d'Ashur.

Pl. 25, col. I, 30 Le sens de « disposer, fixer » pour *karâru* est confirmé par quelques passages des lettres de Harper, v. gr. *K.* 5466, *verso*, 8 : *il-ku* . . . . . *ina muḫ-ḫi-ia ka-ri-ru-u-ni,* « l'impôt ils ont placé sur moi »; cf. *K.* 655, *verso*, 5.

35 On pourrait encore traduire : « qu'on remplisse une coupe; je veux prier dessus (en disant) : qu'il me rende mes délices. »

XIV

Oracle de Bêlit a Assurbanipal

XIV. — Oracle de Bêlit a Assurbanipal. *K.* 883.

Recto. Planche XXVI.

1 ^{ilu}*Bêlit kab-ta-at zinništu ra-gi-in-tú*
2 [*ma*]-*a a-bit šarri* ^{ilu}*Bêlit ši-i ma-a la ta-pal-laḫ* ^{ilu}*Ašur-bân-aplu*
3 ....*ša a-di ki-i ša aq-bu-u-ni ip-pa-šú-u-ni ad-da-nak-kan-ni*
4 ...... *a-di ina eli mârê* (pl.) *ša arba'i lišânâti ina eli ḫal-pi-te ša* ^{amilu}*šaqê* (pl.)
5 .... *šarru-u-tú ina muḫ-ḫi-šu-nu tu-up-pa-šu-u-ni*
6 .... [*di*]-*in-ka* *ina bît ridu-u-ti*
7 ....*a-a-ti-ku pi-tu-tu* *i-rak-kas*
8 [*šarrâni*] (pl.) *ša matâti a-na a-ḫi-iš i-qab-bu-u-ni*
9 [*î ni*]-*il-lik ina eli* ^{ilu}*Ašur-bân-aplu šarri ši-i-bi ra-ši*
10 [*šîmâte*] (pl.) *a-na abê* (pl.)-*ni abi abê* (pl.)-*ni i-ši-mu-u-ni*
11 .... *ina bir-tu-un-ni lip-ru-us*
12 [^{ilu}*Bê*]*lit taq-ṭi bi ma-a*....... *ša matâti*
13 [*at*]-*ta-bak-šú a-ni-ru (?) danniš (iš)* [*išqâti*] *ina šêpâ'-šu-nu ašakkan(an)*
14 ...... *ša-ni-tú laq-bak-ka ma-a ki-i* ^{mâtu}*Elamtu* ^{mâtu}*Gi-mir-a* .....

Verso.

1 [*e*]-*ta-al-la gi-ṣu a-šab-bir-ma a-ḫar-din-nu a-na ni-ip-ši a-nap-pa-aš*
2 *a-dam-mu ma-a-te* *a-na ḫir-bi ú-ta-ra*
3 *ḫal-la-la-at-ti* *en-gur-a-te*
4 *at-ta ta-qab-bi ma-a mi-i-nu ḫal-la-la-at-ti en-gur-a-ti*
5 *ḫal-la-la-at-ti* ^{mâtu}*Mu-ṣur e-rab en-gur-a-te ú-ṣa-a*
6 *ma-a ša* ^{ilu}*Bêlit ummi-šu-ni la ta-pal-laḫ ša bêlit Arba'-ilu ta-ri-su-ni la ta-pal-laḫ*

XIV. — ORACLE DE BÊLIT A ASSURBANIPAL. *K.* 883.

Recto. PLANCHE XXVI.

1 Bêlit est majestueuse; (c'est) une dame retentissante.
2 Voici l'oracle (au) roi. Bêlit elle-même (dit) : Ne crains pas, Assurbanipal :
3 ..... selon ce que j'ai dit, je ferai, je te donnerai.
4 ..... jusque sur les hommes des quatre langues, sur les *demeures* des grands,
5 .... la royauté sur eux tu exerceras.
6 [Tu rendras] la justice dans le palais du harem........
7 .... ouverts, on affermira.
8 ...... [Les rois] des régions se sont dit entre eux :
9 [Allons], marchons contre Assurbanipal, le vieux roi affaibli.
10 Ses lois à nos pères, aux pères de nos pères il imposait;
11 que............... entre nous tranche.
12 [Bêlit] répond : [Les chefs] des nations,
13 je les [ren]verserai, je les subjuguerai avec violence; des fers à leurs pieds je mettrai.
14 [Pour] la deuxième fois je te le dis, ... comme Élam, Gimirra je [traiterai]

Verso.

1 Je me lèverai, le *giṣu* je briserai; les *plants de vigne* comme de la laine je les effilerai.
2 ...... je ravagerai le pays; en désert, je le changerai.
3 Pour le *ḫallalatti*, les *engurrati*,
4 toi tu me demandes : « Que (sont devenus) le *ḫallalatti*, les *engurati*? » —
5 Le *ḫallalatti* est entré en Égypte, les *engurati* sont partis.
6 Voici : toi dont Bêlit est la mère, ne crains pas; toi que la souveraine d'Arbèle a porté dans son sein, ne crains rien.

Verso (suite).

7 *ma-a ki-i ta-ri-ti ina eli gi-mil pâni-ia ga-lik (?) pâni-ka*
8 *ma-a is-qat (?) šaṭ-ra ina bi-rit tulê* (pl.)-*ia a-šak-kan-ka*
9 *ša mu-ši-ia e-šal taktimi-ka ša kal ûme (me) ḫi-il-pa-ka ad-dan*
10 *ša kal-la-ma-ri un-na-ni-ka ú-ṣur ú-ṣur up-pa-aš-ka*
11 [*ma*]-*a at-ta la ta-pal-laḫ mu-u-ri ša ana-ku ú-rab-bu-u-ni*

Verso (suite).

7 Et encore : comme une mère sur (son) *fruit*, (ainsi) ma face *couvre* ta face.

8 Voici : (comme) *un bijou gravé* entre mes seins je te placerai,

9 pendant ma nuit je *te donnerai* ta couverture, pendant le jour je te donnerai ton vêtement.

10 *En toute circonstance j'aurai pitié de toi,* garde, garde ce que je t'ai acquis.

11 Et encore : ne crains pas, toi, mon petit que j'ai élevé.

COMMENTAIRE

Recto. 4 *ḫal-pi-te*, probablement de la même racine que *ḫalâpu*, « se couvrir », signifie les « retraites », les « demeures ». Voir *infra, verso*, 9, *ḫi-il-pa-ka ad-dan*.

9 *ra-ši* en parallélisme avec *ši-i-bi* a donc une signification analogue, confirmée d'ailleurs par la racine ar. رثّ « être vieux », « être usé », en parlant des habits.

Verso. 2 *a-dam-mu*, imparfait de דמה, « anéantir, détruire », forme succédanée de דמם, ar. دمّ, « aplanir, niveler », d'où le sens dérivé « détruire ».

3 *ḫal-la-la-a-ti en-gur-a-ti.* Le sens de ces mots est encore inconnu. Le premier au moins est employé comme un collectif singulier, car le verbe qu'il régit, l. 5, est au singulier, *erab*. Peut-être s'agit-il de rebelles dont Assurbanipal s'inquiète. La déesse le rassure en lui annonçant qu'ils sont allés en Égypte, qu'ils sont partis.

7 Le signe à demi effacé qui suit *ga* paraît être *lik*. *Kî* annonce une comparaison dont le second terme commence à *pâni-ia*. La face d'Ishtâr fait quelque chose d'analogue à l'action de la mère protégeant le fruit de son sein. Il faut donc un verbe après *pâni-ia*. La racine *ga-lik* m'est inconnue. A cause de la comparaison, je crois qu'il faut faire une coupure après *gi-mil*, malgré la présence anormale de l'état construit. *Gimillu* signifie, à proprement parler, « l'action d'accorder la vie », et par là même peut désigner aussi l'être qui est l'objet de ce bienfait, comme *narâmu* signifie « l'amour » et l'objet de l'amour ». Strong, BA., II, 633, a transcrit *ina eli gi-iš-ši-ia anaš-ši-ka;* il a donc lu *TU* après *ga*.

8 *iš-qat šaṭ-ra*, encore un état construit anormal, rac. אסק, « graver » (par l'art de l'orfèvre). Cette lecture est bien hypothétique. On pourrait lire aussi *šu-qur-ra*, « un objet précieux », mais le redoublement du ר est encore une anomalie.

9 *e-šal taktimi-ka*. *E-šal* est en parallélisme avec *ad-dan* et doit recouvrir un sens analogue. *Taktimi* écrit *AN-DUL*, sans le signe *KU* qui précède habituellement cet idéogramme. Les restes de *DUL* sont très visibles sur la collation de Virolleaud.

10 *kal-la-ma-ri* de *kal* et *amâru*, « en toute vue ? »

XV

Consultation de Shamash

XV. — Consultation de Shamash. *K.* 1288.

Recto. Planche XXVII.

1 $^{[ilu]}$*Šamaš bêlu rabû (ú) ša a-šal-lu-ka an-na a-pul-an-ni*

2 ^{ilu}*Nabû-šar-uṣur* ^{amilu}*rab-šaq a-di* ^{amilu}*ṣâbê* (pl.) *sîsê* (pl.) *ù e-mu-ki*

3 *ša* ^{ilu}*Ašur-bân-aplu šar* ^{mâtu}*Aššur kal it-ti-šu a-na tur-ri ša bi-ra-a-ti*

4 *ša* ^{mâtu}*Aššur ša* ^{amilu}*Man-na-a-a iš-šú-ú-ni lil-lik it-tal-ku*

5 *lu-ú i-na pî ṭâbi si-lim ṭu-ub-ba-a-ti lu-ú i-na êpeš (eš) qabli u ta-ḫa-zi*

6 *lu-ú i-na mimma ši-pir ni-kil-ti manman* ^{amilu}*qal-lu kal ibašû (ú) iparriku (ku)*

7 *bi-ra-a-ti ša-a-ši-na ú-ta-a-ra ilu-ut-ka rabîti (ti) tidi*

8 *i-na qîbiti (ti) i-na pî ilûti (ti)-ka rabîti (ti)* ^{ilu}*Šamaš bêlu rabû (ú)*

9 *qa-bi-i ku-un-i amiru (ru) immara (ra) šemû (ú) i-šimmî*

10 *e-zib ša di-ni ûme (me) an-ni-e kima ṭâbu kima ḫa-ṭu-ú*

Planche XXVIII.

11 *e-zib ša AZAG lu-'-ú niqê ulappitu ú-lu a-na pân niqê [ittanapriku]*

12 *e-zib ša IP lu-'-ú lu-'-tú ašar biri isniqu-ma ú-li-'-ú*

13 *e-zib ša i-na ašri an-ni-e lu-'-ú biri barû (ú)*

14 *e-zib ša immeru ilûti (ti)-ka rabîti (ti) ša a-na biri barû (ú) maṭû (ú) ḫa-ṭu-ú*

XV. — Consultation de Shamash. *K.* 1288.

Recto. Planche XXVII.

1 Shamash, grand seigneur, toi que j'interroge, réponds-moi favorablement :
2 Nabû-shar-uṣur, le rabshaq, avec les soldats, les chevaux et les troupes
3 d'Assurbanipal, roi d'Ashur, tous tant qu'ils sont avec lui, pour reprendre les villes fortes
4 d'Ashur que les Mannéens ont enlevées, est parti. Il est allé.
5 Soit par une bonne parole, par un accueil amical, soit que par la guerre et le combat,
6 ou par une ruse quelconque de quelqu'un des serviteurs qui sont avec lui il emploie la violence,
7 ces villes fortes reprendra-t-il ? Ta grande divinité le sait.
8 Par l'ordre, par la bouche de ta grande divinité, ô Shamash, grand seigneur,
9 est-ce prononcé, fixé ? Le voyant verra-t-il, l'écoutant entendra-t-il ?
10 Laisse, que le jugement de ce jour soit bon ou mauvais.

Planche XXVIII.

11 Laisse, que quelque chose d'impur ait touché les victimes ou sur les victimes ait été fait.
12 Laisse, qu'un ? impur, une impureté ait approché, ait souillé le sanctuaire de la vision.
13 Laisse, que dans ce lieu un objet impur ait été vu.
14 Laisse, que le mouton de ta grande divinité (offert) pour une vision, soit imparfait, défectueux.

Verso. PLANCHE XXVIII.

1 *e-zib ša lapit(it) put immeri ṣubat gi-ni-šu ar-ša-a-ti lab-šu mimma lu-'-ú*
2 *êkulu ištû(ú) ippašu(šu) ilputu ù-lu ikbusu*
3 *e-zib ša a-na-ku mâr* *amîlu**bârî arad-ka ṣubat gi-ni-ia ar-ša-a-ti lab-ša-ku*
4 *mimma lu-'-ú akulu aštû(ú) appašu(šu) alputu akbusu*
5 *i-na gilittu(tú) piritti amuru(ru) ku-un qâtâ*[1] *ênû(ú) uš-pi-lu*
6 *ù lu ta-mit i-na pi-ia up-tar-ri-du lu-ú appuḫa lu-ú bîra*
7 *a-šal-ka* *ilu* *Šamaš bêlu rabû ki-i* *ilu* *Nabû-šar-uṣur* *amîlu* *rab-šaq a-di* *amîlu**ṣâbê* (pl.)
8 *sîsê* (pl.) *ù e-mu-ki ša* *ilu* *Ašur-bân-aplu šar* *mâtu**Aššur ma-al it-ti-šu*
9 *a-na tur-ri ša bi-ra-a-ti ša* *mâtu**Aššur ša* *amîlu**Man-na-a-a iš-šú-ú-ni it-tal-ku-ma*
10 *lu-u i-na epeš(eš) kakki qabli ù ta-ḫa-zi lu-ú i-na pî ṭâbi sa-lim ṭu-ub-ba-a-ti*
11 *i-na mimma ši-pir ni-kil-ti manman* *amîlu**qal-lu kal ibaššû(ú) bi-ra-a-ti ša-ši-na utarra*
12 *i-na libbi immeri an-ni-e iziz-za-am-ma an-na kîna uṣurâti šalmâti* (pl.)
13 *šêrê* (pl.) *ta-mit damqâti* (pl.) *ša qibiti(ti) ša pî ilûti (ti)-ka rabîti(ti) šuk-nam-ma lu-mur*
14 *eli ilu-ti-ka rabîti(ti)* *ilu* *Šamaš bêlu rabû(ú) lil-lik-ma* [*têr*]*ta li-tap-pal*

Verso. Planche XXVIII.

1 Laisse, que celui qui touche le mouton ait revêtu comme vêtement de dessus son vêtement liturgique, qu'un objet impur

2 il ait mangé, il ait bu, il ait employé en onctions, il ait touché ou il ait foulé.

3 Laisse, que moi, le devin, ton serviteur, j'aie revêtu comme vêtement de dessus mon vêtement liturgique,

4 qu'un objet impur j'aie mangé, j'aie bu, j'aie employé en onctions, j'aie touché, j'aie foulé,

5 que dans la frayeur, l'épouvante, j'aie vu une vision, qu'on ait énervé, dominé la vigueur de mes mains,

6 ou qu'une adjuration de ma bouche se soit échappée; que je me sois enflammé, que ....

7 je te demande, ô Shamash, grand seigneur, puisque Nabû-shar-uṣur, le rab-shaq, avec les soldats,

8 les chevaux et les forces d'Assurbanipal, roi d'Ashur, tous tant qu'ils sont avec lui,

9 pour reprendre les villes fortes d'Ashur que les Mannéens ont enlevées, est parti;

10 si soit par les armes, la guerre et le combat, soit par une bonne parole d'alliance,

11 par un stratagème d'un de ses serviteurs tous tant qu'ils sont, il reprendra ces forteresses.

12 Sur ce mouton dresse-toi; une faveur véritable, des présages heureux

13 des chairs, une parole gracieuse de bienveillance de la bouche de ta divinité auguste place; que je la voie;

14 vers ta grande divinité, ô Shamash, grand seigneur, que (ma prière) se rende, que (ta divinité) rende un oracle.

COMMENTAIRE

Ce texte fait partie des prières à Shamash publiées par Knudtzon, *Assyrische Gebete an den Sonnengott*, 1893; v. *ibid.*, n° 150.

Recto. 10 *ezib*, impér. de *ézébu*, « laisse », c'est-à-dire, ne tiens pas compte des défauts qui pourraient s'être glissés dans ces cérémonies, ou des imperfections du prêtre. Ces défauts et imperfections se ramènent ici à sept classes; sur ces sept *ezib*, voir Knudtzon, *loc. cit.*, p. 24-43.

11 *ittanapriku* manque dans ce texte, mais se trouve dans un grand nombre de passages analogues, écrit *GIL-MEŠ-ku;* voir Knudtzon, *ibid.*, p. 32.

12 *IP* manque dans l'autographie de Knudtzon. Il est fort possible que Craig ait commis une erreur. Sa copie est en plusieurs endroits très défectueuse.

14 *maṭu*, écrit *LAL.*

Verso. 5 *gilittu*, *LAH-tú*. — *piritti*, *LIB-MUD;* cet idéogramme est remplacé en effet dans quelques textes identiques par *pi-rit-ti*, voir Knudtzon, *ibid.*, p. 41 et n° 86, 5, et Meissner, s. v.

6 *appuḫa*..... *bîra*, écrit ici *ZI-MEŠ*. .... *BAR-MEŠ*, mais ailleurs, v. gr., Knudtzon, n° 144, *verso*, 7, et n° 116, *verso*, 8, *ZI-MEŠ-ḫa*, *BAR-MEŠ-ra*, et même *bi-i-r*[*a*], au lieu de *BAR-MEŠ-ra*, v. gr. n° 8, *recto*, 15. Peut-être la formule est-elle incomplète, comme plus haut, *recto*, 11. Il est encore possible que ces deux locutions dépendent de *ašal-ka* [ilu]*Šamaš* qu'elles précèdent toujours; il faudrait, dans cette hypothèse, transcrire *lu-ú napâḫa lu-ú bîra ašal-ku*, soit par une illumination, soit par une vision, je te demande de me montrer si..., etc.

11 *utarra* écrit *ú-GUR-ra*.

XVI

Hymne a Marduk

XVI. — Hymne a Marduk. *K.* 7592 + 8717 + *DT.* 363.

Recto. Planche XXIX.

1 *a-dal-lal zi-kir-ka* ^{ilu} *Marduk gaš-ri ilâni* (pl.) *gú-gal šamê (e) u irṣitim (tim)*

2 *ša (?) ṭa-biš ' ib-ba-nu-u šá-qu-u e-diš-ši-šu*

3 *na-ša-ta-ma* ^{ilu} *A-nu-tú* ^{ilu} *EN-LIL-LAL-tú* ^{ilu} *NIN-DU[R-]tú šarru-u-tú*

4 *ḫa-am-ma-ta kul-lat ni-me-ki ga-mir e-muk-ki*

5 *ku-un-nu-u ma-li-ku e-til-lum ṣi-i-ru kaš-ka-šu šur-bu-u*

6 *ú-ša-aš-ri-ḫu be-lu-us-su iq-ṣu-ru a-nun-tú* ^{ilu} *A.....*

7 *ina šamê (e) ṣi-ra-ta ina irṣitim (tim) šar-ra-ta nak-lu mun-tal-ku ilu.....*

8 *mu-kin gi-mir da-ád-me ta-me-iḫ kip-pat bu-ru-um-me u.....*

9 [*šur*]*-ba-ta-ma ina ilâni* (pl.) *bu-un-ni ú-ban-ni-ka* ^{ilu} *Ea ú.....*

10 [*ša*] *šîmâte* (pl.) *ilâni* (pl.) *rabûti* (pl.) *ú-šat-me-ḫu laq-tu-uk-ka šuk-nu.....*

11 [*ú-ša*]*-aš-ši-qu še-pu-uk-ka iq-bu-u ik-ru-bu šú ú.....*

12 .... *a-a-bi (?) te-ri-e-ti ú-šar-bu-ka-ma* ^{ilu} *Bêl..*

13 .... [*šu*]*r-bu-u ilâni* (pl.) *ša-ru-ru nam-ru bir-bir-ri.....*

14 .... *mu-tal-lik ki-rib ša-ma-me .....*

15 .... *ri ma-ḫi-iṣ muḫ-ḫi* ^{ilu} *Zi-e ra-ḫi.....*

16 .... *taṣ-bat* ^{ilu} *GUD-ELIM* ^{ilu} *ḪA amîlu .....*

17 *in*............................. *ú-za-is-su-nu.*

18 *ap-lum* ^{ilu} *EN*[*ZU-AB*] .... *inà' qibi ...*

XVI. — Hymne a Marduk. *K.* 7592 + 8717 + *DT.* 363.

Recto. Planche XXIX.

1 Je veux célébrer ton nom, ô Marduk, le plus puissant des dieux, le gouverneur des cieux et de la terre,
2 l'heureusement créé, l'auguste, l'unique.
3 Tu es investi de la divinité, de la souveraineté, de la *puissance de lier*, de la royauté,
4 tu embrasses toute sagesse, tu es parfait en force.
5 Bien-aimé, prince, souverain auguste, tout-puissant, colossal,
6 il a grandi sa puissance, il est prêt pour la lutte.
7 Tu es grand dans les cieux, sur la terre tu règnes,. tu es plein d'habileté, de sagesse.....
8 Tu soutiens toute la terre habitée, tu tiens les extrémités du firmament.....
9 Tu es colossal parmi les dieux, Êa t'a créé.....
10 lui qui a mis en ta main les destins des grands dieux ; place.....
11 Il leur a fait embrasser tes pieds, ils ont parlé, ils ont vénéré.....
12 .... *de l'ennemi*, les oracles te magnifient, ô Bêl.
13 .... ô le plus grand des dieux, splendeur éclatante, aurore brillante.....
14 .... qui t'avances dans les cieux....
15 .... tu frappes le crâne de Zû, tu écrases.....
16 .... tu as pris, ô divin Gud-Élim ô dieu Ḫa.....
17 ....il les a divisés......
18 Fils du dieu de l'abîme.......... les yeux, parle.....

Recto. PLANCHE XXIX (suite).

19 *qaštu mul-mu[l-lu]...........za-ri be-li-e..*

20 *tak-mu ta-ma-tú rapaštum (tum)........qi gi mur.....*

21 *li-riš-ka Bâbilu ki-ma.............[E]-SAG-I[L]..*

22 *u me-ša-ri ta-din-nu-ma ta-par-ra-su [purussê]* (pl.) *tu pa.....*

PLANCHE XXX.

23 *tu-ša-az-na-an zunnê* (pl.) *daḫ-du-ti mîlê* (pl.) *ga[b-šu-ti].....*

24 *ša ilu Bêl gú-gal šamê (e) nir-bu-šu ra-bu-u gu-uš-šur ma-'-diš eli .....*

25 *šú-tur bi-nu-tum gat-tum šú-uš-qu-ma a-na ti-di-ik be-lu-ti-šu šur-ru-[uḫ]*

26 *il-si ilu Igigi ilu Anunnaki kit-mu-su ma-ḫar-šu ù ilâni* (pl.) *za-ri-šu ša-qu-um-meš r ı-mu-u a-na ....*

27 *mit-lu-uk mil-ki ši-it-tal šú-'-i-ti ši-tul-tú a-na ilu Marduk-ma ba-ša-a uz-[na-šu]*

28 *su-ud-du-ru gug-ga-ni-e qut-ri-ni niknakkê* (pl.) *GIŠ i-ni GIŠ sa-am-me-e u .....*

29 *ú-ša-aš-ra-ḫu ba-nu-u E-SAG-IL i-ra-a-ša Bâbilu ki-ma ḫi-it-pu.....*

30 *ka-an-šú-nik-ka ilu Igigi ilu Anunnaki ilâni* (pl.) *ilu Iš-ta-ri ma-ḫa-zi u.....*

31 *pa-rak-ki šakkanakkê* (pl.) *ma-li-ki ú-ṣal-lu-u-[ka].....*

32 *[bu]-kur ilu Ea riš-tu-u a-li-lu ak-ka-pu ûmu (mu) la pa-du-u ilu GIŠ-BAR iz-zu nab-lu......*

33 *mu-šaḫ-miṭ za-i-ri ša ina ki-rib tam-ḫa-ri mit-ḫu-uṣ kak-ki e-pis ta-ḫa-zi la .....*

34 *[e]-lu-ú gat-tum ilu Marduk ilu šamšu (šu) ni-pu-u ṭi-pa-ru nam-ru ša ina šú-pi-šu lil....*

Recto. PLANCHE XXIX (suite).

19 L'arc, le javelot.................................

20 Tu as dompté l'énorme Tiâmat....................

21 Qu'elle te prie, Babylone.......... l'Ésagil..........

22 et la droiture tu donnes, tu tranches [les décisions], tu .....

PLANCHE XXX.

23 Tu fais pleuvoir des pluies abondantes, de fortes crues [tu envoies].....

24 Bêl, le régent des cieux, sa grandeur colossale l'emporte fort sur.....

25 Prodigieuse créature, forme splendide, dans le vêtement de sa majesté, il est magnifique.

26 Il appelle les Igigi, les Anunnaki fléchissent devant lui, les dieux plongent ses ennemis dans le deuil.......

27 Il donne le conseil: demande avis, conseil à Marduk ; ses oreilles sont là [pour t'écouter].

28 Il range les offrandes, les holocaustes, les encensements, ... *les oblations* et.........

29 Il magnifie le splendide Ésagil. Babylone est dans la joie.............

30 Ils se prosternent devant toi les Igigi, les Anunnaki, les dieux, les déesses de la ville sacrée et..............

31 du sanctuaire; les gouverneurs, les princes te prient.

32 Premier-né d'Êa, excellent, puissant, *dominateur*, ouragan impitoyable, feu violent, flambeau..........

33 qui consume l'ennemi, qui au milieu de la bataille, du choc des armes, de la lutte, ne.......

34 Forme auguste, Marduk, soleil éclatant, torche brillante, dont l'éclat............

Planche XXX (suite).

35 *ub-ba-bu ar-šú-ti ú-šaḫ-lu-u.....*

36 *[i]-mu-ru ip-šit bêl ilâni* (pl.) ^{ilu}*Marduk kal ilâni* (pl.) *gi-[mir] Ištârâte* (pl.) ^{ilu}*Anu* ^{ilu} .....

37 ^{amilu}*maš-ši ap-su-u da-ni-nu* ^{ilu}*Ea.......... ilu sukkallu šip-ri......*

38 ....^{kakkabu}*AL-LUL* ^{ilu}*A-nu-ni-tum sa ḫar(?)...................................*

39 *[ana da]-riš ia-a-ti šur-ka bur-sag-gu u da-pa-a u...*

40 *a-na ba-laṭ šik-nat napištim(tim) ú-kin-nu ina ki-bit ....*

41 *[šu]-pu-u šum-ka* ^{ilu}*SAG-ME-GAR ilu riš-tu-u a-ša-rid...*

42 *ša ina ni-ip-ḫi-šu ú-kal-la-mu ṣa-ad-du..........*

43 *ma-am-lu šú-pu-u* ^{ilu}*EN-GIŠGAL-AN-NA be-lum...*

44 *[š]u-luḫ-ḫi-e sak-ki-e u šat-tak-ki... ....*

Verso. Planche XXXI.

1 *ma-'-diš ra-bi zi-kir-ka* ^{ilu}*Marduk [šal]-ba-bu.......*

2 *ina kal ilâni* (pl.) *šur-ba-ta i-lut-ka...............*

3 *šur-bu-u na-'-du ar-mu ina sa-pa-ri-ka............*

4 *šumêli-ka* ^{ilu}*MIR-RA-GAL dan-dan ilâni* (pl.) *pa(?)-nu-u[k-ka]...............................*

5 *imni u šumêli i-ḫa-am-maṭ* ^{ilu}*GIŠ-BAR a-šar ta.......................................*

6 *du-ub-bu-du šú-uš-ru-ḫu ki-e ša-ru-uḫ ilu ša a-na... us-su.........*

7 *ina gi-mir ilâni* (pl.) *a-šib pa-rak-ki zi-i-bi mimma š[um-šu]..... pa-rak-šu-ma............*

8 *uk-tin-ma it-muḫ-ma* ^{ilu}*Marduk laq-tus-su ṣi-ir-rit [*^{ilu}*Igigi u* ^{ilu}*]Anunnaki mar-kas ša[me(e) u irṣi-tim]*

9 *ina* ^{GIŠ}*ṢUR u* ^{GIŠ}*ṢU* ^{amilu}*maš-ši uš-ziz-ma ḫar-ra-nu ma-la-[ak i]š-ruq-šu-nu-ma ú.........*

PLANCHE XXX (suite).

35 illumine *l'obscurité* , éclaire.............

36 Ils ont vu l'œuvre du seigneur des dieux, de Marduk, tous les dieux, toutes les déesses, Anu, le dieu.....

37 le prêtre de l'abime, le puissant Êa.... le dieu ministre de l'œuvre.....

38 l'étoile Al-lul, Anunitum.....................

39 A jamais accorde-moi l'offrande, *l'oblation* et..........

40 pour la vie des créatures, j'ai préparé par l'ordre...

41 ton nom illustre, ô Sagmegar, dieu excellent, premier...

42 dont l'apparition fait voir *le bonheur*.....

43 Puissant, brillant, Engishgalanna, seigneur...........

44 des rites, des cérémonies et des fondations......

Verso. PLANCHE XXXI.

1 Très grand est ton nom, ô Marduk, le rugissant.......

2 Entre tous les dieux, elle est colossale ta divinité....

3 O colossal, ô sublime, le *cerf* [tombe] dans ton filet....

4 A ta gauche est Mirra-gal, le champion des dieux; devant toi ....

5 A droite et à gauche, le feu brûle là où tu [passes].

6 Ils sont........... *ils sont magnifiques les vêtements* du dieu que pour..........................

7 Parmi tous les dieux qui habitent les sanctuaires, les offrandes......son sanctuaire..........

8 Il a tenu, il a saisi, Marduk, dans sa main, le sceptre des Igigi et des Anunnaki, le lien des cieux et de la terre.

9 Il a placé le *voyant* avec l'instrument *sur*, l'instrument *shu*; il leur a donné la direction, la voie......................................

Verso. PLANCHE XXXI (suite).

10 *da-a-a-an kib-rat mu-ši-ru da... kab-tu tam-tal-ku* [^{ilu}]*Bêl ilâni* (pl.).....

11 *mu-kin te-rit ap-si-e na-din kit-ru-ba u nin-da-bi-e o-na il*[*âni* (pl.)]

12 *li-ik-ki un-nin-ia mu-ḫu-ur labân appi i-iṣ muš-te-me-qu-te u ba-li-*[*ka*]

13 *mu-ṭi-ib ka-bit-ti-ka qaq-da-a ṭa-biš liq-tab-*[*bu*].....

14 *li-ṣa-li-lu kab-ta-at-ka* ^{ilu} *A-num* ^{ilu} *Bêl u* ^{ilu} *E-a li-šaḫ*
....

15 ^{ilu}*Dam-ki-na ba-an-tuk rabî*[*tum*] *E-SAG-IL ša ta-ram-mu nu-u-ḫu-*[*šu*]......

16 *ka-ab-ta-at šar-rat kal-lat ḫa-am-m*[*at*] *ḫi-rat ilat* (*at*) *be-lat šar-ḫat ra-bat ša-qa-at ba-na-at* [^{ilu}].....

17 *na-ram-ti* ^{ilu} *Marduk bul-li-ṭi-ni-ma dá-li-li-ki lu-ud-*[*lul*].....

18 *lu-šar-ri-iḫ qur-di-ki ru-bu-*[*tú ṣ*]*i-ir-tum šar-rat E-SAG-IL i-lat i-lá-a-ti šar-rat šar-*[*ra-a-ti*]

19 *ša-qu-tú mal-kat gim-rat ..... il-tum* (*tum*) *rim-ni-tum ša su-up-pi-e ta-ram-me*

20 *ut-nin-ka be-lum šit-ru-ḫu iz-zu li-nu-uḫ lib-bu-uk ša e-gu-gu lip-šaḫ ka-bit-*[*tuk-ka*]

21 *ša is-bu-us-su li-ir-ša-a sa-lim-mu lu-ub-luṭ ina puluḫti-ka abqal ilâni* (pl.) *ša-qu-u* ^{ilu}*Marduk*

22 *šú-bi* ^{ilu}*Zar-pa-ni-tum be-el-tum rabîtum* (*tum*) *ḫi-rat* ^{ilu}*EN-BI-LU-LU kal-lat* ^{ilu}*NU-*[*DIM-MUT*]

23 *ú-ša-pa apil mu-um-me šaḫ-tú mut-nin-nu-u i-dal-lal*..........

24 *napḫar* 30 *ta-a-an*.....*SID-IM za ra a ta-nit-ti ilu*.......

25 *šú-bi* ^{ilu}*Zar-pa-ni-tum be-el-tum rabîtum* (*tum*) *na*....
....

Verso. PLANCHE XXXI (suite).

10 Juge des régions tu redresses.......... puissant, tu diriges, ô Seigneur des dieux.....

11 Tu fixes l'incantation de l'abîme, tu procures l'offrande et l'oblation aux dieux.

12 Accueille ma prière, agrée ma prostration, protège tes dévots et tes fidèles.

13 Que ton âme bienfaisante prononce constamment de bonnes paroles.....

14 Qu'elle s'apaise ton âme, qu'Anu, Bêl et Êa..........

15 Damkina, ta mère auguste, l'Ésagil dont tu chéris la paix.....

16 Elle est puissante, elle est reine, elle est parfaite, elle gouverne, elle est épouse, déesse, souveraine, magnifique, grande, sublime, créatrice ....

17 O chérie de Marduk, fais-moi vivre ; je veux te servir.....

18 Je veux glorifier ta vaillance, l'auguste splendeur de la reine de l'Ésagil, de la déesse des déesses, de la reine des reines,

19 auguste princesse de l'univers, déesse miséricordieuse qui aimes les prières.

20 Je t'en supplie, souverain tout-puissant, terrible; qu'il s'apaise ton cœur irrité, qu'elle se calme ton âme....

21 en fureur, qu'elle (me) prenne en pitié, que je vive dans ta crainte, héraut des dieux, sublime Marduk.

22 Glorifie Zarpânîtum la grande souveraine, l'épouse de Marduk, la belle fille d'Êa....................

23 Il la glorifie, l'humble savant, le suppliant la sert......

24 En tout 30 (strophes)............de l'emblème....

25 Glorifie Zarpânitum, la grande souveraine....

COMMENTAIRE

Recto. 1 Ce texte a été publié par Brünnow, *ZA.*, V, p. 57 et sq.

3 ^{ilu}*NIN-DUR-tú.* Craig semble lire ^{ilu}*NIN-ZU-AB*, c'est-à-dire *Zarpânîtu*, lecture que le contexte rend inadmissible et qui n'est pas d'ailleurs conforme à l'original. D'après Brünnow et Virolleaud, la tablette présente plutôt après *NIN* les restes du signe *DUR* suivi de *tú*. *DUR* = *riksu*, d'après IV R., 29*, 4 c, 7 b, 16 b, 37 a (v. addit.), et IV R., 55, 13-22 a; cf. Zimmern, *Ritualtafeln*, 113. Le fidèle de Marduk lui attribue donc probablement par ce mot la puissance de lier, pouvoir très conforme au caractère de Marduk, « le lien du ciel et de la terre ». Le mot assyrien, que nous ne connaissons pas, devait être un abstrait terminé en *tú*.

4 *ḫa-am-ma-ta,* r. חמם, « considérer, examiner »; ar. خَمَا, « explorer un pays ». Ce sens donne la clef du passage de *K.* 83, 28, *u anâku ana adê sa šarri bêlia ul ḫa-ma-ku-u,* « est-ce que je ne donne pas toute mon attention aux ordres du roi »?

ni-me-ki. Brünnow a lu à tort *mal-ki.*

22 *ta-par-ra su.* Brünnow a lu *su-ud-ra-su.*

26 *il-si :* Brünnow a lu *úr* au lieu de *il* et transcrit *isid qarni* ^{ilu}*Igigi.*

28 *GIŠ i-ni*, ce mot désigne évidemment une espèce d'offrande. Faut-il le lire idéographiquement? *I* = monter, *NI* = huile, « offrande d'huile »?

GIŠ sa-am-me-e de סום « fixer », avec redoublement de la dernière radicale pour compenser la chute du ו, et sens analogue à celui de *sattûku* « fondation, offrande régulière » ?

34 *ni-pu-u* de נפח.
37 *amilumaš-ši*, sans doute un fonctionnaire de temple. Dans la lettre *K.* 154, *verso*, 7 (III Harper), il est question d'un *amilumaš-šu-ú bît ri-me-ki*, « le *mašû* de la piscine ».
Verso. 6 *du-up-pu-du* paraît un perm. pael de דפר ou טפט, avec un sens analogue à *šarâḫu*. Toute la ligne est obscure.
9 *GIŠṢUR*, *GIŠŠU* sont sans doute les instruments magiques dont se sert le devin pour interroger Marduk, le bon guide, sur la voie à prendre. C'est à cette pratique superstitieuse que fait allusion *Ézéchiel*, XXI, 2 : « Le roi de Babylone s'est tenu sur le carrefour, à l'entrée des deux voies, pour consulter le sort ; il a agité les flèches, il a interrogé les *terâphim*, il a examiné le foie. » Cf. A. Boissier, *Note sur un nouveau document babylonien se rapportant à l'extispicine*, p. 4, Genève, 1901.
10 *mu-ši-ru da*..... Brünnow a lu *zi-kir šu-me-ka kab-tu*.
11 *mu-kin te-rit ap-si-e*, cf. la locution parallèle *šipat apsî*, IV R., 15 f., col. III, 12-13.
12 *i-iṣ*, impératif de נאץ dont l'idéogramme *PAP-TUR*, indique approximativement le sens de « protéger » le faible, le petit.
23 *mummu* est l'océan, demeure d'Êa et de la sagesse ; *apil mumme* est donc le disciple de l'abîme, c'est-à-dire le savant ou l'artiste.

XVII

Hymne a Ashur

XVII. — Hymne a Ashur. *K.* 3258.

Recto. Planche XXXII.

1	*šur-bu-ú e-til ilâni* (pl.)	*mu-du-ú ka-la-ma*
2	*kab-tu šú-tu-qu* ^{ilu} *Bêl* [*ilâni* (pl.)	*mu-šim ši-ma-a-ti*
3	^{ilu} *Ašur bêlu šur-bu-ú*	*mu-du-ú ka-la-ma*
4	*kab-tu šú-tu-qu* ^{ilu} *Bêl* [*ilâni* (pl.)	*mu-šim ši-ma-a-ti*
5	. . . *bi* ^{ilu} *Ašur dan-dan-* [*nu*	*e-til ilâni* (pl.) *be-el ma-ta-* [*a-ti*
6	. . . . *nir-bi-e-šu*	*ta-nit-ta-šu lu-uš-tar-ra-aḫ*
7	[^{ilu}]*Ašur lu-ša-pi zi-kir-* [*šu*	*lu-šar-bi šum-šu*
8	[*ilu a*]*-šib E-ḪAR-SAG-* [*GAL-KUR-KUR-RA*	*ta-nit-ta-šu lu-uš-ta-ra-aḫ*
9	. . . . *lu-ut-taš-qar*	*qur-us-su lud-lul*
10	[*ilu a*]*-šib E-SAR-RA*	^{ilu}*Ašur mu-šim šîmâti* (pl.)
11	[*ana kul*]*-lu-me ad-na-a-* [*ti*	*a-ḫar-riš lu-up-ti*
12	. . . . . *taḫ-sis-tu*	*a-na še-me-e ar-ku-ú-ti*
13	. . . . . *a-na da-ra-a-ti*	*lu-šar-bi e-nu-us-su*
14	[*šur-bu*]*-ú rap-ša uz-ni*	*abqal ilâni* (pl.) *mut-tal-tl*
15	. . . *ba-nu-ú šú-ut* ^{ilu} *Šamši*	*pa-ti-qu ḫur-ša-a-ni*
16	. . . *ba-nu-ú ilâni* (pl.)	*mu-al-lid* ^{ilu}*Iš-tar*
17	[*libbu*] *ru-ú-qu*	*ka-raš nik-lá-a-ti*
18	. . . *mut-lil-lu-ú*	*šá zi-kir-šu šaḫ-tu*
19	. . . *ni-šu* ^{ilu}*Ašur*	*šá ki-bit-su ru-qa-at*
20	. . . *ki-ma šad-di-e*	*ul ut-ta-a ša i-šid-sa*

XVII. — Hymne a Ashur. *K.* 3258.

Recto. Planche XXXII.

1	Illustre souverain des [dieux,	qui sait tout!
2	Grand, magnifique maître [des dieux,	qui fixe les destins!
3	O Ashur, souverain illus- [tre,	qui sait tout!
4	Grand, magnifique maître [des dieux,	qui fixe les destins!
5	. . . . Ashur, très [puissant,	souverain des dieux, maître [des contrées,
6	. . . . ses grandeurs,	sa gloire je veux célébrer.
7	. . . . . je veux glorifier sa [mémoire,	je veux honorer son nom.
8	Le dieu qui habite l'É- [ḫarsaggalkurkurra.	sa gloire je veux célébrer.
9	. . . . . je veux proclamer,	sa bravoure je veux glorifier.
10	Le dieu qui habite l'É- [sarra,	Ashur qui fixe les destins,
11	à tous les habitants de [la terre,	je veux l'annoncer à l'ave- [nir,
12	. . . . sa mémoire,	pour qu'on l'entende un [jour;
13	. . . . à jamais,	je veux glorifier sa souve- [raineté,
14	[le grand], l'intelligent,	le héraut des dieux, l'illus- [tre,
15	. . . le créateur du soleil,	celui qui qui a fait les mon- [tagnes,
16	. . . le créateur des dieux,	celui qui a engendré les [déesses,
17	[le cœur] vaste,	l'esprit plein de ruses,
18	. . . . . . le célébré,	dont la mémoire est vénérée.
19	. . . . . Ashur,	son ordre porte au loin.
20	. . . . . comme les monta- [gnes,	on ne voit pas quel est son [fondement.

Recto. Planche XXXII (suite).

21	. . . [*ki-*]*ma ši-ṭir bu-ru-* [*um-me*	*ul i-šid-sa a-dan-na*
22	[*li-taš*]*-ka-ru zi-kir-šu*	*ki-bit-su ki-na-at*

Planche XXXIII.

23	. . . *ki-ma šad-di-e*	*ul ut-ta-a ša i-šid-sa*
24	. . . [*ši-ṭ*]*ir bu-ru-um-me*	*ul i-šid-sa a-dan-na*
25	. . . . *at-ka*	*ul-tu ul-la zik-ra-a-ta*
26	. . . . *bi-ka*	*ilu Ašur ilu ul la-me-id*
27	. . . . *ka*	*ṭe-en-ši-na ul iḫ-ḫa-as-sa-as*
28	. . . .	*ilu ul la-me-id*
29	. . . .	*ṭe-en-ši-na ul iḫ-ḫa-as-sa-as*
30	. . . .	*ša la im-maḫ-ḫa-ru qa-bal-* [*šu*
31	. . . .	*mu-nat-tu-ú ḫur-ša-a-ni*
32	. . . .	[*a*]*-na e-muq ra-ma-ni-šu* [*tak-lum*
33	. . . .	[*mu-ḫal*]*-li-qu da-ad-me-šu*
34	. . . .	[*mu-šab*]*-bi-ru kakkê* (pl.)- [*šu*

35 . . . . *ilu Zi-e* 36 . . . . . . *ru a-nun-tu*
37 . . . . *taḫ-tie* 38 . . . . *ṣi-ra-a-ti* 39 . . . . . *ḫur-ša-a-ni*
40 . . . . *aš ka* 41 . . . . . *ra* 42 . . . . . *nu* 43 . . . . . *meš* 44 . . . . . *aš*

Verso. Planche XXXIV.

1	. . . . *si*	. . . . *pa* . . . .
2	. . . . *ka*	*lu-u-qa-a*. . . . .
3	. . . . *riš še-e-ḫu*	*ru-um-me-e*. . . . .
4	. . . . . *ḫu damiqti li-šaḫ-* [*sis-ka*	*li-lá-a-ti lik*. . . . .

Recto. PLANCHE XXXII (suite).

21 .... comme les astres des cieux,	son fondement est sans limites.
22 Qu'on célèbre sa mémoire,	sa parole fidèle.

PLANCHE XXXIII.

23 .... comme les montagnes,	on ne voit pas quel est son fondement.
24 [Comme] les astres des cieux,	son fondement est sans limites.
25	dès l'éternité tu es nommé.
26 Ton	ô Ashur, aucun dieu ne peut l'apprendre.
27	ses sens, on ne les saisit pas.
28	aucun dieu ne peut l'apprendre.
29	ses sens, on ne les saisit pas
30	rien ne résiste à son attaque.
31	il met en pièces les montagnes.
32	[celui qui] se confie en ses propres forces,
33	il détruit ses habitations,
34	il brise ses armes,

35 ....le dieu Zû 36 ....la lutte,
37 .....la défaite 38.....élevées 39 ... les montagnes.

Verso. PLANCHE XXXIV.

3 .... il s'élève,	délie ....
4 .....la bonté, qu'on te célèbre,	le soir ....

PLANCHE XXXIV (suite).

5	.... *me is* ^{ilu}*Ašur*	*I-LU*....................
6	.... *nu* ^{ilu}*Bêl* ^{ilu}*E-a*	^{ilu}*Be-lit* ^{ilu}*Igigi u* ^{ilu}[*Anun-* [*naki*]
7	*šá* ^{ilu}*Ašur ina up-šú-ka-* [*na-ki*	*it-ta-'-i-du bêlu-us-su*
8	*iq-bu-u* ^{ilu}*Ašur-bân-aplu* [*šakkanak* ^{ilu}*Ašur*	*e-diš-ši-šu šú-u lu-u-za-nin*
9	*i-na mârê* (pl.) *mâr mârê* [(pl.)	*ûmê* (pl.) *ru-qu-u-ti*
10	*palê* (pl.) *ar-ku*	*šanâti* (pl.) *la ni-bi*
11	*a-a im-ma-ši ta-nit-ti* [^{ilu}*Ašur*	*li-šaḫ-sis E-SAR-RA*
12	*liš-ša-kin ina pi-i*	*la na-par-ka-a li-pat-ti uz-* [*nu*
13	*ki ia-a-a-ti-ma* ^{ilu}*Ašur* [*be-lut mâti*	*u nišê ú-mal-la-a qa-tuk-* [*ku-un*
14	*šú-uš-ru-uḫ zi-kir* ^{ilu}*Ašur*	*šur-ba-a-ta ilu-us-su*
15	*ta-nit-ti* ^{ilu}*Ašur be-el* [*bêlê* (pl.)	*qu-ra-du tab-biṭ*

PLANCHE XXXIV (suite).

5 . . . . Ashur,	a parlé. . . . .
6 . . . . Bêl, Êa,	Bêlit, les Igigi et les Anunnaki,
7 qui d'Ashur, dans le sanctuaire des destins.	célèbrent la souveraineté,
8 ont déclaré : Assurbanipal, le vicaire d'Ashur,	lui seul, qu'il soit son pourvoyeur.
9 Jusqu'aux fils des petits-fils,	aux jours lointains,
10 (pendant) de longues années de règne,	des années sans nombre,
11 qu'elle ne soit pas oubliée, la gloire d'Ashur,	qu'on célèbre l'E-sarra.
12 Qu'il soit sur la bouche,	sans cesse qu'on le proclame.
13 Car moi, Ashur, de domination sur le pays	et les hommes j'ai rempli vos mains.
14 Immense est le nom d'Ashur;	colossale, sa divinité.
15 La gloire d'Ashur, le maître des maîtres,	le guerrier, est éclatante.

COMMENTAIRE

Recto. 12 *saḫ-tu* ne saurait avoir ici le sens de « humble », mais évidemment un sens analogue à celui de *mut-lil-lu-ú*, « auguste ». Peut-être est-ce un permansif, « il s'élève ».

Verso. 13 *qa-tuk-ku-un.* Le suffixe de la deuxième pers. du pluriel se rapporte sans doute, dans la pensée du scribe, à Assurbanipal et à ses successeurs, auxquels le dieu promet le pouvoir en retour de leurs hommages et de leur générosité à l'égard de son temple, dont ils doivent être les pourvoyeurs, *zanin*.

XVIII

Hymne a Nusku

XVIII. — Hymne a Nusku. *K.* 3256.

Recto. Planche XXXV.

1 *a-na* ^{ilu}*Nusku béli šur-bi-e da-a-a-an i*. . . . .
2 *nûru nam-ru mu-nam-mir mu-ši ti an*. . . . .
3 *ilu ellu mul-lil ila u améla mu-nam-mir e[-ṭu-ti]*. . . . . .
4 ^{ilu}*Nusku šur-bu-u ilu qar-du qa-mu-ú limnûti* (pl.) . . .
5 *mu-še-rib ur-ti u ṭe-e-me pa-qid an-ni (?)*. . . . .
6 *na-din sur-qi-ni mu-šaḫ-miṭ tak-li-me a-na* . . . .
7 *apil E-KUR šur-bu-ú ša ki-ma* ^{ilu}*Nannar*. . . . .
8 *mut-tab-bil pa-ra-as* ^{ilu}*Bêl-ú-ti na-ṣir pi-ri[s-ti]*. . . . . .
9 *ḫa-a-a-iṭ ur-ti gim-ri mu-še-rib te-ri-e-ti* . . . .
10 *da-a-a-an kit-ti ba-ru-ú ka-raš nišê* (pl.) *ša ki-ma*. . . .
11 *mu-ub-bi-ib kit-ti u mi-ša-ri ša a-na limni lu-uk* . . . . .
12 [*suk*]*kallu ṣi-i-ru mu-ša-pu-ú damqâti* (pl.) *ša purussi-šu* [*la utakkaru*] . . . . .
13 . . . . *rag-gi mu-ḫal-liq za-ma-a-ni ša an-nun* . . . . .
14 . . . . *ša a-na na-dan šib-ṭi u*. . . . .
15 . . . . *li-qu-ú un-nin-ni ša a-na še-* [*me-e*] . . . . .
16 . . . . *mu-še-šir ki-e-ni* . . . .
17 . . . . *šar* ^{mâtu}*Aššur*. . . . .

Verso. Planche XXXVI.

1 *id an*. . . . .
2 ^{ilu}*Nusku u* ^{ilu}*SA-MU-NUN (?)-NA ši-pir qâtâ*[2]*-šu ḫa-dis lip-pa[l-lis-su]*. . . . . .
3 *ša šú-me šaṭ-ru ultu eli* ^{ilu}*Adad u ilu*. . . . .
4 *ù šip-ru šá-a-tu la-pa-an E-ME*. . . . .
5 *a-na min-ma ša-nam-ma*. . . . .

XVIII. — Hymne a Nusku. *K.* 3256.

Recto. Planche XXXV.

1 A Nusku, le très grand souverain, le juge............
2 lumière éclatante, qui illumine la nuit...............
3 Dieu brillant, il éclaire les dieux et les hommes, il illumine les ténèbres.....
4 O colossal Nusku, dieu guerrier! Il brûle les méchants...
5 Il édicte l'ordre et le décret, il est attentif à la *faute*...
6 Il donne la libation, il fait affluer les offrandes dans [les temples].....
7 Fils de l'E-kur, le colossal, qui tel que Nannar........
8 promulgue la loi de la divinité suprême, garde l'oracle.....
9 Il connaît tous les décrets, il rend les décisions........
10 Juge équitable, il pénètre l'intérieur des hommes, qui comme.....
11 Il fait luire la justice et le droit; *contre le méchant*....
12 ministre auguste, il glorifie les bonnes actions; ses décisions sont immuables.....
13 ....[il écrase] le méchant, il anéantit l'impie, il [châtie] la faute.....
14 ....pour donner le sceptre......
15 ....il accueille la prière; pour exaucer il.....
16 ....il dirige le juste.............
17 ....roi d'Ashur ....

Verso. Planche XXXVI.

1 ....
2 Que Nusku et Samununna regardent avec bonté l'œuvre de ses mains..........................
3 Celui qui [effacerait] le nom écrit de sur Adad et......
4 et qui [enlèverait] cette œuvre de devant le temple de ..
5 pour tout autre [motif]...................

PLANCHE XXXVI (suite).

6 *ù ta-nit-ti* [ilu] *Nusku bêli-ia ib-ba-tu-ma*..............
7 .... *laḫ* *ki-e-nu*..................
8 *ina ma-ḫar* [ilu] *Sin a-li-di-šu ka-a-a-an*..............

---

9 *an-ni-u šá ina eli ilu Zû*...........................
10 *šá ina pa-an bît pa-pa-ḫi iz-z[a-zu]*.................

---

11 *ina eli* [ilu] *Zû* *ša ina e[li]*.....................
12 *ta-nit-tú u ri-iḫ-[ta]*.........................
13 .... *ina eli šumâte* (pl.) [ilu] *Zû*.....................

PLANCHE XXXVI (suite).

6 et qui détruirait l'emblème de Nusku, mon maître....
7 ....fidèle..............
8 en présence de Sin, son père, constamment qu'il [demeure] ....
9 Voilà ce qui est écrit sur Zû........................
10 qui se tient devant le sanctuaire...................
11 sur Zû qui est sur...............................
12 l'emblème et le décret...........................
13 ....sur les noms de Zû.......................

COMMENTAIRE

Recto. 3 *e-[ṭu-ti]*. La copie de Craig donne l'amorce du signe *e*.

5 *pa-qid an-ni* : le signe *ni* est douteux d'après Virolleaud.

6 A partir de cette ligne, nous avons un doublet de ce texte dans le fragment *K.* 9143, recto (I Craig, pl. 36), qui présente quelques additions, une ligne entre autres.

7 et 8 Entre ces deux lignes, *K.* 9143, 3, porte : *purussi alâni i-par-ra-su û-ša-pu,* « il fixe le destin des villes, il fait briller..... »

9 Entre les lignes 8 et 9, *K.* 9143, 5 : *ša e-la ša-a-šu ina E-KUR la iš-šak-[ka-an]*..... « au-dessus de lui, dans l'E-kur, il n'est pas (de dieu)..... »

10 Entre 9 et 10, *K.* 9143, 7 : *kalâmu ma-ḫar* [ilu]*Sin ilu*... « tout devant Sin. »

11 *a-na limni lu-uk*..... On peut lire aussi *ana ḫul-lu-uq*..... « pour détruire..... » — Entre 10 et 11, *K.* 9143, 9 : *ša ki-ma* [ilu]*Nâru ub-ba-bu ki-e-nu*..... « comme Nâru, il fait briller le juste..... »

12 Entre 11 et 12, *K.* 9143, 11, ... *ru šu sar ilâni* (pl.) *ilu*..... « le roi des dieux, le dieu..... » — Entre 12 et 13 : ...*ru la in-nin-nu-u*... après 13, *K.* 9143, 15.....*[e]-piš sur-ra-[a-ti]*.....

Les attributs donnés dans cette hymne à Nusku, conviennent bien à sa nature de dieu-flambeau, dieu-lampe; cf. V. Scheil, *Notes d'épigraphie*, etc., 1901, LVIII, *Glane à Suse*, sur un *kudurru* avec emblèmes divins et noms correspondants, parmi lesquels la lampe, symbole de Nusku.

Verso. 1 La fin du *recto* et le commencement du *verso* manquent. Sur les lignes détruites devaient se trouver le nom du roi donateur de l'ex-voto et l'énumération des objets offerts.

XIX

Prière a Gishbar, dieu du feu

XIX. — Prière a Gishbar, dieu du feu. *K.* 2455.

Recto. Planche XXXVII.

1 *KA-KA-MA UḪ-GIR RU-DA NU SA-LAG-GA'-KAN*

2 *šiptu* ^ilu^ *GIŠ-BAR gaš-ru ûmu (mu) na-an-du-ru*

3 *tuš-te-eš-šir ilâni* (pl.) *u ma-al-ki*

4 *ta-da-a-ni di-en ḫab-li u ḫa-bil-ti*

5 *ina di-ni-ia i-ziz-za-am-ma ki-ma* ^ilu^ *Šamaš qu-ra-du*

6 *di-i-ni di-ni purussa-a purus (us)*

7 *qu-mi kaš-ša-pi u kaš-šap-ti*

8 *a-kul a-a-bi-ia a-ru-uḫ lim-nu-ti-ia*

9 *ûm-ka iz-zu lik-šú-us-su-nu-ti nîd šipti*

10 *KA-KA-MA UḪ-GIR RU-DA NU IM KAN*

11 *šiptu* ^ilu^ *GIŠ-BAR šar-ḫu bu-kur* ^ilu^ *Anum*

12 *i-lit-ti ellitim (tim) ša-qu-tum* ^ilu^ *SA'-LA-AŠ*

13 *šar-ḫu id-di-šú-ú zik-ri ilâni* (pl.) *ka-a-a-[an]*

14 *na-din nin-da-bi-e ana ilâni* (pl.) ^ilu^ *Igigi*

15 *ša-kin na-mir-ti a-na* ^ilu^ *A-nun-na-ki ilâni* (pl.) *rabûti* (pl.)

16 *iz-zu* ^ilu^ *GIŠ-BAR muš-ḫar-miṭ a-pi*

17 ^ilu^ *GIŠ-BAR al-la-lu-ú mu-ab-bit iṣê* (pl.) *u abnê* (pl.)

18 *qa-mu-ú lim-nu-ti zîr* ^amilu^*kaššapi u* ^sal^ *kaššapti*

19 *mu-ḫal-liq rag-gi zîr* ^amilu^ *kaššapi u* ^sal^ *kaššapti*

20 *ina ûmi (mi) an-ni-i ina di-ni-ia i-ziz-za-am-ma*

21 *e-pis bar-ti te-na-na-a ku-šú-ud lim-nu*

XIX. — Prière a Gishbar, dieu du feu. *K.* 2455.

Recto. Planche XXXVII.

1 L'incantation qui se murmure jette en présence d'une statuette de.......

2 Incantation. O Gishbar, le puissant, tempête mugissante,

3 tu gouvernes les dieux et les rois;

4 tu juges le jugement du prévaricateur et de la prévaricatrice.

5 Lève-toi pour mon jugement, comme Shamash, le guerrier;

6 juge mon jugement, rends ma sentence;

7 brûle le sorcier et la sorcière,

8 dévore mes ennemis, perds mes adversaires;

9 que ton ouragan terrible les atteigne. Jet de l'incantation.

10 L'incantation qui se murmure jette en présence d'une statuette d'argile.

11 Incantation. O Gishbar, le puissant, le premier-né d'Anu,

12 rejeton illustre, auguste, de Shalash;

13 puissant, tu brilles toujours d'un nouvel éclat, héros des dieux.

14 Tu donnes les offrandes aux dieux, aux Igigi;

15 tu donnes la clarté aux Anunnaki, aux grands dieux.

16 Impétueux Gishbar, tu brises la cannaie;

17 Gishbar puissant, tu détruis les bois et les pierres.

18 Tu brûles les méchants, la race du sorcier et de la sorcière,

19 tu anéantis les mauvais, la race du sorcier et de la sorcière.

20 En ce jour, pour mon jugement, lève-toi,

21 atteins le méchant, l'auteur de la révolte et de la faute.

Planche XXXVIII.

22 *kîma ṣalmânu* (pl.) *an-nuti i-ḫu-lu i-zu-bu-u it-ta-at-tu-ku*

23 ^{amîlu}*kaššapu u* ^{sal}*kaššaptu li-ḫu-lu li-zu-bu-u lit-ta-at-tu-ku*

24 *KA-KA-MA UḪ-GIR RU-DA NU ÊSIR KAN*

25 *šiptu ki-e-eš li-bi-iš ki-di-eš*

26 *a-ra-ab-bi-eš na-ad-ri-eš*

27 *naš ṭi-pa-a-ri ra-kib ša-a-ri*

28 *li-ru un ḫu-un-ṭi-i*

29 *ka-ṣa-a-ṣu i-za-an-nun*

30 ..... *ša-*[*ma*]*-mi têlilti-ku-un*

31 .... *za(?)-ma i-ṣa-a*

32 ...... *sal šiptu iz-zi-tú rabîtu (tú) ša* ^{ilu}*E-a maš-maš*

33 .... *ša* ^{ilu}*NIN-A-ḪA-KUD-DU*

34 .... *an-ni-ku-nu nîd šipti*

35 [*KA-KA-*]*MA U*[*Ḫ-GIR RU-DA NU*]............

36 [*šiptu e*]*-pu-šú-ni ana*........

37 *ki-ma ki*]*-i-ti ana* [*ka-bal-li-ia*]

38 [*ki-ma*] *ḫu-ḫa-ri ana sa*[*ḫap-ia*]

39 [*ki-ma*] *ka-a-pi ana a-ba*[*-ti-ia*]

40 [*ki-ma*] *še-e-ti ana ka-ta-me-ia*

41 [*ki-ma*] *pi-til-ti ana pa-ta-li-ia*

42 [*ki*]*-ma pi-ti-ik-ti ana na-bal-ku-ti-ia*

Planche XXXIX.

43 *ki-ma mê* (pl.) *mu-sa-a-ti a-šur-ra-a ana mal-li-ia*

44 *ki-ma šú-šú-rat igari ana na-sa-ki-ia*

45 [*ana*]*-ku ina ki-bit* ^{ilu}*Marduk bêl nu-bat-ti*

Planche XXXVIII.

22 Comme ces statues s'affaissent, se liquéfient et se fondent,

23 que le sorcier et la sorcière s'affaissent, se liquéfient et se fondent.

24 L'incantation qui se murmure jette en présence d'une statue de bitume.

25 Incantation. Comme un fil, comme une colère, comme une flamme,

26 comme une nuée de sauterelles, en rugissant,

27 que le porteur de la torche, qui chevauche sur le vent,

28 *porte la fièvre,*

29 fasse pleuvoir le déchirement.

30 . . . . des cieux votre purification,

31 . . . . peu nombreux.

32 . . . . charme impétueux, grand, d'Ea, le grand magicien.

33 . . . . de Nin-a-ḫa-kud-du.

34 . . . . vos . . . . jet de l'incantation.

35 L'incantation qui se murmure jette en présence d'une statuette de. . . . .

36 [Un charme] ils ont fait pour. . . . .

37 [comme un] fil pour me [lier],

38 [comme] un filet pour m'a[battre],

39 [comme] un rocher pour m'é[craser],

40 [comme] un rets pour me couvrir,

41 [comme] un lacet pour m'enlacer,

42 [comme] une construction pour tomber sur moi,

Planche XXXIX.

43 comme des eaux de lavage d'un mur pour me remplir,

44 comme le renversement d'un mur pour me placer.

45 Moi, par l'ordre de Marduk, le seigneur du *charme*,

Planche XXXIX (suite).

46 *ù ^{ilu}Marduk bêl a-ši-pu-ti*
47 *e-pi-ši u e-piš-ti*
48 *ki-ma ki-i-ti a-kab-bil-šú-nu-ti*
49 *ki-ma ḫu-ḫa-ri a-sa-ḫap-šú-nu-ti*
50 *ki-ma ka-a-pi ab-ba-su-nu-ti*
51 *ki-ma še-e-ti a-kăt-tam-šú-nu-ti*
52 *ki-ma pi-til-ti a-pat-til-šú-nu-ti*
53 *ki-ma pi-ti-ik-ti ab-ba-lak-kit-su-nu-ti*
54 *ki-ma mê* (pl.) *mu-sa-a-ti ša a-šur-ra-a ú-ma-al-la-šu-nu-ti*
55 *ki-ma šú-šú-rat igari (?) a-na-as-suk-šu-nu-ti*
56 .... *li ka ṣalam ^{amilu}kaššapi u ^{šal}kaššapti nîd šipti*
57 [*KA-KA-MA*] *UḪ-GIR-RU-DA NU ÊSIR ša IM-PAR*...[*KAN*]

Verso. Planche XXXIX.

1 ..... [*min*]-*ma lim-nu ana* ....
2 ..... [*min*]-*ma e-piš li-mut-ti ša* ....
3 [*ša nûra*] *gal (?) ma mu-ša u ur-ra*..................
4 [*ú-ḫat-tu*]-*ú šîrê* (pl.)-*ia kal ûmi (mi)* ....

Planche XL.

5 [*kal mu-ši*] *la ú-pa-šar ti*........................
6 [*e-nin*]-*na ina ma-ḫar ilâti (ti)-ka rabî*[*ti*]
7 [*ina kibir ^{ilu}*]*Nâri ellitim (tim) a-qal-li-šu-nu-ti a-šar-rap-šu-nu-ti*
8 [*nap-li*]-*sa-an-ni-ma be-lum ú-suḫ-šu-nu-ti ina zumri-ia*
9 [*pu-šur*] *kiš-pi-šu-nu lim-nu-ti*
10 [*at-t*]*a ^{ilu}GIŠ-BAR be-lum a-li-ki i-di-ia*

Planche XXXIX (suite).

46 et de Marduk, le maître des enchantements,
47 le magicien et la magicienne,
48 comme un fil, je les lierai,
49 comme un filet, je les abattrai,
50 comme un rocher, je les écraserai,
51 comme un rets, je les couvrirai,
52 comme un lacet, je les enlacerai,
53 comme une construction, je tomberai sur eux,
54 comme les eaux de lavage des murs, je les remplirai,
55 comme le renversement d'un mur, je les ferai.
56 ....la statuette du sorcier et de la sorcière.
57 L'incantation qui se murmure jette en présence d'une statuette de bitume dans laquelle du gypse.........

Verso. Planche XXXIX (suite).

1 ....tout mal pour........................
2 ....toute œuvre mauvaise..................
3 qui la lumière..............la nuit et le jour........
4 ont abattu mes chairs, tout le jour..................

Planche XL.

5 Pendant toute la nuit il n'a pas délié.................
6 Maintenant, en présence de ta grande divinité.........
7 sur la rive du fleuve auguste, je les embraserai, je les brûlerai.
8 Regarde-moi, seigneur, arrache-les de mon corps.
9 Romps leur charme funeste.
10 O toi, Gishbar, seigneur qui marches à mes côtés,

Planche XL (suite).

11 *[bul-liṭ]-an-ní-ma nar-bi-ka lu-ša-pi dá-li-lí-ka lud-lul*

12 *KA-KA-MA UḪ-GIR RU-DA NU UT-KA-BAR KI-A ^{ilu}ID KAN*

13 *šiptu ^{ilu}GIŠ-BAR a-ri-ru bu-kur ^{ilu}A-num*

14 *[da]-in di-ni-ia qâbû pi-ris-ti at-ta-ma*

15 *ik-li-e-ti tu-uš-nam-mar*

16 *e-ša-a-ti dal-ḫa-a-ti tu-uš-te-eš-šir*

17 *a-na ilâni* (pl.) *rabûti* (pl.) *purussa(a) ta-nam-din*

18 *[ša] ka-a-ta ilu ma-am-man purussa ul i-par-ra-as*

19 *[at-ta-ma] na-din ur-ti ù ṭe-e-me*

20 .... *ub ut ta kam* ....

Lacune de trois lignes, d'après Craig.

24 .... *ak ḫal*

25 .... *ilu el-lu*

26 .... *[ina ma]-ḫar ilûti(ti)-ka rabîti(ti)*

27 .... *^{amilu}kaššapu u ^{sal}kaššaptu ša siparri e-pu-uš qa-tuk-ka*

28 ...... *ka ú-piš-šu-nu-ti-ma ka-a-ša ap-qid-ka*

Planche XLI.

29 *šú-nu li-mu-tu-ma a-na-ku lu ub-luṭ*

30 *šú-nu li-te-ib-bi-ru-ma a-na-ku lu-ši-ir*

31 *šú-nu liq-tu-ú-ma a-na-ku lu-um-id*

32 *šú-nu li-ni-šú-ma ana-ku lu-ud-nin*

33 *^{ilu}GIŠ-BAR šar-ḫu ṣi-ru ša ilâni* (pl.)

34 *ka-šid lim-ni u a-a-bi kušud-su-nu-ti-ma a-na-ku la aḫ-ḫab-bil*

35 *ana-ku arad-ka lu-ub-luṭ lu-uš-lim-ma ma-ḫar-ka lu-uz-ziz*

Planche XL (suite).

11 fais-moi vivre; je célébrerai ta grandeur, je te servirai.

12 L'incantation qui se murmure jette en présence d'une statuette de cuivre et de l'eau du fleuve.

13 Incantation. O Gishbar, le brûlant, premier-né d'Anu!

14 Celui qui juge mon jugement, qui rend ma sentence, c'est toi.

15 Les ténèbres tu illumines,

16 les confusions, les troubles tu y mets ordre.

17 Aux grands dieux tu intimes la décision.

18 Comme toi, aucun dieu ne rend de décision.

19 C'est toi qui édictes l'ordre et le décret.

20 ....

25 ....dieu auguste.

26 ....en présence de ta grande divinité.

27 [Les statuettes] du sorcier et de la sorcière, en cuivre, que j'ai faites avec ton aide,

28 [à toi] je les livre, à toi je les confie.

Planche XLI.

29 Qu'ils meurent, eux, que moi je vive;

30 qu'ils passent, eux, que moi je prospère;

31 qu'ils soient anéantis, eux, que moi je reste debout;

32 qu'ils s'affaiblissent, eux, que moi je me fortifie.

33 O Gishbar, le puissant, le plus élevé des dieux,

34 qui poursuis le méchant et l'ennemi, atteins-les et que moi je ne sois pas perdu.

35 Moi, ton serviteur, que je vive, que je prospère, devant toi que je reste debout.

Planche XLI (suite).

36 *at-ta-ma* *ili-ia* *at-ta-ma* *be-li*
37 *at-ta-ma* *da-a-a-ni* *at-ta-ma* *ri-ṣu-ú-a*
38 *at-ta-ma* *mu-tir-ru ša gi-mil-li-ia* *nîd šipti*
39 *KA-KA-MA UḪ-GIR RU-DA NU UT-KA-BAR KAN*
40 *šiptu* ^{ilu}*GIŠ-BAR a-ri-ru apil* ^{ilu}*A-num* *qar-du*
41 *iz-zu* *aḫê* (pl.)-*šu* *at-ta*
42 *ša ki-ma* ^{ilu} *Sin u* ^{ilu}*Šamaš ta-da-an-nu di-i-nu*
43 *di-i-ni* *di-ni* *purussa-a-a* *purus(us)*
44 *qu-mi* *kaš-ša-pi* *ù kaš-šap-ti*
45 ^{ilu}*GIŠ-BAR qu-mu* ^{amilu}*kaššapi u* ^{sal}*kaššapti*
46 ^{ilu}*GIŠ-BAR qu-li* ^{amilu}*kaššapi u* ^{sal}*kaššapti*
47 ^{ilu} *GIŠ-BAR qu-mi-šu-nu-*[*ti*]
48 ^{ilu} *GIŠ-BAR qu-li-šu-nu-ti*
49 ^{ilu} *GIŠ-BAR ku-šú-us-su-nu-*[*ti*]

Planche XLII.

50 ^{ilu} *GIŠ-BAR* *a-ru-uḫ-šu-nu-ti*
51 ^{ilu} *GIŠ-BAR* *šú-ta-bil-šu-nu-ti*
52 *e-piš kiš-pi lim-nu-ti u ru-ḫi-e lâ ṭâbûti* (pl.)
53 *a-na li-mut-ti* *iq-pu-du-ni ia-a-ši*
54 *dan*]-*nu* *ma-ak-kur-šú-nu* *šú-ul-ki*
55 .... *bu-ša-šú-nu* *ik-ki-e-ma*
56 [*eli ma-na-ḫa-te*]-*šú-nu* *ḫab-ba-ta šur-bi-iš*
57 [^{ilu}*GIŠ-BAR* *iz-zu git-ma-*]-*lu* *ra-šub-bu*
58 [*ina E-KUR a-šar tal-lak-ti-ka e*]..... *ṣab nir šu-nu-ti a-di šur-riš(?)*
59 [*sur-kin* ^{ilu} *E-a ba-ni-ka*]..... *ilu nam-ru*
60 [*ša abqalli ḫu* ...... *zu ḫi lik pi*] ..... *nîd šipti*

PLANCHE XLI (suite).

36 Toi, tu es mon dieu, toi, tu es mon maître ;
37 toi, tu es mon juge ; toi, tu es mon sauveur ;
38 toi, tu es mon vengeur. Jet de l'incantation.

39 L'incantation qui se murmure jette en présence d'une statuette de cuivre.

40 O Gishbar, le brûlant, fils d'Anu, le guerrier,
41 le plus impétueux de tes frères, toi
42 qui, comme Sin et Shamash, juges le jugement,
43 juge mon jugement, rends ma sentence.
44 Brûle le sorcier et la sorcière.
45 O Gishbar, brûle le sorcier et la sorcière ;
46 ô Gishbar, embrase le sorcier et la sorcière ;
47 ô Gishbar, brûle-les ;
48 ô Gishbar, embrase-les ;
49 ô Gishbar, atteins-les ;

PLANCHE XLII.

50 ô Gishbar, consume-les ;
51 ô Gishbar, emporte-les.
52 Une œuvre d'incantation mauvaise et de sortilèges funestes,
53 pour (me faire) du mal ils ont tramé contre moi.
54 O puissant, leurs richesses enlève,
55 .... leurs possessions dissipe,
56 leurs demeures ravage violemment.
57 O Gishbar impétueux, parfait, terrible,
58 dans le temple où tu marches.......... *jusqu'au commencement*.
59 L'oblation d'Ea, ton père...................... dieu brillant.
60 Que le héraut............................ Jet de l'incantation.

COMMENTAIRE

Recto. 1 Ce texte fait partie de la deuxième tablette de la série *Maqlû*, col. III, 113 et suiv., v. Tallquist, *Maqlû*, p. 46. Tallquist voit dans cette première partie le *verso* de la tablette et non le *recto* comme Craig.

SA-LAG-GA' = *lî'*, Brünnow, 12084. Ce mot désigne une substance avec laquelle on se frottait le corps, *li-i ša ina zumri kup-pu-ru, K.* 246, col. I, 65. Rac. לוה ?

9 *nîd šipti*, écrit *MU EN*. Tallquist rend ces deux signes par *idî šipta*, « prononce l'incantation », s'appuyant sur les passages II R., 35, 42 *c* et 43 *c*, où *MU* a manifestement la valeur *nadû*. Mais cette locution est placée habituellement, et c'est le cas ici, à la fin d'une incantation, immédiatement avant la ligne qui annonce l'incantation suivante et qui contient, elle, certainement, la prescription : « prononce l'incantation. » Il est peu probable que cette prescription soit ainsi répétée sans intervalle, d'autant que *MU EN* est séparée de la ligne suivante par un trait. Cette locution se rapporte donc plus probablement aux lignes précédentes et signifie que l'incantation prescrite est prononcée, « jetée ». *MU* doit donc se rendre comme dans II R., 35, 42 *c*, par *nîd*, et le tout par *nîd šipti*, c'est-à-dire le « jet de l'incantation » est fait.

18 et 19 Au lieu de *zîr* [amêlu]*kaššapi* (Tallquist), Craig a lu *šum* [amêlu]*kaššapi*. Virolleaud n'a pas pu collationner cette tablette qui était exposée.

21 *te-na-na-a* présente sans doute une signification analogue à celle de *bar-ti*, r. אנן « se révolter, contredire », ou אנה « murmurer, gémir » ?

22 *i-ḫu-lu i-zu-bu i-ta-at-tu-ku.* Ces trois verbes sont à l'impératif dans un texte du même genre IV R., 49, 52 *b* : *ḫu-la zu-ba u it-ta-at-tu-ka.*

i-ḫu-lu, r. חול « s'affaisser », ou peut-être « tournoyer »; il est possible que le prêtre imprimât un mouvement de rotation à la statuette pour amener ses éléments à se résoudre.

25 *li-bi-iš* « comme un cœur », avec le sens de la racine לבב dans *libbâtu*, « colère »; *ki-di-eš* probablement de la racine קדיא qui paraît avoir, comme l'hébreu קדח, le sens de « s'enflammer », dans *Maqlû* III, 192, et IV, 23.

28 *li-ru-un ḫu-un-ṭi-i* est en parallélisme avec *ka-ṣa-a-ṣu i-za-an-nun*, l. 29. *li-ru-un* viendrait donc de la racine רום « être élevé », et serait pour *lu u-ru-um*, parf. du pael, « qu'il élève », c'est-à-dire « qu'il porte » la flamme ou la fièvre. *ḫu-un-ṭi-i* pour *ḫu-um-ṭi-i*, r. חמט « brûler », peut signifier « flamme » ou « fièvre » selon le contexte; cf. 83-1-18, 2 (n° 391 de la coll. Harper), *recto* 20 et *verso* 1-3 : *mar-ḫu-ṣu an-ni-i-[ia-u] šarru li-pu-šu i-su-ur-ri ḫu-un-ṭu an-ni-ia-u ištu pa-an šarri be-li-ia ip-pa-ṭar*, « cette ablution que le roi fasse, aussitôt cette inflammation du roi, mon maître, disparaîtra ».

29 *i-za-an-nun ;* sur le sens transitif que présente quelquefois *zanânu* au qal, v. *supra*, p. 96.

45 *nu-bat-tu* répond dans ce texte à *asiputu*, « l'art de l'incantation ». C'est dans le sens apparenté à celui-ci de « cérémonie funèbre » ou de « fête » qu'il est employé dans NE., XI, 301 et 319 et V R., 9, 11. Ailleurs, v. gr. *K.* 618, 26, il est opposé à l'aurore et semble désigner le crépuscule, *mu-šu kal ûme ši-a-ri nu-bat-te*, « la nuit et le jour, le matin et le *soir* ». Il est possible que ce soit là le sens primitif de ce mot et qu'on l'ait employé ensuite pour désigner des prières liturgiques qu'on faisait à cette heure tardive de la journée.

50 *ab-ba-su-nu-ti* pour *ab-bat-su-nu-ti*.

57 Au lieu de *ša IM-PAR* (Tallquist), Craig a lu *ŠUK IM-PAR*, qui ne donne pas de sens acceptable.

Verso. 1 Les restitutions de la l. 1 à la l. 18 sont faites d'après *K.* 2947; voir Tallquist, *Maqlû*, textes, p. 59.

12 *NU UT-KA-BAR KI A AN* ^{ilu}*ID KAN*. Tallquist, *Maqlû*, p. 44, l. 67, a transcrit *ṣalmu siparri irṣiti* ^{ilu}*Nâri KAN* et traduit : « Ein bild von Bronze der Erde des Flussgottes sei dabei. » Qu'est-ce qu'une statuette de bronze de la terre du dieu du fleuve?

20 Au lieu de *kam* (Craig), Tallquist lit *u be*.

54 Les restitutions de 54-60 sont faites d'après *K.* 2713, *recto;* voir Tallquist, *Maqlû*, textes, p. 61.

58 *šur-riš* d'après Craig, *šur-ri* d'après Tallquist.

60 *ḫi lik pi;* Tallquist aurait-il, par inadvertance, remplacé le signe *ip* par *lik*, et faudrait-il lire *ḫi-ip-pi?*

XX

Prière a Gishbar, dieu du feu

XX. — Prière a Gishbar, dieu du feu. *K.* 2515.

Planche XLII.

1 *ù a-na-ku a-na*..............................

2 ^{ilu}*GIŠ-BAR qu-mi*..........................

3 ^{ilu} *GIŠ-BAR ku-šú-[ud-su-nu-ti]*....................

---

4 *KA-KA-MA UḪ-GIR RU-DA NU IM ŠA NI*.....

---

5 *šiptu at-ti man-nu* ^{šal} *kaššaptu ša ṭúb*...............

6 *a-na li-mut-ti taš-te-ni-'*............

7 *a-na la ṭa-ab-ti ta-as-sa-na-aḫ-[hur]*........

8 *al-ki ul i-di bît-ki id. šum-ki id*..................

9 *ilu* ...... *meš li ba*....................

XX. — Prière a Gishbar, dieu du feu. *K.* 2515.

Planche XLII.

1 Et moi......................
2 O Gishbar, brûle.............
3 O Gishbar, atteins-les.........

4 L'incantation qui se murmure jette en présence d'une statuette d'argile...........

5 Incantation. Toi, qui es-tu, sorcière qui..............
6 le mal tu complotes...................
7 Pour ce qui n'est pas bon, tu t'agites.................
8 Ta ville, je ne sais pas; ta demeure, je ne sais pas; ton nom, je ne sais pas..............................
9 Le dieu ....

COMMENTAIRE

Ce fragment appartient aussi à la deuxième tablette de la série *Maqlû*; voir Tallquist, *Maqlû*, p. 50, l. 184-192.

XX
Hymne a Marduk

XX. — Hymne a Marduk. *K.* 3351.

Recto. Planche XLIII.

1 . . . . *apil ilu* . . . . *ri(?)* [*mut*]-*tal-lum*

2 . . . . *mu-ši-im(?) ši-ma-a-ti*

3 . . . . *bi-nu-tu*

4 . . . . *li* ^{ilu} *Marduk*

5 . . . . *ib ra qu(?) li(?) rad* ^{ilu} *Marduk*

6 . . . . *kal ša šú-tu-ru ḫa-si-su*

7 . . . . *qablu u taḫazu ina qât abqal ilâni* (pl.) ^{ilu}*Marduk*

8 [*i-na a*]-*lak-tú ta-ḫa-zi-šu šamû(ú) i-ru-ub-bu*

9 *a-na* . . . . *ta-as-su-mi-šu id-dal-la-ḫu ap-su-u*

10 *a-na zi-qip kakki-šu ilâni* (pl.) *i-tur-ru*

11 *a-na te-bi-šu iz-zi ša-'-ir-ru ul ib-ši*

12 *be-lum ra-aš-bu ša ina pu-ḫur ilâni* (pl.) *rabûti* (pl.)
šin-na-as-su la ib-ba-šu-u

13 *i-na bu-ru-mi ellûti* (pl.) *ša-ru-uḫ ta-lu-uk-šu*

14 *i-na E-KUR bît tak-na-a-ti ša-qu-ú par-ṣu-ú-šu*

15 *i-na im-ḫul-lu i-nam-bu-ṭu kakkê* (pl.)-*šu*

16 *i-na nab-li-šú ú-tab-ba-tu šadê* (pl.) *mar-ṣu-ti*

17 *šá tam-tim gal-la-ti i-sa-am-bu-' ru-up-pu-ša*

18 *apil E-SAR-RA zi-kir-šu qar-rad ilâni* (pl.) *ni-bit-su*

19 *ul-tu a-sur-rak-ka be-lum ilâni* (pl.) *šú-ut da-ád-me*

20 *i-na pa-an qašti-šú iz-zi-ti im-me-du ša-ma-mi*

21 *šá AB MAḪ* . . . . . . *lu-tum ḫa-mu-ú ù ša-ru*

22 . . . . *šu-nu* ^{ilu} *A-nun-na-ki*

23 . . . . ^{ilu} *Igigi*

XX. — Hymne a Marduk. *K.* 3351.

Recto. Planche XLIII.

1 ....fils du dieu ....auguste.
2 ....qui fixe les destins.
3 ....rejeton.
4 ....Marduk.
5 ....Marduk.
6 ....l'extraordinaire, l'intelligent.
7 ....la guerre et le combat (sont) dans la main du héraut des dieux, de Marduk.
8 A sa marche en bataille, les cieux grondent.
9 A ... .de sa *splendeur*, l'abîme se trouble.
10 Devant le tranchant de son arme, les dieux s'enfuient.
11 A son choc impétueux, il n'est personne qui *résiste*.
12 Maître terrible, qui parmi les grands dieux n'a pas de rival !
13 Dans les cieux splendides, majestueuse est sa marche.
14 Dans l'E-kur, le temple magnifique, sa loi est respectée.
15 Dans la tempête, ses armes brillent.
16 A sa flamme, les montagnes escarpées se renversent.
17 De la mer immense il domine l'immensité.
18 Fils de l'E-sharra est son nom ; champion des dieux, son titre.
19 Depuis le fondement, il est le maître des dieux et des hommes.
20 Devant son arc terrible, les cieux s'arrêtent.
21 Le grand temple de..........il dirige et il *régit*.
22 ....les Anunnaki.
23 ....les Igigi.

Verso.

1 *i-ḫu-uz-zu ênâ' namirtum (tum) ni-sik dup-šar-ru-ti*
2 *ša ina šarrâni* (pl.) *a-lik maḫ-ri-ia minma šip-ru šú-a-tu la i-ḫu-uz-zu*
3 *ni-me-iq* ^{ilu}*Nabû ti-kip sa-an-tak-ki ma-la ba-aš-mu*·
4 *ina duppâni* (pl.) *aš-ṭur as-niq ab-ri-e-ma*
5 *a-na ta-mar-ti ši-ta-as-si-ia ki-rib êkalli-ia ú-kin*

Verso.

1 Il possède des yeux brillants, le noble art du scribe,
2 dont aucun des rois, mes prédécesseurs, n'avait appris l'œuvre.
3 La sagesse de Nabû............... tout autant qu'on en a fait,
4 sur des tablettes j'ai écrit, j'ai classé, j'ai revu;
5 pour ma lecture, dans mon palais j'ai placé.

COMMENTAIRE

4 Craig avait omis cette ligne qu'il a rétablie dans ses corrections en tête du IIe vol. ; voir *ibid.*, les autres corrections apportées à l'autographie de cette tablette, l. 7 et 13.

9 Après *ana*, Craig a lu [ilu]*Bêl kak*. La collation de Virolleaud signale à cet endroit des restes de signes qu'il n'est pas possible d'identifier.

11 *ša-'-ir-ru*, participe de שאר « rester ». Cette lecture et cette étymologie me paraissent plus vraisemblables que la lecture *ša 'ir-ru*, r. איר « celui qui se précipite sur ».

19 « Depuis le fondement, » c'est-à-dire de tout temps, depuis le jour où tu as fondé le monde.

21 *ša-ru* « il régit », à cause de son parallélisme avec *ḫa-mu-u*. Peut-être ce mot est-il à rapprocher de שרה « consacrer », au pael.

XXII

Hymne acrostiche

XXII. — Hymne acrostiche. *Sp.* II. 265[1].

Planche XLIII.

I

1	[*a*]	....	....	[*lu*]- *uq- bi- ka*
2	[*a*]	....	....	[*lu*]-*ša-an-ni-ka*
3	[*a*]	....	....	...*ša šu šubat-ka*

Planche XLIV.

4	[*a*].......	*ša šum-ru-ṣu*	*úr(?)*......	*lud- lul- ka*
5	*a*.........	*a- bak- ku*	..........*ṣu*	*ma- la- ka*
6	*a*.........	*in (?)- du- ú*	*ka- ša- lu(?)*	*iš- te- ka*
7	*a*.........	*?-ri-id(?)-ma*	*ni-is-sa-tum*	*lu-ú*[2]*-ta-me-šu*
8	*a-ga*......	*i- ši- ri*	*lum- nu*[3]	*libbi (bi)*
9	*a-ḫu-ra-ku-ma*	*za- ru- ú*	*šim- tum*[4]	*ub- til*[5]
10	*a-ga-rin-nu*	*a- lit- ti*	*it- ta- ar*	*KUR-NU-GI*
11	*a-bi u ba-an-ti*	*i-nam-bu-in-ni-ma*	*ba- al*	[*t*]*a*[6]*- ru- u- a*

II

12	*na-a-a-du*	*ib- ri*	*ša taq-bu-ú*	*i- dir- tum*
13	*na- ra- am*	*libbi(?)- ?- ka*	*tu-šak-pi-du*	*li- mut- tum*
14	*na- '- du*	*ṭe- en- ka*	*tu- maš- šil*	*la- li- '- ka*
15	*na-am-ra(?)-tum*	*zi- mu- ka*	*ne- ṭi (?)- liš*	*tu- še- e- ba*

1) Les lignes 1-11 de la dernière colonne à droite sont complétées d'après *K.* 8463, *recto*, pl. 53. — 2) *K.* 8463, *u.* — 3) *K.* 8463, *lu-mun.* — 4) *K.* 8463, *ta.* — 5) *K.* 8463, *ti-il.* — 6) [*t*]*a-ru u-a.* d'après *K.* 8463 : *Sp.* II. 265 porte ta-*at*-ru-ú-a plutôt que ta-*aḫ*-ru-ú-a comme le veut Zimmern, Z.A., 1895, 3; v. *infra*, p. 190.

XXII. — Hymne acrostiche. *Sp.* II. 265.

Planche XLIII.

I

1 .... je veux te proclamer.
2 .... je veux t'annoncer.
3 .... ta demeure.

Planche XLIV.

4 .... qui est rempli de douleur..... je veux te servir.
5 .... je pleure ....
6 ....
7 .... la lamentation, je veux le conjurer..
8 .... il prospère, le mal au milieu..
9 Je reste seul : le père, le destin l'a emporté sur lui ;
10 la mère qui m'a enfanté est allée au pays d'où on ne revient pas.
11 Mon père et ma mère m'ont appelé « Fils de ma *lamentation* ».

II

12 Auguste ami, qui as décrété l'infortune,
13 au chéri de ton cœur tu as inspiré le mal.
14 De ton auguste esprit tu as égalé...
15 L'éclat de ta face, tu as fait briller.....

Planche XLIV (suite).

16 na-?-nu-ma	ap (?)-pu-nu	il- la- ku	ú-ru-uḫ mu-ú-tu
17 na-a-ri Ḫu-bur	lu- bi- ri	qa- bu- ú	ul-tu ul-la
18 na-aṭ(?)-la-ta-ma	nišê (pl.)	mit- ḫa- riš	a-pa-a-t[um]
19 na-ṭul(?)-šu	bu-kur bêli-šu	ul- [te- lu]- ú	ú-ša-aš-ri-[ḫu]
20 na-am-ra-a	be-lu meš-ri-e	? ? ? šu	ba-an........
21 na- aś	paraṣ ili-ma	ra- ši	la- me- [du]
22 na-ak-ku	pa-li-iḫ ^{ilu}Iš-tar	ú- kam- mar	gab-[ra-a-šu]

III

23 ku...bu(?)	ib-ri libbi is-ka	ša i-la-qat-tu-ú	na..........
24 ku- ?- ba	gi-biš tam-tim	ša i-la-šú-ú	mi-di(?).....

Planche XLV.

25 ku- a- ri	ib-ri(?) ṣi iṣ ka	li(?)- mad	a............
26 ku-lam(?)-ma	a-na sur-ri	ši- mi(?)	qa..........
27 ku	qa- ti	ma- ku- ú	....
28 ku- ši- ri	ši- te- ti- iq	e- te- ti- iq	....
29 ku-tu(?)-šú	i- te- nis	ba- ṭi (?)- il	....
30 ku- ú- ri	u ni-is-sa-tum	ú-qat-ti-ru(?)	....
31 ku- ru- ra	ṣa- ḫi- e	a-na nis-bi-[e]	....
32 ku-ru-un-nu	ṢAB LAT nišê (pl.)	sá (?) pa....	....
33 [ku]..... a	UD... dum-ku(?)	a-lak.......	....

Planche XLIV (suite).

16 ....le puissant va dans le sentier de la mort.
17 Le fleuve Ḫubur, il le passe; on l'appelle depuis longtemps.
18 Tu regardes tous les habitants des habitations humaines.
19 Son *regard* a élevé le premier-né de son maître, il l'a glorifié.
20 L'illustre possesseur de la richesse....................
21 porte les décrets de la divinité, il possède la science.
22 Le.......... qui craint Ishtâr écrasera son adversaire.

III

23 .... qu'on prend................
24 .... les flots de la mer qu'ils domptent.......

Planche XLV.

25 .... apprend. ....
26 *Secours* au plus vite, exauce........................
27 .... l'anéantissement, *l'infortune*............
28 Dans la sincérité fais marcher; il marche.............
29 .... s'est affaibli, a cessé..................
30 La douleur et la lamentation ont *abattu*.............
31 Prépare des........... jusqu'à satiété...............
32 Du vin de sésame......... des hommes..............
33 ....

PLANCHE XLV (suite).

IV

34 . . . . *ša* . . . .

K. 3452[1].

35 . . . . *rak-bu* . . . .
36 . . . . *te-te-mid* . . . .
37 . . . . *šu su qa* . . . .
38 . . . . *a šá taḫ-ši-ḫu* . . . .
39 . . . . *su-up-pi-e* . . . .
40 . . . . [*t*]*a-ri i-ta-ri ina* . . . .
41 . . . . *ru i-ri-im-mu a-na* . . . .
42 . . . . [*m*]*i-ša-ri kalamu su* . . . . . .
43 . . . . *šú ta-ḫa-na-tu liš-ku* . . . .
44 . . . . *mu naq-ru-ṭu li-gi* . . . .

V

45 . . . . [*t*]*a-ḫa-as* . . . .
46 et 47 Lacune.

K. 9290.

PLANCHE XLVI.

48 . . . . *pu-ri-mu ištên (?) id-bu-bu* . . . .
49 . . . . *ti i-bak-ki ilu ú-zu-un-šú ibši (ši ?)*
50 . . . . *la-bu ša i-tak-ka-lu du-muq-ši-*[*na*] . . . . .
51 . . . [*k*]*i-mil-ti ilu ti-i šupṭu-ri ú-bil maš-pa-an (?)* . . . .

(1) Ce fragment, dont les dix premières lignes jointes à la dernière ligne de la tablette précédente nous donnent une strophe, peut se placer ici provisoirement. Comme dans toute la partie de ce texte écrite en caractères ninivites, la division des vers en 4 parties n'y est pas marquée, à l'encontre du texte babylonien, mais la séparation des strophes est indiquée par un trait horizontal. La dernière ligne, séparée des précédentes par un trait, formait peut-être le début de la Ve strophe.

PLANCHE LXV (suite).

IV

34 . . . .

K. 3452.

35 . . . .

36 . . . . tu as surpris . . . .

37 . . . .

38 . . . . que tu as désiré . . . .

39 . . . . les prières . . . .

40 . . . . il a *protégé* . . . .

41 . . . . il a aimé . . . .

42 . . . . la droiture, tout . . . .

43 . . . .

44 . . . .

V

45 . . . .

46 et 47 Lacune.

K. 9290.

PLANCHE LXVI.

48 . . . . un onagre ; il a parlé . . . .

49 . . . . il pleure ; le dieu prête l'oreille . . . .

50 . . . . qu'il a mangé ; leur miséricorde . . . .

51 . . . . [contre] la colère divine, l'incantation d'apaisement a apporté le . . . . .

Planche XLVI (suite).

52 ..... *ti bêl parṣi*...*ša uṣ-ṣu-pu na-ḫa-šu*...........
53 ..... *dir ṣa-ri-ri i-ḫi-da ana nalbaš šamê(mi)*.......
54 ... *la ma a minma*.... *qar i-liš ú-šab-[šu-u]*
55 ... *[e]-ru-ub di-[']-e il-tim-ma ki-bit-ti*.........

VI

56 *[gi-š]im-ma-ru iṣ maš*[1]*-ri-e a-ḫi ak*.........
57 *[gi-mi]l na-qab ne-me-ki il*[2]*-lu uk-taš-[šad]*
58 *[gi]* .. *ta-ma*... *ma-lik ni-si*[3] *mi-lik*.........
59 *[gi]*............... *ri-mu ú-ṭu-ul i-na* ....
60 *[gi]-mil qar-ba-tim ir-ḫi-ṣu i-ḫaš-šu kakkabu*
61 *gi-ir bu-li la ba-ša taḫ-su-su GA-NA bît*[4] *ilu Bêl*
62 *gi-il-lat nêši i-pu-šú*[5] *i-ta-as-su ḫaš*[6]*-tum*

Planche XLVII.

63 *gi-iz-bar-ri-e bêl pa-ni*[7] *ša qur-ru-nu*[8] *ma-ak-ku-ru*
64 *gi-riš ina ûm(um) la ši-ma-ti*[9] *i-qa-am-me-šu*[10] *ma-al-ku*
65 *gi-ir-ri an-nu tu-ú i-ku-šu*[11] *a-la-ka*[12] *taḫ-ši-iḫ*
66 *gi-mil du-um-ki ša ili da-ra-a ši-te-'-e*

VII

67 *il-ta-nu ṭe-en-ga ma-nit nišê* (pl.) *da*.....
68 *il-lu nu-us-su-qu mi-lik ka-šal (?)* .....
69 *il-te-en zik-ra mut-ta-ka lud[lul]*
70 *il-la-ku ú-ru-uḫ dum-qi la muš-te-'-u ṣal-[tum]*

1) 81-2-1, 63, *meš*. — 2) *Ibid.*, *i*. — 3) *Ibid.*, *su*. — 4) *Ibid.*, *bi-it*. — 5) *Ibid.*, *šú*. — 6) *Ibid.*, *ḫa-aš*. — 7) *Ibid.*, *nu*. — 8) *Ibid.*, *gu-ru-un*. — 9) *Ibid.*, *tú*. — 10) *Ibid.*, *kam-meš*. — 11) *Ibid.*, *šu*. — 12) *Ibid.*, *ku*.

PLANCHE XLVI (suite).

52 .... le souverain des décrets....... qui multiplie l'abondance.....
53 .... il domine sur la voûte des cieux.
54 .... tout ce que .... en haut il a créé.
55 .... il est entré dans le sanctuaire de la déesse, du décret.......

VI

56 Le palmier, arbre plantureux sur le bord............
57 Le bienfait d'une profonde et pure sagesse il a obtenu.
58 .... il donne *au loin* le conseil...........
59 .... regarde dans............
60 Le *produit* des campagnes il a inondé ; l'étoile s'est obscurcie.......
61 Il a *attaqué* les animaux sans intelligence du domaine du temple de Bêl.
62 Le..... du lion il a fait ; il a ouvert pour lui une fosse.

PLANCHE XLVII.

63 Le trésorier est l'officier qui rassemble les richesses.
64 Son ennemi, au jour non fixé par le destin, le prince le *terrassera*.
65 Sur ce chemin, on a tendu un *piège*, (là où) tu désirais passer.
66 Le bienfait de la faveur des dieux recherche constamment.

VII

67 Le nord...................... les hommes.........
68 Splendide, magnifique est le conseil................
69 Un homme, ton *chef*, je veux célébrer.
70 Il marche dans le chemin du bonheur, celui qui ne cherche pas la discorde.

Planche XLVII (suite).

71 *il tab-ni-i-te en-šu muš-te-mi-qu šá*............
72 *il li-gi-mi ia-a-ma ṭe-im ili as*..................
73 *il la-ba-an appi u te-mi-ki e-še-*' ^{ilu}*Iš-*[*tar*]
74 *il-ku šá la ni-me-li a-ša-aṭ ap-ša-nu*
75 *il-ta-kan ilu ki-i maš-ri-e ka-tu-ta*
76 *il an nu ku-uṣ-ṣu-du pa-na-an-ni lil-li*
77 *il-ta-qu-ú ḫar-ḫa-ru-ú a-na abi liq-bil*

VIII

78 *ki-na ra-aš uz-ni ša tuš-ta-ad-di-nu la ḫar-qa*
79 *ki-it-ta*[1] *ta*[2]*-du-ma*[3] *ú-ṣur-ti ili ta-na-ṣu*
80 *ki-du-di-e ili*[4] *ana*[5] *la šu-uṣ-ṣu-ru*[6] *taḫ-ši-ḫu ka-bit-tuk*

K. 8463 *b*).

Planche LIII.

81 *ki-nu-te ši-si* ^{ilu}*Iš-ta-ri te*...............
82 *ki-i ki-rib šamê (e) me-ki ilâni* (pl.)......
83 *ki-bit pi-i ili il-ti ul iš-t*[*e-'-e*]
84 *ki-niš lit-mu-da-ma*..................
85 *ki-pi-du lim-na-ma ana nišê* (pl.)............
86 *ki-ib-si il-ti šú-ḫu-za (?)*............
87 *ki-ru-ub ṭe-en-ši-na*..............................
88 *ki*................ *ud ḫu*........................

Lacune.

1) *K.* 8463, *cu. K.* 9290 ne contient que les trois premiers vers de cette strophe, l. 78-80. *K.* 8463 *b*, v. Craig, pl. 53, en contient la première partie de 10 vers. Le premier (l. 78) manque complètement sur cette tablette. C'est donc d'après *K.* 8463 *b*, que je transcris les vers 81-88. — 2) *K.* 8463 *b*, *ta-ad*. — 3) *Ibid.*, *ú*. — 4) *Ibid.*, *ilâni*. — 5) *Ibid.*, deest *ana*. — 6) *Ibid.*, *šum-ṣu-ri*.

PLANCHE XLVII (suite).

71 Le dieu de la créature, le *faible* supplie ardemment...
72 Le dieu du rejeton... .... la volonté divine.
73 Il cherche Ishtâr, la divinité de la supplication et de la prière.
74 Œuvre sans profit, je porterai le joug.
75 Dieu est l'auteur de l'infortune comme de la prospérité.
76 .... lie, qu'il élève *ma face*.
77 Ils ont pris le sceau, qu'on l'apporte à mon père.

VIII

78 Il est ferme, l'homme intelligent auquel tu as fait donner ......
79 Tu as prononcé la vérité, tu as porté le décret divin.
80 Les *cérémonies* des dieux, ton âme a désiré ne pas les faire observer.

K. 8463 *b).*

PLANCHE LIII.

81 Aux justes, parle, ô Ishtâr........................
82 Comme l'intérieur des cieux est le *sourire* des dieux...
83 A l'ordre de la bouche du dieu, de la déesse, il n'est pas attentif.
84 Il apprend fidèlement...........................
85 Un mauvais dessein contre les hommes.............
86 La voie de la déesse montre.....................
87 L'*intérieur* de leur âme..........................
88 ....

Lacune.

K. 9290 + 9297, *recto* (suite).

Planche XLVIII.

IX

89 [*ub*] ....
90 [*ub*] ....
91 [*ub*] ....
92 *ub-na*..
93 *ub-te-iṣ-ṣa-am-ma* ....
94 *ub-til-li* *ilu BIL*...........................
95 *ub-te-en-ni* *li-gi* ....
96 *ub-te-ṣi-id* *nišê* (pl.).......................
97 *ub-te-iḫ-ḫir* *libbi*...........................
98 *ub-te-iq* *ilu* ....
99 *ub-te-'-i* *ḫi-šiḫ-*[*ti*]...........................

X

100 *bi-i-ta* *lu-ud-di*...........................
101 *bi-ša-a a-a aḫ-ši-iḫ*.........................
102 *bi-il-lu-di-e* *ilu lu meš*.....................*am-ma*
103 *bi-e-ra* *lu-na-ak-kis* *lu*...................*ak-lu*
104 *bi-ir-ta* *lu-ul-lik* *ni-sa-a-ti* *lu-ḫu-uz*
105 *bi-e-ra* *lu-up-ti* *mê* (pl.) *lu-maš-šar*
106 *bi-e-ra* *ki-di* *ra-kis* [*lu-ur*]-*tap-pu-ud*
107 *bi-it bi-ti-iš*[1] *lu-tir-ru-ba* *lu (?)-ni-'* *bu-bu-ti*
108 *bi-ri-iš* *lu-ut*[2]*-te lu-šib* *su-li-e* *lu-ṣa-a*
109 *bi-iz-nu-kiš* *ana*[3] *kir-bi* *lu-tir* ....
110 *bi*[4]*-e-šu-tum* ....

1) 81-2-1, 90, *šu.* — 2) *Ibid.*, *lat.* — 3) *Ibid.*, *a-na.* — 4) Cette ligne et celles qui restent de la strophe XI sont rétablies d'après 81-2-1, 90 omis par Zimmern. La strophe XI répond à sa strophe XIV, 144-154, qu'il donne comme manquant. Strong, PSBA, 1895, p. 49, n'en a transcrit que les quatre premières lignes.

K. 9290 + 9297, *recto* (suite).

Planche XLVIII.

IX

89 ....
90 ....
91 ....
92 ....
93 Il a *cherché*..................................
94 Il a *prié* le dieu BIL..........................
95 Il a créé..
96 Il a............ les hommes.................
97 Il a rassemblé au milieu........................
98 Il a pensé au dieu...............................
99 Il a recherché le désir..........................

X

100 La maison je veux établir........................
101 La fortune je n'ai pas désiré....................
102 Les ordres des dieux je veux....................
103 Au milieu je veux trancher.....................
104 Dans la profondeur, je veux descendre, je veux saisir les choses lointaines.
105 Je veux ouvrir l'abîme, je veux déchaîner les eaux.
106 Au milieu de............... je veux m'étendre.
107 Comme dans sa maison je suis entré, j'ai arrêté la famine.
108 En son milieu j'ai regardé, je me suis installé, dans les rues je suis sorti.
109 Son malheureux au milieu j'ai ramené.............
110 Le mal...

XI

111 *ib-ri* *ub-lam*..........................
112 *ip-šit* *nišê* (pl.) *la taḫ-si-ḫu*............

PLANCHE XLIX.

113 [*i*]*b-šú-ú* *ina ṣur-ri*........ ....
114 [*ib*]-*ru* *pir-ḫu* *ka ka*.......................
115 [*ib*]........... *ṣa-a-tú un*....................
116 [*ib*]........... *ma-nam* *šin*.....................
117 [*ib*]........... *la ša sur-ra*.....................
118 [*ib*]........... *lip(?) it-ti*.....................
119 [*ib*]............... *rak-ku*......................
120 [*ib*]............... *ip-láḫ*......................
121 [*ib*]............... *ú gu-u*[*m*]

XII[1]

122 .... *lib-ba*

Lacune de dix lignes, 123-132

K. 8491.

PLANCHE LIII.

XIII

133 [*ma*]..................................
134 [*ma*]..................................
135 [*ma*]..................................
136 *ma*............... *ri*.....................

1. La strophe XI n'est pas séparée par un trait de la strophe XII. Il est possible que les strophes auxquelles j'ai donné les n°s XIII et XIV ne suivissent pas immédiatement la strophe XII ou qu'elles fissent partie d'un autre passage du texte. Cependant le mot *ma-aš-ma-šu* que forme leur première syllabe combinée avec celle des strophes suivantes vient bien dans cette partie de l'acrostiche et fournit un argument sérieux en faveur de cet arrangement.

XI

111 Mon ami a apporté..............................
112 L'œuvre des hommes tu n'as pas désiré.............

Planche XLIX.

113 Ils se sont trouvés dans le cœur...................
114 L'ami, le rejeton..................................
115 .... l'éternité..........................
116 ....
117 ....
118 ....
119 ....
120 .... il a craint...................
121 ....

XII

122 .... le cœur.....................

Lacune de 10 lignes, 123-132.

K. 8491.

Planche LIII.

XIII

133 ....
134 ....
135 ....
136 ....

Recto. Planche LIII (suite).

137 *ma*............... *a-na ba-an-ti*................
138 *ma*......... *it la-mi iṣṣurê* (pl.) *ša id-du*..........
139 *ma*......... *šú a-a-ú ku-ši-ir*................
140 *ma-'-da a-šú-ú ṣêri ša ri am(?)*................
141 *ma-an-nu i-na bi-ri-šu-nu ir-ta-ši*............
142 *ma-ra u mar-tum lu-ba-'*.....................
143 *ma-la ut-tu-ú a-a i-zi-na lu*.....................

XIV

144 *aš-ru ka-an-šú ša pu-ḫur*....................
145 *aš-ša-ru ṭe-en-ga šú-qu-ru*....................
146 [*aš*]..... *ka-bit-ta-ka ma bît(?)*... '............

Le reste de la strophe XIV, l. 147-153, manque. Peut-être la ligne 154 qui termine une strophe, puisqu'elle est suivie d'un trait, mais qui est sur un autre fragment, *K.* 9290, *verso*, col. III, en tête, est-elle la dernière de cette strophe.

K. 9290 + 9297, *verso*. Col. III.

Planche XLIX.

XV

154 .... *liš ti*...... *du(?)*..........................
155 *ma-a*[*l-l*]*i-e ina*..............................
156 *ma-an-nu i-na*..............................
157 *ma-a-ta(?)*..................................
158 *ma-la-a* . *e*................................
159 *ma-ar ra*....................................
160 *ma-ar ka-ti-i pi*.............................
161 *ma-aṣ-ṣar pu-uk*..............................
162 *ma-di-id ru-uš*...............................

Recto. PLANCHE LIII (suite).

137 .... à la créatrice..................
138 .... il entoure les oiseaux qui...........
139 .... quelle est la sincérité de...........
140 Nombreux sont les animaux des champs qui.........
141 Qui au milieu d'eux prendra......................
142 Un fils et une fille je veux chercher.................
143 Tous ceux que j'ai trouvés, qu'ils ne *s'irritent pas*....

XIV

144 L'homme humble, soumis, que l'assemblée de........
145 .... est précieux............
146 .... ton âme........................

K. 9290 + 9297, *verso.* COL. III.

PLANCHE XLIX.

XV

154 ....
155 ....
156 Qui dans..
157 Le pays...
158 ....
159 ....
160 ....
161 Le gardien.......................................
162 Il mesure..... ....

Verso. PLNACHE XLIX (suite).

163 *ma-lil ir-qu nab-bi (?)* ....
164 *ma-ar kab-ti ù*.........................
165 *ma-qit bêlê* (pl.) *ri (?)* ....

XVI

166 *šú-'-ú-ta*...............................
167 *šú-ut maḫ*..............................
168 *šú-um* ....
169 *šú-ur* ....

Le reste de la strophe XVI, 170-176 manque. Le signe initial *šú* se voit encore cependant sur le *verso* de Sp. II. 265 a; v. Zimmern, *Z.A.*, 1895, p. 18.

XVII

De la strophe XVII, il ne reste que le signe initial de la première ligne et, en partie, de la deuxième; ce signe est *ka* qui se lit encore sur *Sp*. II. 265 a, à la suite de la strophe précédente *šú*.

K. 8463, *verso.*

PLANCHE LIII.

XVIII

188 [*šá*]........................ *i-te* ....
189 [*šá*]........................ *e-te*..................
190 [*šá*]............. *pa-šú* *ni*... ....

K. 9290 + 9297, *verso.* COL. IV.

PLANCHE L.

191 *šá ḫar-ḫa-ri ša taḫ-ši-ḫu bu-na-šú*
192 *šá am-mi-e bu-ri-di-šu za-mar i-ḫal-liq*

Verso. Planche XLIX (suite).

163 ....

164 ....

165 Il tombe sur les seigneurs........................

XVI

166 ....

167 ....

168 ....

169 ....

K. 8463, *verso.*

Planche LIII.

XVIII

188 ....

189 ....

190 ....

K. 9290 + 9297, *verso.* Col. IV.

Planche L.

191 Le maitre du .... dont tu as envié la forme.

192 Celui qui..................... sera promptement détruit.

Verso. Planche L (suite).

193 *šá la-an giš-ḫap-pu ra-ši ma-ak-ku-ra*
194 *šá-ga-šú kak-ka-šu i-šid dîni-šú*
195 *šá la tu-ba-'-ú ṭe-im ili mi-nu-u ku-šir-ka*
196 *šá-di-id ni-ir ili lu-ú ba-ḫi sa-di-ir a-kal-šu*
197 *šá-a-ra ṭa-a-ba ša ilâni* (pl.) *ši-te-'-e-ma*
198 *šá šattu tu-ḫal-li-qu ta-rab a-na sur-ri*

XIX

199 *i-na ad-na-a-ti ab-ri-e-ma šit-na-a i-da-a-tu*
200 *i-lu a-na šar-ra-bi ul pa-ri-is a-lak-ta*
201 *i-šad-da-ad i-na be-ra-ta zaru-ú elippa*
202 *i-na ki-rib* [isu]*dun-ni ra-mi bu-kur-šú*
203 *i-laq-qit lab-biš ra-bi a-ḫi ú-ru-uḫ-šú*
204 *i-li-iṣ ma-lak bu-šú-ú pa-ra-a i-rid-di*
205 *i-na su-ki zi-lul-šu i-ṣa-a-a-ad ab-lum*
206 *i-šar-ra-aq tir-din-nu a-na ka-ti-i ti-ú-ta*
207 *i-na ma-ḫar kum-mi ša ad-da-mu-ṣu mi-na-a ú-at-tar*
208 *i-na ša-pal aš-pal-ti-ià kit-mu-sa-ku a-na-ku*
209 *i-na-a-ṣa-an-ni a-ḫu-ru-ú ša-ru-ú u šam-ḫu*

XX

210 *li-'-ú pal-ku-ú šú-e ta-šim-ti*
211 *li-id-mu-um-ma ṣur-ra-ka ila ta-da-a-a-aṣ*

Planche LI

212 *li-ib-bi ili ki-ma ki-rib šamê(e) ni-su-ma*
213 *li-ê-a-us-su šup-šú-qat-ma nišê* (pl.) *la lam-da*

Verso. PLANCHE L (suite).

193 Celui *qui a une nature de* fourbe possède la fortune.
194 Le meurtre est son arme, le fondement de son droit.
195 Toi qui ne cherches pas la volonté de Dieu, qu'est ta sincérité ?
196 Celui qui porte le joug de Dieu est......... sa nourriture est *préparée*.
197 Le bon souffle des dieux recherche.
198 Parce que tu as *fini* une année, tu te hâtes vers.......

XIX

199 Dans les habitations, j'ai vu un *changement* de présages.
200 La divinité n'interdit pas la marche vers le désert.
201 Le bras tire le vaisseau sur les bas-fonds.
202 Au milieu d'une *forteresse* habite son premier-né.
203 Mon grand frère comme un lion.....son sentier.
204 Il est joyeux; (sur) le chemin de la fortune il conduit un.....
205 Le fils chasse son........à travers les rues.
206 Le fils donne la nourriture au *faible*.
207 Devant la demeure que j'ai..... que ferai-je de plus?
208 Dans la profondeur de mon abaissement, je me prosterne, moi.
209 On m'apporte un......qui croît avec force et vigueur

XX

210 Puissant, grand, est le.........de la pensée.
211 Que ton cœur gémisse, tu as mal traité un dieu.

PLANCHE LI.

212 Le cœur de Dieu est éloigné comme l'intérieur des cieux.
213 Sa puissance opprime les hommes qui l'ignorent.

PLANCHE LI (suite).

214 *li-pit qâti* [ilu]*A-ru-ru mit-ḫa-riš na-piš-ti*
215 *li-il-li-du nis-su ka-liš la mur-ṛi*
216 *li-it-tu bu-ur-šú riš-tu-ú ša-pil-ma*
217 *li-gi-mu*[1]*-ša ar-ku-ú ma-ṣi šid-din-šú*
218 *li-il-lu ma-ru pa-na-a i-al-lad*
219[2] *li-ʾ-um qar-du*[3] *ša ša-ni-i ni-bit-su*
220 *li-ʾ-it-ma mi-na a-bak-ki ilu-ma nišê* (pl.) *la (?) lam-da*

XXI

221 *ú-taq-qam*[4]*-ma ip-ri li-mad ši-ip-ki-ia*
222 *ú-ṣur nu-us-su-qa se-qar at-mi-e-a*
223 *ú-ša-aš-qu-ú a-mat kab-ti*[5] *ša lit-mu-da ša ga sa (?)*
224 *ú-šap-pa-lu*[6] *du-un (?)-na-ma-a ša la i-pu-šu*[7] *ḫi-bil-*[*tú*]
225 *ú-kan*[8]*-nu rag-ga ša an zil-la-šu..... la (?).........*
226 *ú-ṭa-ra-du ki-na*[9] *ša ana*[10] *ṭe-im ili bu-*[*ʾ-u*]
227 *ú-ma-al*[11] *-lu-ú pa-šal-la*[12] *ša ḫa*[13]*-bi-la*[14] *ni.....*
228 *ú-šal-qu*[15] *iš-šik-ki*[16] *ša pi-iz-nu-qu te*[17]*-ʾ-*[*ut-su*]
229 *ú-dan*[18]*-na-nu*[19] *šal-ṭu ša pu-ḫur-šu ilu.......*
230 *ú-la-la*[20] *ib-ba-tu i-ṭar-ri-su*[21] *la li-e..........*
231 *ú ia-a-ši id-nu-šu*[22] *be-el*[23] *pa-ni ri-dan-*[*ni*]

1) *K.* 3452, *li-gi-mu-ú.* — 2) Le texte est complété à partir de cette ligne par *K.* 3452 + Sp. II. 265. — 3) *K.* 3452, *qar-ra-du.* — 4) Sp. II. 265 *qa-am.* Toutes les variantes qui suivent sont tirées de ce fragment. — 5) *tu.* — 6) *ú-šap-pal.* — 7) *i-šú-ú.* — 8) *ka-an.* — 9) *ki-i-nu.* — 10) deest. — 11) *ú-ma-lu-ú.* — 12) *lu.* — 13) *ḫab.* — 14) *lu.* — 15) *qa.* — 16) *ku.* — 17) *ti.* — 18) *ta.* — 19) *an.* — 20) *lu.* — 21) *i-ṭar-ri-is-su.* — 22) *šú.* — 23) **EN.**

PLANCHE LI (suite).

214 Ils sont l'œuvre de la main d'Aruru tous les êtres vivants.

215 Un rejeton................tout ensemble...........

216 L'enfant, son petit premier-né, est abaissé.

217 Son dernier rejeton a atteint son...................

218 Un..............fils d'abord a été mis au monde.

219 Il est puissant, il est vaillant celui dont on *répète* le nom.

220 Qui est l'*enfant* que je pleure, ni dieu ni les hommes ne l'ont appris.

XXI

221 J'ai répandu de la terre, apprends ma façon de verser.

222 Observe le magnifique décret de ma parole.

223 Ils élèvent une chose lourde qu'on apprend à........

224 Ils abaissent le malheureux qui n'avait pas commis de faute.

225 Ils prennent soin du méchant qui son crime..........

226 Ils chassent le juste qui cherche la volonté de Dieu.

227 Ils comblent de biens l'homme vil qui outrage........

228 Ils livrent au grand ce qui sert de nourriture au pauvre.

229 Ils fortifient le puissant dont la force Dieu,..........

230 Le faible, ils l'écrasent; ils foulent aux pieds l'homme sans force.

231 Et moi ils m'ont outragé; l'homme puissant me poursuit.

K. 3452 + *Sp.* II, 265.

PLANCHE LII.

XXII

232 *šar*[1] *kum-mi na-an-na-ru*[2] *ba-nu-u*[3] *a-pa-a-ti*[4]
233 *šar-ḫu* *ilu* *Zu-lum-mar*[5] *ka-ri-ṣu*[6] *ṭi-it-ṭi-ši[n]*[7]
234 *šar-ra-tú*[8] *pa-ti-iq-ta ši-na šú-e-tum*[9] *AN MA MA*[10]
235 *šar-ku a-na*[11] *a-me-lu-ti*[12] *id-gu-ra*[13] *da-ba-ba*
236 *šar-ra-a-ti*[14] *la ki-na-a-ti*[15] *iš-ru-ku-ši*[16] *sa-at-tak-[ka]*[17]
237 *šar-hi-iš šá*[18] *ša-ri-i i-dib-bu-bu dum-ki-šú*
238 *šar-ma*[19] *maš*[20]*-ru-šú il-la-ku i-da-a-šu*
239 *šar-ra-kiš i*[21]*-lam-ma-nu du-un*[22]*-na-ma-a a-me-lu*
240 *šar-ku-šú*[23] *nu-ul-la-tum i-qap-pu-du-šu nir-ti*
241 *sar-ri-cš*[24] *ka-la lum*[25]*-nu-šu pag-gur (?)-šu aš-šu la i-šú-ú i-ri-tú*
242 *šar-ba-bi-iš uš-ḫa-ram-mu-šú ú-bal-lu-šu ki-ma la-a-mi*

Sp. II, 265.

XXIII

243 *ri-me*[26]*-na-a-tú*	*ib- ri*	*ni-is-sa- tum*	*ši- te- ’- me*
244 *ri-ṣa-am*[27]	*nam- ra- ṣu*	*a- mur (?)*	*lu-ú ti-i-du*
245 *ri- e- šú*[28]	*pal- ku- ú*	*mut-nin-nu-ú*	*a- na- a- di*
246 *ri- ṣa*	*u tuk-la-tum*	*za- mar*	*ul a-mur (?)*
247 *ri- bit*	*ali- ia*	*ú- ba- ’- ú*	*ni- ḫi- iš*

Variantes de *Sp.* II. 265, *verso*, de 1 à 22 : 1) *šar-ri.* — 2) *an-nar-ru.* — 3) *ba-nu-ú.* — 4) *tu[m].* — 5) *ma-ru.* — 6) *iṣ.* — 7) *ṭi-iṭ-ṭa-ši-na.* — 8) *tum.* — 9) *tú.* — 10) AN-MA-MI. — 11) *ana.* — 12) *a-me-lut.* — 13) *ru.* — 14) *tú.* — 15) *ki-na-tu.* — 16) *šu.* — 17) *sa-an-tak-ku.* — 18) *ša.* — 19) *ša-ma-mi.* — 20) *meš-ru-ú.* — 21) *ú-lam-ma-nu.* — 22) *dun.* — 23) *uš.* — 24) *iš.* — 25) Zimmern a lu *mi*-nu. — 26) *K.* 3452, *mi.* — 27) *K.* 3452, *ri-ṣa-am-ma.* — 28) *K.* 3452, *šú.*

K. 3452 + *Sp.* II, 265.

PLANCHE LII.

XXII

232 *Le roi des habitations* est Nannâr qui éclaire les hommes.
233 Le puissant Zulummar a façonné leur argile.
234 La reine qui les a créés est la souveraine de l'univers.
235 Elle a donné à l'humanité la pensée, la parole.
236 Des pensées de révolte, d'injustice, elle lui a donné constamment.
237 Avec violence le .... complote contre sa bonté.
238 La *ruine* de sa fortune marche à ses côtés.
239 Comme un voleur, l'homme maltraite le faible.
240 Il lui donne en présent l'iniquité, il trame contre lui le meurtre.
241 Avec méchanceté il *commet* tout mal, parce qu'il n'y a pas d'obstacle.
242 En l'opprimant, il l'anéantit, il le détruit comme de l'*écume.*

Sp. II, 265.

XXIII

243 *Des actes de pitié, ô mon ami, (dans) la lamentation demande.*
244 Un sauveur (dans) la difficulté *j'ai vu*, tu le sais.
245 Le premier, grand priant, je *loue.*
246 Aide et appui promptement je n'ai pas vu.
247 Dans la banlieue de ma ville je cherche son ....

Planche LII (suite).

248	*ri- ig- mu*	*ul iš- ša- pu*	*iš- ša- pil*	*at- mu- ú- a*
249	*ri- ši- ia*[1]	*ul ul- lu*	*qaq- qa- ri*	*a- na- aṭ- ṭ[al]*
250	*ri- din*	*ul a-dal-lal*	*ina sûqi ali*	*id-da(?)* .....
251	*ri- ṣa*	*liš- ku- nu*	*ilu Ninip*[2]	*ṣa-am*........
252	*ri- ma*	*li- ir- ša- a*	*ilu Iš- tar*	*ša* ....
253	*ri-e-um(?)*	*ilu Šamši (ši)*	*ni- ši i-liš*	....

254 *ba*[3] ....

1) *ia* écrit MU. — 2) BAR. — 3) *K*. 14022, Pl. LIII, contient encore un fragment d'acrostiche avec *ri* pour syllabe initiale, qui ne peut se rattacher à aucun des fragments qui précèdent. On voit encore des traces de signes après le trait horizontal.

1 *ri*............................
2 *ri meš li[k](?)*..................
3 *ri-gim-t]u]*........ ....
4 *ri-man-ni-ma* ....
5 *ri-ši- i ri-iṣ*................. ...
6 *ri-ši ṣi*........................

PLANCHE LII (suite).

248 Le cri n'a pas été proféré ; elle s'est tue, ma parole.
249 Ma tête je n'élève pas, je regarde le sol.
250 Le........ je ne vénère pas; dans la rue de la ville...
251 Un sauveur que Ninip me donne...................
252 Qu'Ishtâr fasse miséricorde.........................
253 Le pasteur Shamash, l'homme en haut..............

COMMENTAIRE

Ce texte a été déjà publié et transcrit, mais sans traduction, par Zimmern, *Z.A.*, X, 1-24, et en partie par Strong, *PSBA.*, XVII, 141-151. Il est divisé en strophes de 11 vers chacune. Tous les vers de la même strophe commencent par la même syllabe, et toutes ces syllabes initiales juxtaposées paraissent former une phrase, comme le montre le tableau suivant :

Strophe				
	I *a*	VI *gi*	XII ?	XVIII *šá*
	II *na*	VII *il*	XIII *ma*	XIX *i*
	III *ku*	VIII *ki*	XIV *aš*	XX *li*
	IV ?	Lacune	XV *ma*	XXI *ú*
	V ?	IX *ub*	XVI *šú*	XXII *šar*
		X *bi*	XVII *ka*	XXIII *ri*
		XI *ib*		

a-na ku..... gi-il ki..... ub-bi-ib..... ma-aš-ma-šu ka ša ili ú šarri

Les lacunes IV, V, VIII-IX et XII ne permettent guère de traduire cette phrase et de prononcer si *anaku* est le pronom *je*, ou si *ku* est la première syllabe d'un verbe ou d'un substantif régi par *ana*. Zimmern évalue à trois strophes la lacune qui sépare VIII de IX. Il compte la strophe *ib*, mais comme lacune, sans la donner, et il ne tient pas compte de la strophe XII dont l'existence paraît attestée cependant par quelques traces de signes, bien qu'elle ne soit pas séparée de la précédente par un trait horizontal. Il compte donc en tout XXV strophes.

Quel était le sujet de cette composition? Il est difficile de le dire. Le mauvais état de la tablette, de nombreuses lacunes et la nature même du texte le rendent trop souvent inintelligible. D'un côté, la division, assez rigoureusement observée, du vers en quatre parties et de la strophe en 11 vers semble accuser nettement le caractère poétique du morceau. De l'autre, si les lambeaux du début 1-2, « je..... je veux te proclamer..... je veux te louer », ont les allures d'une hymne, les strophes suivantes sont formées tantôt de phrases quelconques, tantôt de sentences morales dont il est difficile d'apercevoir le lien. On dirait des exercices d'écriture, comme on en voit encore dans les cahiers de nos écoliers.

11 *ta-ru-u-a,* avec le sens de « lamentation », « cri ». V. *supra,* p. 67, note sur le *verso,* l. 8 (pl. 17).

15 *ne-ku-liš,* transcription douteuse, peut-être *ne-ṭi-liš,* de נשל.

16 *tu-še-e-ba,* Zimmern a lu *tu-še-e-ma.*

17 Les morts, d'après la mythologie assyrienne, devaient franchir le fleuve Ḫubur pour entrer dans le monde des ombres.

19 *na-ṭul-šu : ṭul* est à demi effacé d'après Craig, illisible d'après Zimmern. *naṭulu,* regard, serait une forme *fa'ul*, comme *maruštu.*

22 *na-ak-ku,* Zimmern *na-ak-di.*

23 *is-ka* est-il un idéogramme ?

24 *i-la-šú-ú* de la rac. *alâšu,* حَلَسَ. Cf. l'hébreu חלש, « vaincre », « dominer », Exode, xvii, 13.

25 *li-mad,* Zimmern *il-mad.*

27 *ma-ku-ú* ou *ba-šú-ú.*

29 *ba-ṭi-il,* Craig a lu *ba-kil-il.*

30 *ú-qat-ti-ru,* Zimmern *ú-qat-ti-ki ;* cette lecture me paraît erronée : d'après Craig et Virolleaud, le dernier signe semble bien être le signe *ru* en babylonien.

31 *sa-ḫi-e,* Zimmern *ir-ḫi-e.*

51 Strong transcrit .....*ki(?)-iš-ti ilu ti-i-ru ṭu-ri ú-bil maš-pa-su(?)*, et Zimmern ...*k]i-mil-ti AN-ŠAG šup-ṭu-ri ú-bil maš-pa-*[ ]

53 Zimmern .....*dir za-ri-ri i-ḫi-ṭa a-na šamû-(ma)-mi*, et Strong..... *a ṣa-ri-ri i-ḫi-ṭa a-na (ilu) ma-mi.*

56 Zimmern : [*gi*]-*šim-ma-ru ú-ri-e a-ḫi ak*.....

59 et 60 n'ont pas été transcrits par Zimmern. *i-ḫaš-šu*, rac. חשא, « être obscur » ; v. *ḫašu*, « obscur » (?), Delitzsch, *AHW.*, 294, *a.*

61 Zimmern, *gi-ir-bu li-la-te ša taḫ-su-su ga-*[ ]

63 *gi-iz-bar-ri-e ;* Zimmern, *ZA.*, X, 6, n. 2, s'est demandé si ce mot n'était pas à rapprocher de גִּזְבָּר. Meissner, *Supplement*, s. v., conteste le bien fondé de ce rapprochement, car, dit-il, גִּזְבָּר est sûrement d'origine persane. Quoi qu'il en soit de cette origine, il n'en est pas moins certain que le mot assyrien et le mot hébreu ont un sens identique, car la phrase du v. 63 n'est que la définition de la fonction de « trésorier ».

73 La transcription de Strong *il-la-ba-an-ka u tê-mi-qi-î šé-' (ilu) Iš-tar-ti* me semble inadmissible.

78 Au lieu de *la-ḫar-qa*, Zimmern propose *ina ma-ḫar-qa.*

80 *ki-du-di-e* est régi par *šu-uṣ-su-ru ;* il doit s'entendre probablement des « cérémonies » ou « fondations » en l'honneur des dieux, et se rapprocher de la racine كَدَّ « travailler », « prendre de la peine ».

taḫ-ši-ḫu : la vocalisation en *i* de ce parfait, vocalisation que Delitzsch croyait fautive, parce qu'il ne l'avait rencontrée qu'une fois, se présente assez souvent dans ce morceau, voir *supra*, l. 38, et *infra*, l. 101.

82 *me-ki* « sourire » (?) d'après le passage de la Création, IV, 66, *ša* *ilu* *Kingu iše'â me-ki-šu.* Cf. مَكَا « sibilavit ». Si on lit *šip-ki*, il faut traduire « la terrasse des dieux », sur laquelle ils se tiennent.

86 Zimmern : *ki-ib-si ša-lam-ti šu-ḫu-za* [ ]

87 Zimmern : *ki šub-lul ṭe-en-ši-na.*

89 Tous les verbes de la strophe IX peuvent se traduire par la première personne aussi bien que par la troisième.

93 *ub-te-iṣ-ṣa-am-ma* d'une racine בצא ; cf. le syr. ܒܨܐ « chercher ». Strong transcrit *up-tê iz-za-bil.....*

104 Ce vers peut signifier : « Je veux descendre au fond des choses, pénétrer les choses mystérieuses. »

108 Au lieu de *lu-ut-te' lu-šib*, Zimmern a lu *lu-ut-te'-lu-me*, ce qui donne quatre parties pour le vers au lieu de cinq, c'est-à-dire la division normale du vers, mais à quelle racine rattacher cette forme ?

140 Zimmern : *ma-'-da a-na šammi ṣêri ša ri* [ ].

191 Le mot *ḫar-ḫa-ri* ne désigne sans doute pas ici un ustensile de puits, comme dans les textes cités par Delitzsch, *AHW*, 290 *a*.

198 *ša šattu tu-ḫal-li-qu ta-rab a-na sur-ri*. Le féminin *šattu* pourrait être considéré comme le sujet de *tu-ḫal-li-qu* et de *ta-rab*, mais le sens de la phrase resterait aussi obscur.

199 *šit-na-a*, infin. ift. de *šanû* « être autre », — ou « la répétition des présages », si on le fait venir de *šanû*, « répéter ».

200 *šar-ra-bi*, « désert » ; voir l'hébreu שָׁרָב « mirage » et « désert ».

201 *za-ru-u* « bras », de la rac. ذراع, ou dans un sens figuré, comme en hébreu, « force » ? Il n'est guère possible de rapprocher ce mot de شرع « étendre » et de l'éthiopien ሀርዐ d'où መሀርዕ, « velum navis ».

202 *iṣ-dun-ni* : le déterminatif *iṣ* indique, au moins primitivement, un objet construit en bois, peut-être une tour.

203 *i-laq-qit* serait-il l'imparfait, avec vocalisation anormale, de *laqâtu*, emporter ? On pourrait traduire :

« Il pille comme un lion, le grand, sur le bord de son sentier. »

205 *zi-lul-šu*, cf. IVR., 48, 14 *a*) : *ina sûqi zi-lul-liš iṣ-ṣa-nun-du*, « dans les rues, ils seront chassés comme un....... »

213 Strong : *li-pit-a us-su-ru-šú šú-ma niši la lam-da*.

215 *la mur-ri*; Strong, *ina ma-ḫar ri*.

219 *ša-ni-i ni-bit-su*. Peut-être *ša-ni-i* signifie-t-il ici « le second », « le suppléant ».

221 Zimmern : *ú-tak-ka-am-ma eb-ri li-šad-ši-ip ki-ṣi* [ ].

224 *ḫi-bil-tu* ou *ḫi-ṭe-tu* avec Zimmern.

225 *an zil-la-šu*, voir Zimmern, *ZA.*, X, 12, n. 3.

227 *pa-šal-la* de la rac. فسل « être vil », ou si *pašallu* désigne un métal, « ils ont comblé de *pašalla* (c'est-à-dire de richesses) celui qui a outragé....... ».

230 *i-tar-ri-su*, voir ar. دَرَسَ, « fouler le blé sur l'aire ».

231 *id-nu-su* de la rac. דנש, ar. دَنِسَ être sale et دَنَّسَ « souiller. »

238 *šar-ma* ou *šar-ma-mi* « ruine » ? Cf. l'ar. سَرَمَ et le syr. ܚܪܡ « couper ».

241 *pag-gur-su*; cette transcription est douteuse, le signe *gur* est mal écrit.

pag-gur serait le permansif de *pagâru*; cf. l'ar. فَجَرَ, « improbe egit ».

i-ri-tu, obstacle de ארה, « entourer », « clore ».

242 *šar-ba-bis* de רבב, « être opprimé », avec sens transitif au šafel.

la-a-mi, écume ? Cf. لُغَامٌ « spuma cameli quam ore emittit » (Freytag).

247 *ni-ḫi-is*; Zimmern *ir-ḫi-is*.

248 *is-sa-pu*, nifal de שפא, « répandre ».

XXIII

Hymne a Nanâ

XXIII. — Hymne a Nanâ. *K.* 3600 + *D.T.* 75.

Recto. Planche LV, colonne I.

1 .... *nu* ^{ilu} .... 1 ^{a} [*na*]*m-ṣaru pi-tu-ú* ....
2 *ik-mu-ú zaq-tu si-mat ilu*[*-ti-ša*].......
3 *im-na u šú-me-la su-ud-dur tam-ḫa-ri*
4 *a-ša-rit-ti ilâni* (pl.) *ša me-lul-ša qab-lum*
5 *a-li-kat maḫ-ri šú-ut si-bit at-ḫi-e*
6 ^{amilu}*nêrûti* (pl.) *pal-ki-e ma-ḫar-ša kam-su*
7 *šú-ut IṢ-ZAG-SAL še-bi-ti u ka-an-za-bi*
8 *ša ma-li-li ṣi-in-ni-ti u ar-ka-a*.....
9 ^{amilu}*garrê* (pl.) *pa-lak-ki di-gil-ut še-e-r*[*i*]
10 .... *te* (pl.) *tâbûti* (pl.) *ú-šap-ša-ḫu*.......
11 .... *'-rat mu-na-am-mi bît ba(?)-ra-ti*
12 .... *sa-ma-ri lit-bu-ša na*.......
13 .... *is-ḫu-un-ni ina kišâdi-ki ni*.........
14 .... *ṣa-ri-ri-ma ib*.......
15 .... *ap-pi-ši-na kaš-da-ma*.......
16 .... *meš ši-na*..... 17 .... *ša bi*.......

Colonne II.

1 .... *ku*......................................
2 *kal-lat E-SAG-IL* [*ù*] *E-Z*[*I-DA*].......
3 *ḫi-rat* ^{ilu}*Mu-'u-a-ti na-ram-ti* ^{ilu}*Sin*.......
4 *ša ina bi-rit* ^{ilu}*Ištârâte* (pl.) *ilu be-lit ilâni* (pl.) *ú-kan-nu-ši*
5 *un-ši at-la-ki qa-rit-ti i-lá-a-ti*
6 *li-'-tú mu-dam-me-qat pa-ra-as qar-ra-di*
7 .... *libbi(bi)-š*[*ú*] *ga-me-lu muq-tab-li*
8 .... *ku a-na aḫ-rat ûme(me)*
9 .... *su-nu ib-ši* 10 .... *bît*.......

XXIII. — Hymne a Nanâ. *K.* 3600 + *D.T.* 75.

Recto. Planche LV, colonne I.

1[a] Un glaive nu. . . . .
2 Un *poignard* effilé est l'ornement de sa divinité.
3 A droite et à gauche, elle range l'armée en bataille.
4 Première parmi les dieux, la guerre fait ses délices.
5 Elle marche devant les sept (dieux) ses frères.
6 Des *musiciens* habiles devant elle s'inclinent,
7 ceux (qui jouent) du *zag-sal*, du *shebiti* et du *kanzabi*,
8 de la flûte, du *ṣinniti* et de l'*arka*. . . . .
9 Les. . . . . de l'aurore.
10 . . . . .par de beaux [chants] ils l'apaisent. . . . . . .
11 . . . . .elle détruit la maison de *révolte*.
12 . . . . .de terreur elle est revêtue. . . . .
13 . . . . .sont *tombés* de ton cou . . . .
14 . . . . .le métal ṣâriru. . . . .
15 . . . . .leurs faces sont atteintes. . . . .

Colonne II.

1 . . . .
2 Fiancée de l'E-sagil et de l'E-zida,
3 épouse de Mu'uati, chérie de Sin. . . . .
4 entre les déesses, les dieux l'ont faite souveraine.
5 Pars, marche, ô la plus guerrière des déesses.
6 Puissante, qui rends doux le destin du brave.
7 . . . . .son cœur protège le combattant.
8 . . . . .pour la suite des jours.
9 . . . . .leur. . . . . .est.

Colonne III.

1 ..... *mâtu*..... 2 ..... *pa*..... 3 ..... ^{ilu}*Na-na-a*.....
4 ..... *un-tu* ..... 5 ..... *tu* ..... 6 ..... *ka*

Planche LIV, colonne IV.

1 .... *'-ú ša*...................
2 .... *qat-ru-ú-ki*.............
3 .... *tu ú ša pi-i*.............
4 .... *tir-ḫa-su ku*................
5 [*tu-šam*]-*ma-ḫu ni-šu ša ši-i la-it*-[*tu*]
6 *tu-šal-mu-ú-šu a-tal-lu-uk-šu*.....
7 *asû*(*ú*) *mu-du-ú ša ši-i la-it*-[*tu*]
8 *ma-ḫar aš-ta-bi-ri qa-az-zu ma*.....
9 *e-la ša-a-ša man-nu mi-na-a ip-pu-u*[*š*]
10 *i-ir-ma dul-li-ḫa ta-nit-ta ša aḫ-za*
11 *at*(?)-*ti ûmê*(pl.) *arḫi-šam kun-na-a rimi-ni-tu*
12 *mu-ša-aš-ra-a-at ka-ti-e mu-na-ḫi-ša-at la-ab-ni*
13 *ši-ma-a kib-ra-a-ti da-lil šar-ra-ti* ^{ilu}*Na-na-a*
14 *šur-ri-ḫa ba-ni-i-tu šur-ba-a ru-ṣu-un-tu*
15 *ul-la-a ša-ru-uḫ-tu qit-ra-ba ga-šir-tu*
16 *ba-a-lum ur-pi-tu su-ud-di-ra-ši-ma*

---

17 *nu-ḫi ma-rat* ^{ilu}*Sin ri-me-i šub-tuk-ki*
18 *kur-bi ana šarri kêni ṣa-bit qa-ni-ki*
19 *ri-'-ú* ^{mâtu}*Aššur*^{ki} *a-lik ar-ki-e-ki*
20 *ba-laṭ ûmê*(*me*) *rûqûti* (pl.) *ši-i-me ši-ma-tuš* (?)
21 *iš-di kussi-šu ki-in-ni šul-bi-ra pala-šu*
22 *šul-li-me mur ni-is-ki ṣi-in-da-at ni-r*[*i-šu*]
23 *lip-tu nu-šur-ru-ú šú-us-si-i zu-um-ru-šu*
24 *ṣi-in-nu e-ri-bu mu-ḫal-liq aš-na-an*
25 *lim-nu zi-ir-zi-ru mu-ub-bil ṣip-pa-a-ti*
26 *pa-ri-su sat-tuk-ki šá ili u* ^{ilu}*iš-ta-ri*
27 *še-me-e-ki* ^{ilu}*Bêl ma-gir-ki* ^{ilu}*Marduk*
28 *i-na ki-bi-ti-ki li-im-ma-ni a-ki-ki-eš*
29 ^{ilu}*šêdu* ^{ilu}*lamassu man-za-az maḫ-ri-ki*
30 ..... *ṣêri šadê* (pl.-e) *u nâ*[*râti*]... 31 ..... *ti*....

PLANCHE LIV, COLONNE IV.

1 ....
2 ....ton présent ....
3 ....de la bouche.............
4 ....sa dot ....
5 Elle fait prospérer l'homme qu'elle aime,
6 elle se tient à ses côtés, sur son chemin.
7 Habile est le médecin qu'elle aime.
8 Devant le serviteur et la servante sa main...
9 Sans elle qui fera quelque chose?
10 Élance-toi, répands l'épouvante, toi qui possèdes la gloire!
11 (Tous) les jours de tous les mois protège-(nous) ô miséricordieuse!
12 Tu rends prospère le malheureux, tu combles l'homme déchu.
13 Écoute les contrées qui vénèrent la reine Nanâ.
14 Resplendis, ô brillante; grandis, ô impétueuse;
15 élève-toi, ô colossale ; combats, ô puissante!
16 O *grande*, range les nuées en bataille.

---

17 Repose-toi, fille de Sin, habite ton sanctuaire.
18 Bénis le roi fidèle, qui embrasse ton *sceptre*,
19 le pasteur d'Ashur, qui marche derrière toi.
20 D'une vie de longs jours fixe-lui un destin.
21 Affermis les bases de son trône, prolonge son règne.
22 Fais prospérer les chevaux de son attelage.
23 Éloigne de son corps l'infirmité et la faiblesse.
24 La *funeste* sauterelle qui ravage les céréales,
25 le méchant criquet qui détruit les plantations,
26 qui fait cesser les offrandes des dieux et des déesses,
27 de Bêl que tu aimes, de ton favori Marduk,
28 qu'ils soient par ton ordre comptés comme le vent.
29 Que le shêdu et le lamassu qui se tiennent devant toi,
30 .... dans la plaine, les montagnes, les fleuves, [les anéantissent].

COMMENTAIRE

Col. I. 1^{a} Cette ligne omise par Craig est rétablie dans ses corrections du vol. II.

2 *ik-mu-û* ou *nam-mu-û*, car le texte ne porte que les derniers clous, les mêmes dans les deux signes. Je propose provisoirement le sens de « poignard », à cause de la locution parallèle *nam-ṣa-ru pi-tu-û*, et de la nature de l'hymne qui s'adresse à Ishtâr guerrière.

6 ^{amilu}*nêrûti*, écrit *LUB*, pluriel de *nêru*. Il est employé ici pour désigner les musiciens, mais il n'est autre que l'hébreu נער, « enfant », « jeune homme ». En Orient, pour les temples et les cours royales, on choisissait les musiciens parmi les jeunes gens. Dans *K.* 647 (II Harper, n° 210), *recto*, 1-3, ce mot est opposé à ^{amilu}*ši-bu-tu : a-na šar matâti bêl-i-ni ardâni-ka amîl* ^{alu}*Kisig* (pl.)-*a-a* ^{amilu}*ši-bu-tu u* ^{amilu}*nêrûti* (pl.), « au roi des pays, notre maitre, tes serviteurs, les gens de Kisig, vieux et jeunes », etc. Dans *K.* 1139, *recto*, 2 (III Harper), *ne-ru-u-ti* est opposé à *AB-BA-meš*.

7 *IŠ-ZAG-SAL ; ZAG* est-il un mot sémitique, à lire *zâq(u)*, rac. זיק ?

še-bi-ti et *kan-za-bi* désignent peut-être des espèces de chant plutôt que des instruments de musique ; cf. l'hébreu שבח (ح) « louer », le syriaque ܫܘܒܚܐ « partie de cantique », et l'assyrien כזב (Meissner, *Supplem.*), « gémir (?) comme un chien ».

8 *ṣi-in-ni-ti* d'une rac. צנן ; voir l'arabe طَنَّ « rendre un son métallique », « bourdonner » en parlant des insectes.

ar-ka pourrait venir de ארך et désigner un instrument de forme allongée. Mais la fin de la ligne est en mauvais état, il est possible qu'il faille restituer *ša* et traduire « et derrière elle (viennent) les *garrê*, etc. », par opposition à *maḫar-ša* de la l. 6.

9 ^{amilu}*garrê*, peut-être d'autres musiciens, ou au moins d'autres officiers du temple de *Nanâ*. Faut-il rapprocher *di-gil-ut* de *digilu* « étendard » ?

12 *sa-ma-ri*, si le mot est complet, « la terreur » qu'inspire la déesse, de סמר, en hébreu, « frémir d'horreur ».

Col. II. 5 *un-ši* pour *um-ši*, 2e p. impér. fém. sing. du qal de *namâšu*.

10 *i-ir-ma* de איר « s'élancer », plutôt que de ארם « écraser », qui donnerait à l'impératif *arma*.

23 *lip-tu* et non *nar-tu nu-šur-ru-u šussi* (sic), comme a lu Meissner. *Suppl.* s. v. *nušurrû*, sans traduire.

24 *ṣi-in-nu* « funeste » ou bruyant » ? Voir *supra*, la note sur col. I, 8.

28 *a-ki-ki-eš* de *akuku* qui parait signifier « tempête, ouragan », voir *supra*, p. 66, note sur l. 8, à moins d'admettre une faute de copiste et de lire *za-k(q)i-k(q)i-eš*. Le sens est le même.

XXIV

LITANIES

XXIV. — LITANIES[a]. *K.* 2096.

Recto. PLANCHE LVI.

1 [^{ilu}*LUGAL*]-*GIR-RA* ....

2 ..... *ša-qaš ilâni rabûti* ....

3 [^{ilu}*K*]*A-DI ù* ^{ilu} *Marduk bêl parakki šá libbi* ^{ilu} *Dai*[*anu*]

4 [^{ilu}]*E-a u* ^{ilu} *Dam-ki-na* ^{ilu} *EN-KI* ^{ilu} *SILIG-MULU-SAR* ....

5 ..... *ù* ^{ilu} *Ḫa-si-su ûmu rabû kalbu segû aqrabu* ......

6 [^{ilu}]*Zû alpu kusariqqu nûnu GA'L-GA'L suḫuru* .....

7 [*KI*]-*SAR u apsû* ....

8 [^{ilu}*Mard*]*uk bêl erini* ^{ilu} *Marduk bêl bît ziggur*[*atu*] ....

9 ... *li-mad su-up-pi a-bi* ^{ilu} *Marduk* ....

10 ^{ilu} *Marduk bêl bâbi* ^{ilu} *Šamaš bêl bâbi* ^{ilu} *A-ḫi-ia* ^{ilu} .....

11 ^{ilu} *AZAG-ŠUD na-i-lu* ^{işu} *erini* ^{ilu} ....

12 ^{ilu} *Marduk bêl E-ZI-DA bâbâni* (pl.) *ša* ^{ilu} *Marduk* ....

13 ^{ilu} *Šamaš* ^{ilu} *A-a* ^{ilu} *BU-NE-NE ù* ^{ilu} *MA-SAR* ......

14 ^{ilu} *Šamaš bêl kit-tum ra-bi-tum* ^{ilu} *A-nu-ni-tum* ....

15 ^{ilu} *ŠUD-KAS-TUM* ^{ilu} ....

16 ^{ilu} *LUGAL-GIŠ-A-TU-GAB-LIS ra-kib nâri i-li na-ši* ....

17 ^{ilu} *Marduk ḫa-bi-bi* ^{ilu} *Nin-ip ù* ^{ilu} *Nusku* ....

18 *u mus-qa-al-pi-ti ilâni* (pl.) *ša qid-da-a-ti ù-* ....

19 ^{ilu}*E-MA-GAR-QA-BU-GAR* ^{ilu} *Taš-me-tum bêlit E-PA-LUL* ^{ilu} ....

20 *LUL* *NU-DA* ....

a) Comme l'a déjà remarqué Zimmern, *Šurpu*, p. 52, cette tablette paraît très apparentée à la série *Šurpu*, dont elle formait peut-être la première partie. Cf. *ibid.*, p. 10, *Šurpu* II.

XXIV. — Litanies. K. 2906.

Recto. Planche LVI.

1 Que Lugalgirra..................................
2 ....le destructeur des grands dieux........
3 Que Kadi, que Marduk, seigneur du sanctuaire du milieu, que le dieu juge,
4 Que Ea et Damkina, En-ki, Marduk.................
5 ....et Ḫasisu, le grand monstre, le chien furieux, le scorpion.......
6 l'oiseau Zû, le taureau, le bélier, le poisson, les *gémeaux*, le capricorne....
7 le monde inférieur et l'abîme,
8 Que Marduk, le seigneur du cèdre, Marduk le seigneur du temple à étages...
9 ....accueille ma prière, ô mon père Marduk.....
10 Que Marduk, le seigneur de la porte, que Shamash, le seigneur de la porte, que Aḫiia.....
11 Que Azagshud, la *biche* du cèdre, que le dieu.........
12 Que Marduk, seigneur de l'E-zida, que les portes de Marduk.....
13 Que Shamash, Aa, Bunene et Masar.................
14 Que Shamash, seigneur de la justice, que la grande Anunît.......
15 Que Shud-Kastum..............................
16 Que Lugal-gish-atu-gablish qui chevauche sur le fleuve divin, qui porte.......
17 Que Marduk des chants joyeux, Ninip et Nusku.......
18 et celle qui fait passer les dieux des abîmes et........
19 Que E-ma-gar-qa-bu-gar, Tashmêtum, souveraine de l'E-palul, que le dieu.........................
20 ....

Planche LVII.

21 ^{ilu}*I-šum bêl sûqi* ^{ilu}*La-ba-ak-kal bêl ri*.............

22 ^{ilu}*Adad bêl L'AL-UR-KI* ^{ilu}*Šá-la* ^{ilu}*Mi-šar-rú ú* ^{ilu}*Šar-rat ni*...........

23 *ilâni ša muši kakkabâni* ^{kakkabu}*NI-RU* ^{kakkabu}*SIB-ZI-AN-NA* ^{kakkabu}...........

24 ^{nâru}*Idiqlat* ^{nâru}*Purattu* ^{nâru}*ME-KAL-KAL* ^{nâru}*DUR-KIB-A*...........

25 ^{nâru}*ŠI-TAR* ^{nâru}*A-ra-aḫ-tum na-ram-ti* ^{ilu}*Marduk lip-*[*paṭ-ru-nik-ka*]

26 ^{ilu}*Ma-ag-rat-a-mat-su guzalû ga-ba dam-qa-a-*[*ti*]

27 *mu-paṭ-ṭir en* (?)*-ni-it-ti mu-dam-me-iq e-gir-ri-e mu-ur ši rib*.......

28 *ilu ša ina E-SAG-IL* *ma-la lib-bi-šu ma-ṣu*...

29 [*a*]*-mat-su še-ma-a-tu ki-bi-is-su ma-ag-ra-tum li-paṭ-rak-ku pi-šir-*[*ta*]

30 [*ina u*]*lṣi libbi lip-ṭur-ku* *ki-iṣ-ri ta-a-a-ar-ti*

31 ..... *bît* ^{ilu}*šêdu bîti* ^{ilu}*lamassu bîti kinûnu bîti lip-pa-ṭrunikka lipšuru-ka*

32 [^{ilu}]*KI-LI-LI šar-ra-tum* [*a*]*-pa-a-ti* ^{ilu}*KI-LI-LI mu-ši-ir-tum ša a-pa-a-ti*

33 [^{ilu}*A-nun*]*-na-ki ma*..... *ra-bu-tum : ilâni rabûti*....

Verso. Planche LVII.

1 ..... *en-nit*..... *lippaṭrunikka*

2 ..... [^{ilu}*EN* ?]*-LIL* ^{ilu}....... *ú* ^{ilu}*Nabû*.......

3 ..... ^{ilu}*ŠU-ZI-AN-NA* ^{ilu}*EN-*.....*GI ú* ^{ilu}*AZAG*...

4 ^{ilu}*NIN*..... ^{ilu}*NIN-KA-SI* *ilâni* (pl.) *ša* *E*.....

5 *ilâni* (pl.) *ša E-ŠU-ME-DU lip-paṭ-ru-nik-ku : lip-pa-áš-ru*[*ka*]

Planche LVII.

21 Que Ishum, seigneur des rues, que Labakkal, seigneur de...

22 Que Adad, seigneur de Lalurki, que Shala, Misharru et la déesse reine de.......

23 Que les dieux de la nuit, les étoiles Niru, Sibzianna, l'étoile.....

24 Que le Tigre, l'Euphrate, le canal Mekalkal, le canal Durkiba.......

25 le canal Shitar, le canal Araḫtum, cher à Marduk, t'absolvent.

26 Que Magrat-amatsu, le ministre qui édicte les grâces,

27 qui remet la *faute*, qui donne de joyeuses pensées, qui...

28 le dieu qui dans l'Esagil obtient tout ce qu'il désire.....

29 que sa parole bienveillante, que son ordre favorable te délivrent.

30 Dans la joie du cœur qu'il te délivre, *du lien du retour*...

31 Que le.... de la maison, que le génie tutélaire de la maison, que le génie protecteur de la maison, que le Foyer de la maison t'absolvent, te délivrent ....

32 Que Kilili, la reine des habitations ; que Kilili, la bienfaitrice des habitations,

33 que les Anunnaki...... les grands ; que les grands dieux (te délivrent).

Verso. Planche LVII.

1 .... t'absolvent.

2 .... que Bêl, le dieu......... et Nabû....

3 .... que Shuzianna, que En...gi et Azag.....

4 Que Nin..... que Ninkasi, que les dieux du temple de.....

5 Les dieux de l'E-shumedu t'absolvent, te délivrent.

PLANCHE LVIII.

6 *ilâni ša Kiš*^{ki} *ù HAR-SAG-KALA[MA]*

7 ^{ilu}*IP-ru-bu-tum* ^{ilu}*Bêlit* ^{ilu}*IP-ru-bu-[tum]*

8 ^{ilu}*NIN-E-AN-NA* ^{ilu}*ZA-MAL-MAL kak-ku ša ilâni rabûti*

9 ^{ilu}*Ištar* ^{ilu}*Na-na-a* ^{ilu}*KA-NI-SUR-RA* ^{ilu}*Sin bêl HI-GAR*^{ki} ^{ilu}*Adad bêl a..........*

10 ^{ilu}*Papsukkal a-šib E-AK-KI-IL* ^{ilu}*Nergal a-ši-ib Kuta*$^{[ki]}$

11 ^{ilu}*I-šum u* ^{ilu}*Šú-me-lá ilâni* (pl.) ^{nâru}*Idiqlat ù* ^{nâru}*Purattu*

12 *lip-paṭ-ru-nik-ku : lip-pa-aš-ru*

---

13 ^{ilu}*Nabû bêl ú-ri-e* ^{ilu}*Nabû ù* ^{ilu}*Taš-me-[tum]*

14 ^{ilu}*Nabû ù* ^{ilu}*Na-na-a lip-paṭ-ru-nik : lip-pa-[aš-ru]*

---

15 [^{ilu}*Šar*]*-ra-tum* ^{ilu}*Zarpanît be-el-e-tu ma-gi-ra-[tu?]*

16 [^{ilu}]*Ki-bi-i-du-un-ki .....*^{ilu}*Hu-us-si-si amîlu...*

17 [*bâb*]*u ù šum bâbi ù bêli-šú bâbi ù lamassu*

18 [*lip*]*-paṭ-ru-ku : lip-pa-aš-ru*

---

19 [^{ilu}*A-nu*]*ni-it Bâbilu*^{ki} *šar-rat Bâbili*^{ki} ^{ilu}*I-ši-mil-ku* ^{ilu}*Ma-ku.....*

20 [^{ilu}*Be*]*-el E-IM-TE bêlu ṭâbu* ^{ilu}*Bêl bêl E-GI-DIM-DIM* ^{ilu}*Adad bêl.....*

21 ..... *Dil-bat*^{ki} ...*IP-TE-MAL u* ^{ilu}*LA-GA-MA-AL* ^{ilu}*Nabû bêl.....*

22 ..... *Dil-bat*^{ki} *ù Bar-zi-pa*^{ki} *lip-paṭ-ru-nik-ku*

---

23 [*ilâni*] *šá E-NAM-TI-LA ilâni* (pl.) *ša E-NAM-HE* ^{ilu}*Bêl ši:....*

24 [^{ilu}*Nin*]*-ip ù* ^{ilu}*Nusku* ^{ilu}*Adad* ^{ilu}*Šá-la* ^{ilu}*Mi-šar-rú...*

25 [^{ilu}*NI*]*N a-ši-bat E-GAL-MAH* ^{ilu}*NIN-E-AN-NA šar-ra-[tum]*

Planche LVIII.

6 Que les dieux de Kish et de Ḫarsag-Kalama,
7 que Ip-rubutum, Bêlit, Ip-rubutum,
8 que Nin-E-anna, que Zamalmal, l'arme des grands dieux,
9 que Ishtâr, Nanâ, Kani-surra, Sin, seigneur du Ḫigar, Adad, seigneur de.......
10 que Papsukkal, qui habite l'E-akkil, que Nergal, qui habite Kuta,
11 que Ishum et Shumela, que les dieux du Tigre et de l'Euphrate,
12 t'absolvent, te délivrent !

---

13 Que Nabû, seigneur des enclos, que Nabû et Tashmêtum,
14 que Nabû et Nanâ t'absolvent, te délivrent!

---

15 Que Sharratum, Zarpanît, les gracieuses souveraines,
16 que Kibî-dunki........... Ḫussisi, l'homme......
17 que la porte et le nom de la porte et le maître de la porte et le génie tutélaire
18 t'absolvent, te délivrent !

---

19 Que Anunît de Babylone, la reine de Babylone, que Îshi-Milku, Maku.....
20 que le dieu seigneur de l'E-IM-TE, le bon maître, que Bêl, le maître de l'E-GI-DIM-DIM, que Adad, le maître de.......
21 [que le dieu ?] de Dilbat..... Iptemal et Lagamal, Nabû le maître de.....
22 [que les dieux] de Dilbat et de Barsippa t'absolvent!

---

23 [Que les dieux] de l'E-namtila, les dieux de l'E-namḫe, Bêl de.......
24 que Ninip et Nusku, que Adad, Shala, Misharru......
25 que Nin, l'habitante de l'E-gal-maḫ, que Nin-E-anna, la reine,

Planche LIX.

26 [*lip-pat*]-*ru-nik-ku* : *lip-pa-*[*aš-ru*]

---

27 [^{ilu} *Mar*]*duk bêl na-ṣa-bi* ^{ilu} *Nabû u* ^{ilu} *Taš-me-tum*.....
28 *lip-paṭ-ru-nik-ku* : *lip-*[*pa-aš-ru*].

---

29 [^{ilu} *SILIG*]-*MULU-SAR bêl bâbi* ^{ilu} *I-ŠAR-LI*...*su*.....
30 [^{ilu} *Minâ*]-*iš-ti-be-li* ^{ilu} *Ninip AN-TA* ..... *ba*........
31 [*ilu*] *bêl A-ID-DU u nârâti* (pl.) *ša*..................

---

32 ..... *ma-ár ilâni* (pl.) *ša BUR-SAG-GI* :...........
33 ..... [^{ilu}]*MAR-TU bêl E-GAL-IM* ^{ilu}...........
34 .... *ṣab* (?) *áš* ....

PLANCHE LIX.

26 t'absolvent, te délivrent !

27 Que Marduk, le seigneur du glaive, Nabû et Tashmétum...

28 t'absolvent, te délivrent !

29 Que Marduk, seigneur de la porte, Isharli............

30 que Minâ-ishti-bêli, Ninip....................

31 que le dieu, seigneur de l'eau de *l'abîme* et des fleuves de................

32 que.........ma-ar, que les dieux des libations........

33 .... que Adad de la tempête, seigneur de l'E-kal-im, que le dieu............ [t'absolvent, te délivrent !]

COMMENTAIRE

Recto. 2 *šagaš ilâni rabûti*, « le destructeur des grands dieux », c'est-à-dire « celui des grands dieux qui détruit ».

5 *ûmu rabû*, *UD-GAL*; *kalbu šegû*, *UR-BE*.

6 *suḫuru*, *SUḪUR-BIR(bûlu)-ḪA*, voir Jensen, *Kosmologie*, p. 73, n. 1.

8 *ziggurratu*, *ŠI-BIT-*[*NIR*].

15 *na-i-lu* pour *na-a-lu ?* Ce titre ne s'applique probablement pas à *Azag-shud*, mais désigne une divinité distincte. *Azag-shud*, II R., 58, 70-72 b, est dit « grand prêtre de Bêl », *šangammaḫu*. Dans les *Ritualtafeln* de Zimmern, il est cité presque toujours à côté de la déesse *Nin-a-ḫa-kud-du*, voir *ibid.*, p. 142, note β.

16 *GIŠ-A-TU-GAB-LIŠ*, V R., 26, 55 g, h = *luluppi*, et K, 4346, col. III, 3, *GIŠ-TIR-GIŠ-A-TU-GAB-LIŠ* = *kiš-tu ṣar-ba-ti*. Les mots *luluppi et ṣarbatu* désignent probablement les bois avec lesquels on construisait la barque sacrée, et le dieu *LU-GAL*, etc., est le dieu de la barque sacrée, ou la barque elle-même divinisée, comme les portes des temples, l. 12, le foyer de la maison, l. 31, etc...

21 [ilu]*I-šum*, *K*. 246, col. IV, 47, et Zimmern, *Ritualtafeln*, 53, 17, est dit *nagiru rabû* « le grand inspecteur », et IV R., 2, col. V, 23-24, *na-gir su-ki (KUD)*. Il faut donc transcrire ici *EN-KUD* par *bêl sûqi* et non par *bêl dini*, « seigneur de la justice ».

23 *kakkabâni* ou [kakkabu]*MUL*, l'étoile *MUL?*

25 [nâru]*Araḫtum*, canal de Babylone; v. Nabuchodonosor II, colonne V, 5, 6.

26 [ilu]*Ma-ag-rat-a-mat-su*, « Le dieu à la parole bienveillante ».

guzalû ga-ba dam-qa-a-ti : la 1re édition de IV R., 61, 2, 20-21, donnait un passage analogue, *GU-ZA-LAL-ú qa-ab damqâti* (pl.). La 2e édition, pl. 54, a corrigé *qa-ab* en *ilu AB*. Cette correction ne serait-elle pas fautive? Le signe *qa* sur la 1re édition est traversé par une cassure.

27 *en-ni-it-ti :* le signe que je transcris *en* sous réserves, est incomplet sur la tablette. D'après la copie de Craig, il se rapprocherait de *kab, ḫub*. Que signifierait *kab(ḫub)-ni-it-ti ? en-ni-it-ti* « péché », de אנן.

31 *lippaṭrunikka lipšuruka* écrits en abrégé *lip, lip*, séparés par deux points. Voir *infra, verso,* l. 5.

32 *[a]pati :* au lieu de ce mot, Craig a restitué *[na]p-pa-a-ti !*

Verso. 3 *ilu EN. . . . . GI*. Les restes du signe qui manquent rappellent *tab* plutôt que *nu*. La divinité invoquée n'est donc probablement pas *ilu EN-NU-GI*.

5 *E-ŠU-ME-DU;* voir François Martin, *Textes religieux assyriens et babyloniens*, pl. XV, col. IV, l. 8 (II Craig), *ana a-mat ilu Ninip bêl E-ŠU-ME-DU*, « par l'ordre de Ninip, seigneur de l'E-shumedu ».

8 *ilu NIN-E-AN-NA* : Nabuchodonosor II, col. IV, 44-48, raconte qu'il a élevé près du rempart de Babylone un temple à *ilu NIN-E-AN-NA be-el-ti ra-'-im-ti-ia*, « la souveraine qui me chérit ». *ilu ZA-MAL-MAL*, « l'arme des grands dieux », est représenté sur un fragment de kudurru trouvé à Suse, par un casse-tête en forme de serpent, terminé par une tête d'animal pareille à celle du Set égyptien ; sur l'arme on lit *ilu Za-mal-mal;* voir Scheil, *Recueil des Travaux*, *Notes d'épigraphie et d'archéologie assyriennes*, nº LVIII.

9 *ḪI-GAR* = *adâbu* « obscurcir » au pael. *ḪI-GAR ki* serait donc le « séjour de l'obscurité », c'est-à-dire un nom poétique de la nuit dont Sin, la lune, est le roi.

16 *ilu Kibi dunki*, « prononce des paroles de miséricorde ».

ilu Ḫu-si-si, voir *supra, recto*, l. 5, *ilu Ḫa-si-su*. Ces deux noms viennent de la racine חסס « comprendre », le premier du pael, le second du qal. Le signe, à demi conservé, qui sépare les noms de ^{ilu}*Kibî-dunki* et de ^{ilu}*Ḫu-si-si* ne paraît pas être un des signes *u*.

19 ^{ilu}*Iši-milku,* « il possède la sagesse ».

20 *IM-TE* = *puluḫtu : E-IM-TE* est donc le temple de la crainte ».

GI-DIM-DIM, Brünnow, n° 2445, = *qân urullu* « le roseau de ? »

23 *E-NAM-ḪE,* « temple de l'abondance »; un temple de ce nom fut élevé par Nabuchodonosor II à Adad, *mu-ša-aš-ki-in ḫegalla* « qui donne l'abondance »; col. IV, 35.

27 *na-ṣa-bi* « glaive » ? Cf. l'hébreu נְצַב « poignée de dague », et l'araméen נִצְבָּא « dureté » (du fer). Sur le kudurru cité plus haut, comm. de la l. 8, Marduk est représenté par une lance avec l'inscription ^{ilu}*Marduk*.

30 ^{ilu}*Ninip* écrit ^{ilu}*AB-Ú*.

31 *A-ID-DU* a probablement le sens de « eau de l'abîme », c'est-à-dire « source » : *A* = eau, *ID-DU* est la valeur phonétique avec complément de *ID*, idéogr. de *apšû* « abime », voir Brünnow, n° 10220. Le parallélisme de *A-ID-DU* avec *nârâti* « les fleuves » rend cette hypothèse encore plus plausible.

XXV

Hymne a Marduk.

Fragment.

XXV. — Hymne a Marduk. Fragment. *K.* 8961.

Planche LIX.

1 ..... [^{ilu}*Mardu*]*k maš-maš ilâni* (pl.) ....
2 ... [^{ilu}*Mar*]*duk ilu el-lum a-ši-pi ilâ*[*ni*] ....
3 [^{ilu}*Marduk apil*] *apsî ša tu-ú-šu ba-*[*la-ṭu*] ....
4 [^{ilu}*Mardu*]*k maš-maš ilâni* (pl.) *mu-bal-liṭ mi-i-*[*tú*]...
5 ..... *ú-me ba-la-ṭi mu-lil šamê (e) u irṣitim* ....
6 ..... *ûmu (mu) iz-zu mu-ṭa-rid gallê* (pl.) *rabûti* (pl.)...
7 ..... *bêl šipti ša ina pâni-šu gallê* (pl.) *namtârê* (pl. *im-me-du pu-uz-ra* ....
8 ..... *na-si-iḫ mur-ṣi mu-ab-bit šadê* (pl.-*e*) ......
9 ..... *qarrad ilâni* (pl.) *mu-ab-bit lim-nu-ti* .....
10[1] ..... *ašarid kib-ra-a-ti na-ṣir na-*[*piš-ti*] .....
11 ... *mu-bal-liṭ* ^{amilu}*mîta ušumgal šamê (e) u irṣitim*...
12 ..... [*uznu*] *pi-tu-ú šû-tu-ru ḫa-*[*si-su*] ....

1. Craig avait omis cette ligne; il l'a restituée dans ses corrections en tête du IIe volume.

XXV. — Hymne a Marduk. Fragment. *K.* 8961.

Planche LIX.

1 ..... ô Marduk, le magicien des dieux................
2 ..... ô Marduk, dieu illustre, enchanteur des dieux...
3 O Marduk, fils de l'abîme, dont l'incantation [donne] la vie.....
4 O Marduk, magicien des dieux, qui rends la vie au mort...
5 ..... [qui donnes] des jours de vie, qui relies les cieux et la terre......
6 ..... tourbillon impétueux, qui chasses les grands démons..........
7 ..... seigneur de l'incantation, devant lequel les démons *gallu*, les génies *namtâru* s'arrêtent ; le mystère....
8 ..... qui extirpes la maladie, qui renverses les montagnes.......
9 .... guerrier des dieux, qui détruis les méchants.....
10 .... premier des contrées, qui protèges la vie [des hommes].......
11 .... qui rends la vie au mort, souverain maître des cieux et de la terre.......
12 .... à l'esprit ouvert, à l'intelligence transcendante............

XXVI

Prescriptions rituelles touchant les fonctions du Devin *(bârû)*

XXVI. — Prescriptions rituelles touchant les fonctions du Devin *(bârû)*[a]. *K.* 2519.

Recto. Planche LX.

1 . . . . *ri (?)-ša-a-te (?)*

2 *ina ašri ša dîni ša-q[u-u]m-maš . . . . en-qu mâr* ^{amilu}*bârî*

3 *GI RI di-na kam-su . . . . ma-am (?)-man*

4 *az-zu da (?) su . . . . nam-ru purussu-ma*

5 *na-da-a subâte* (pl.) *aš-bu* [^{amilu}*rab ?*] *bârûti* (pl.) *uš-te-eš-ši-ru di-na*

6 *ul-lu* ^{giš}*SIM it-gu-ru* [^{ilu} *Šamaš*] *u* ^{ilu} *Adad i-ziz-za-nim-ma*

7 *ina amâti-ia nîš qâtî*[2]*-ia minma ma-la* [*ippušu (šu) t*]*a-mit a-kar-ra-bu kit-ta lib-ši*

---

8 *šum-ma* ^{mâr}*bârî têrêti* (pl.) *šal-la* [*dalḫ*]*a la ella isniqu šum-ma a-šar ilu KA (?) la*

9 *i-ta-nap-pal-šu KA-LUḪ-Ù-*[*DA*] *KA-TUH-Ù-DA ippus-su*

10 *agubbâ* ^{amilu}*bârû i-ra-muk ina ašar dîni ša-qu-um-me kî GIR BA*

11 *makalta ú-kan-ma nîš qâti-šu iš-kun*

---

12 ^{ilu} *Šamaš bêl di-nim* ^{ilu} *Adad bêl bi-ri anašši-ku-nu-ši a-kar-rab-ku-nu-ši*

13 *uzâla ella mâr ṣabîti ša bar-ma ênâ'-šú ti-qu-u pa-nu-šu ellu zu-up-pa-ar-šú*

14 *mâr ṣabiti ú-lid-su-ma ummi-šu ina ṣêri ṣêru ṭâba ṣilla-šú eli-šu iš-kun*

a) La tablette *K.* 2519 ainsi que les tablettes *K.* 2486 + 4364 (*infra*, pl. 63-65), *K.* 3245 (*infra*, pl. 68-71) et *K.* 2350 + 4015 (*infra*, pl. 80) ont été déjà transcrites et traduites par Zimmern, *Ritualtafeln*, 1900.

L'écriture de *K.* 2519 est fort difficile à lire. J'ai utilisé, outre la copie de Craig, la collation de Zimmern et celle de Virolleaud, qui ne s'accordent pas toujours. C'est sous réserves, par conséquent, que je propose la modification de quelques lectures de Zimmern. La tablette fait partie du rituel du *bârû*, littéralement du *voyant*, ou de *l'inspecteur*, r. ברה « voir », qui cherche à lire l'avenir dans l'huile, dans les entrailles des victimes, le foie, etc. V. Zimmern, *op. cit.*, Einleitung, p. 82-91.

XXVI. — Prescriptions rituelles touchant les fonctions du Devin *(bârû)*. *K.* 2519.

Recto. Planche LX.

1 .... les prémices.
2 Dans le lieu du jugement, en silence.......... le sage devin
3 .... le jugement, se tient prosterné.......... quoi que ce soit
4 .... un bon oracle.
5 Les sièges sont placés ; le chef des devins est assis, il dirige le jugement.
6 Il élève un *roseau*, il murmure : « Shamash et Adad, levez-vous.
7 Dans ma supplication, l'élévation de mes mains, tout ce que je ferai, que la demande que je vous adresse soit vérité ».
8 Le devin, lorsque les présages placés sont troublés, qu'une impureté s'y est mêlée, lorsque dans la demeure du dieu, il parle (et que le dieu) ne
9 lui répond pas, le lavage de la bouche, l'ouverture de la bouche il lui fait.
10 Dans l'eau lustrale, le devin se lave ; dans le lieu du jugement, en silence, *lorsque la marche a cessé*.
11 le vase à oracle il place, (puis) il fait l'élévation des mains :
12 « O Shamash, seigneur du jugement, ô Adad, seigneur de l'oracle, je vous apporte, je vous offre
13 un faon pur, un petit de la gazelle, dont les yeux sont gris, la face *belle*, l'ongle sans défaut.
14 (Ce) petit de la gazelle, sa mère l'a mis au monde dans la campagne ; la campagne a étendu sur lui son ombre bienfaisante ;

Recto. Planche LX (suite).

15 *ú-ra-ab-bi-šu-ma ṣêru ki-i abi-šu qir-bi-tu ki-i ummi-šu*

16 *i-mur-šú-ma* ^{ilu}*Adad ku-*(sic)*ra-du ina kip-pat irṣiti (ti) ú-ša-az-na-an-nu zunna-ma*

17 *e-lam-ma di-i-šum i-ra-aš duḫ-du eš-še-ba zîr diš-šú bûli*

18 *GA-meš šammê* (pl.) *ina ṣêri e-kal iš-ta-na-at-ti mê* (pl.).

19 *ma-ḫa-zi ellûti* (pl.) *e-tan-nap-ḫa u i-ta-ra-ša ri-'-u ina ṣêri*

20 . . . . *la i-du-u eli-šu uq-su* ^{immeru}*buḫadu-ma a-kar-rab-ku-nu-*[*ši*]

Planche LXI.

21 [^{ilu}]*Šamaš* ^{ilu}*Adad i-ziz-za-nim-ma ina amâti-ia niš qâtî*-[*ia*]

22 [*minma mala ippu*]-*šu ta-mit a-kar-ra-bu kit-ta lib-*[*ši*]

---

23 . . . . . . *uzâlu*

---

24 [^{ilu} *Šamaš bêl dînim* ^{ilu} *Adad*] *bêl bi-ri anašši-ku-nu-ši a-kar-ra-bak-ku-nu-ši*

25 [*azla* . . . .] *ib-ba-nu-u ina su-pu-ri elli ina tarbaṣi elli* ^{ilu} *GIR-RA*

Verso.

1 [*i-ta*]-*nak-kal šammê* (pl.) *ina ba-ma-a-ti*

2 [*ina ma-h*]*a-zi ellûti* (pl.) *ul-lu-lu ina mê mi-si pî-šu*

3 . . . . . *qut-rin-na a-kar-rab ina pu-ut immeri šur-bi-i*

4 . . . . . *ka-a-ša ib-bab-la* ^{ilu} *Nusku sukkal E-*[*kur*]

Recto. PLANCHE LX (suite).

15 elle l'a élevé ; le champ a été comme son père, la campagne comme sa mère.

16 Adad, le guerrier, l'a vu ; des extrémités de la terre, il a fait pleuvoir la pluie.

17 La végétation a crû, il y a eu abondance, elle s'est développée la semence de l'herbe des animaux.

18 Des......, des plantes, dans la plaine il (le faon) mange, il boit des eaux.

19 Il désire ardemment les gués limpides, et il se plaît à paître dans les champs.

20 .... le cerf n'a pas eu (encore) de désir sur lui ; je vous l'offre.

PLANCHE LXI.

21 O Shamah, ô Adad, levez-vous, dans ma supplication, l'élévation des mains,

22 tout ce que je fais, que la demande que je vous adresse soit vérité. »

23 [Offrande] du faon.

24 O Shamash, seigneur du jugement, ô Adad, seigneur de l'oracle, je vous apporte, je vous offre

25 [un bouquetin .....] qui a été engendré dans la belle écurie, dans la splendide cour du dieu Girra.

Verso.

1 Il mange des herbes sur les hauteurs,

2 Dans les gués limpides, il se purifie ; dans les eaux, sa bouche se lave.

3 .... j'offre un holocauste au lieu d'un grand mouton.

4 .... à toi on l'offre. Que Nusku, ministre de l'E-Kur,

Verso. PLANCHE LXI (suite).

5 ..... *di-na li-bil-ma ta-mit* ^{amilu} *bârû*

6 ..... *a-kar-rab-ku-nu-ši* *az-la*

7 [*ina amâti*]*-ia nîš qâtî-ia ina minma ma-la ippušu (šu)*

8 [*ta-mit a-kar-ra-bu kit-ta*] *lib-ši duppi zikari annî ina imni-šu u šumêli-šu kit-ta lib-ši*

9 [*ik-rib*] *az-li* *ṭuḫ-ḫi-i*

10 [^{ilu}*Šamaš bêl di-nim* ^{ilu} *Adad*] *bêl bi-ri anašši-ku-nu-ši a-kar-rab-ku-nu-ši*

11 [*buḫatta*] *šatti I kam ša az-lu la iš-ḫi-iṭ-ṭu eli ri-ḫu-ut* ^{ilu}*GIR*

12 [*la im-*]*qu-ta ana libbi-ša e-kal šammê* (pl.) *ina ba-ma-a-te*

13 *iš-ta-na-at-ti mê* (pl.) *ma-ḫa-zi ellûti* (pl.) *uq-su* ^{immeru} *buḫadi-ma*

PLANCHE LXII.

14 *a-kar-ra-bak-ku-nu-ši buḫatta a-šak-kan ana pî buḫatti* ^{isu}*erina ella*

15 *ki-iṣ-ra šil-ta za-'-a ṭâba* ^{ilu}*Šamaš u* ^{ilu}*Adad ina buḫatti an-ni-ti*

16 *i-ziz-za-nim-ma ina amâti-ia nîš qâtî-ia ina minma ma-la ippušu (šû)*

17 *ta-mit* *a-kar-ra-bu* *kit-ta* *lib-ši*

18 *ik-rib* *bu-* *ḫa-* *at-* *ti*

19 ^{ilu}*Šamaš bêl di-nim* ^{ilu}*Adad bêl bi-ri uṭaḫḫi (ḫi)-ku-nu-ši dîn bêl ṣupur ubâni*

20 *an-*[*ni-e*] *di-ki u qaqqadi an-ni-e kîma pî ilu-ti-ku-nu rabîti (ti)*

21 .... *kit-ti di-ni ana da-a-ni kam-sa-ku di-ni di-na*

Verso. Planche LXI (suite).

5 .... rende le jugement et la demande du devin.
6 .... je vous offre un bouquetin.
7 Dans ma supplication, l'élévation de mes mains, en tout ce que je ferai,
8 [que la demande que je vous adresse soit vérité], que la tablette de cet homme sur sa droite et sur sa gauche soit vérité.

9 [Prière] pour l'offrande d'un bouquetin.

10 [O Shamash, seigneur du jugement, Adad, seigneur de l'oracle, je vous apporte, je vous offre
11 [une chevrette] d'un an, sur laquelle le bouquetin n'est pas monté, en laquelle la fécondation de Gir
12 ne s'est pas faite. Elle broute l'herbe sur les hauteurs,
13 elle boit de l'eau des gués limpides, (objet du) désir des faons.

Planche LXII.

14 Je vous offre la chevrette ; je place dans la bouche de la chevrette du cèdre pur,
15 de l'*écorce coupée*, de la *résine* bonne. O Shamash et Adad, sur cette chevrette
16 dressez-vous ; dans ma supplication, l'élévation de mes mains, en tout ce que je fais,
17 que la demande que je vous adresse soit vérité.

18 Offrande d'une chevrette.

19 O Shamash, seigneur du jugement, Adad, seigneur de l'oracle, je vous présente le jugement du maître de cet ongle,
20 de cette victime et de cette tête; selon l'ordre de votre auguste divinité,
21 .... pour prononcer un jugement juste. Je me tiens prosterné : jugez mon jugement.

PLANCHE LXII (suite).

22 ... [^{ilu}*Šamaš* ^{ilu}]*Adad ilu-ut-ku-nu rabîtu(tú) ilu u* ^{ilu}*ištâr ilu-ú-a*

23 .... [*uṣ*]*urat ilu-ti-ku-nu rabî-ti šu(?) ki-ri-bi-im-ma*

24 .... *meš ú-ka-lu-u-ni*

25 .... *ut-ti* *anašši-ma*

26 .... *ia-ti*

PLANCHE LXII (suite).

22 .... ô Shamash, ô Adad, votre grande divinité, dieu et déesse, mes dieux,

23 .... le cercle de votre grande divinité, le *consentement*.

24 .... ils m'ont arrêté.

25 .... j'offre.

26 .... à moi.

COMMENTAIRE

Recto. 2 *ša-qu-um-maš* pour *šaqummeš*. Zimmern, 214, n. 2, lit *šaqu-um-me*.

3 Ligne omise par Zimmern. Voir *verso*, l. 21. Si le signe *GI* n'était pas aussi net sur la copie de Craig, je proposerais *ina aš-ri di-ni kam-su*.

4 *nam-ru purussu-ma* ou *šiptu purussu* : *NAM-RU* = *šiptu*. Br., n. 2130.

5 *šubâte*, écrit *A'Š-TE-meš*. [^{amîlu}*rab(?)*]*bârûti;* Zimmern : [^{amîl}*bâr*]*ûti(?)*. Sur la copie de Craig, l'espace est trop grand pour *amîlu* seul.

6 La première partie de cette ligne, *ul-lu* ^{GIŠ}*ŠIM it-gu-ru*, a été omise par Zimmern. — *ullu* et *it-gu-ru* sont des permansifs, ^{GIŠ}*ŠIM* désigne peut-être la verge divinatoire dont se servait le *bârû*.

7 *amâti-ia, KA-mu*.

8 Zimmern, *têrêti-šu la šal-ma*. Si la lecture de Craig et de Virolleaud est bonne, *šal-la* est le permansif de *šalû* avec le sens de « placer » comme *nadû* signifie « jeter » et « placer ». [*dalḫ*]*a* restitué d'après Zimmern, n° 11, col. IV, l. 18.

isniqu, PAP-PAP. Zimmern croit que *la ellu isniqu* se rapporte au *bârû* et traduit « er sich als ein Unreiner genaht hat ».

KA signifie probablement ici *iqabbu*, « il parle ». Au lieu de *KA-TUḪ-U-DA* l'original porte *KA-LUH-U-DA*, sans doute par suite d'une distraction du scribe, car la locution est connue par d'autres passages. La cérémonie du lavage et de l'ouverture de la bouche de l'idole, se faisait dans certains cas; voir Zimmern, n°s 31-37, l. 26 et note.

10 *GIR-BA ;* Zimmern lit *sêpu (GIR) parsat*, par conséquent *TAR-at* au lieu de *BA* comme Virolleaud. C'est en prenant pour *BA* la valeur *nasâru* que je

propose la traduction, assez hypothétique d'ailleurs, « la marche aura cessé ».

11 *makalta* désigne sans doute le vase dans lequel le *bârû* plaçait l'objet, huile, eau, entrailles, etc., qu'il devait examiner pour en tirer la connaissance de l'avenir. Ce devait être un plateau un peu creux, ou une large coupe à bords peu élevés.

12 *anašši*, IL.

13 *ellu zuppar-šu ;* Zimmern lit *imnu zuppar-šu.*

17 *i-ra-aš* d'une racine ראש dont l'idéogramme *ḪI-LI* exprime l'idée d'abondance ; voir Meissner, *Supplement*, p. 87.

zîr diš-šu bûli : Zimmern lit *me* au lieu de *diš* et transcrit *zêru šip-kat bûli*, « Samen hingeschüttet für das Getier ». *diš-šu* serait une forme pleine de la racine דשא au lieu de la forme usuelle *dišu* au commencement de la même ligne.

18 *GA-meš*. Il ne peut s'agir ici de *šizbu* « lait » ; *GA*, dont la lecture paraît certaine, doit avoir un sens analogue à *U*, *šammu*, « plante ».

19 *ma-ḫa-zi*, ce mot revient plusieurs fois dans ce morceau et dans un contexte tel qu'il ne peut désigner qu'un récipient naturel d'eau; voir surtout *verso*, l. 2 et 13. Peut-être est-il à rapprocher de خَاضَ, « entrer dans l'eau », d'où مَخَاضَة, « gué ».

e-tan-nap-ḫa, impf. intanafal de נפח, « s'enflammer », c'est-à-dire « désirer ardemment » ?

25 *az-la* désigne un animal sauvage, le mâle de la chevrette que le *bârû* offre ensuite, *verso*, l. 11. Même racine que *uzâlu?* On trouve une fois en syriaque dans les *Geoponica*, éd. Lagarde, ܚܘܙܠܐ, avec le sens de « porc ».

Verso. 8 *duppu zikari annî* écrit *DUB ARAD NE*. Les derniers clous de *DUB* sont encore visibles d'après la collation de Virolleaud. Cette lecture rend le contexte très clair : le *bârû* prie le dieu pour que sa demande soit vérité, pour que la tablette du fidèle, (sur laquelle est écrite cette demande), soit également vérité, à droite et à gauche, c'est-à-dire sur ses deux faces. Zimmern a lu *šu'u(?), LU-ARAD.*

12 *libbi-ša* et non *kit-ša,* comme a lu Craig.

15 *ki-iṣ-ra sil-ta :* Zimmern traduit *Haufen von Holzschnitzel.* Un *tas* de petits morceaux de bois, c'est beaucoup pour la bouche d'une chevrette. Le sens de *écorce coupée,* c'est-à-dire un morceau d'écorce, me paraît plus satisfaisant; voir l'arabe قِشْر « cortex tritici », et Zimmern, n°s 75-78, l. 56 et 57 *uqattar-kunuši* ^{iṣu}*erina ella ki-iṣ-ra sil-ta za-'-a ṭâba ki-iṣ-rat* ^{iṣu}*erini elli* où *kiṣru* est dit « le produit », *kiṣrat,* du cèdre, par conséquent un objet plus spécial qu'un « tas ».

šilta, rac. שלח « couper » ; voir Meissner, *Supplement,* s. v. — *za-'-a,* « résine », plutôt que *Wohlgeruch* (Zimmern), voir ar. طَلَى « miel ».

17 Craig semble avoir vu un signe presque effacé entre *tamit* et *akarrabu.*

18 *bu-ḫa-at-ti* avec Zimmern. Craig : *bu-ḫa-at-PAL.*

19 *ṣuppur ubâni.* Zimmern, p. 111, note *b,* voit dans cette expression une allusion à l'ongle imprimé, en guise de sceau, sur la tablette par le fidèle au nom duquel le voyant interrogeait la divinité. Mais ces tablettes servaient pour tous les fidèles et tous les cas. Ils n'avaient donc pas à apposer leurs ongles comme sur un contrat composé spécialement pour un cas particulier. *ṣupur ubâni* est plutôt l'ongle, le sabot de la victime, partie importante, comme on le voit par la l. 13 du *recto.*

20 Zimmern lit *an-n[i-e] bêl di-ki.* La copie de Craig en cet endroit est fautive et inintelligible. Virolleaud a vu *an[-ni-e] di-ki.*

23 *šu-ki-ri-bi-im-ma* serait-il l'impératif šafel de *kârâbu* pour *šukribi-im-ma?* Zimmern lit *ana ki-ri-bi-im-ma.*

XXVII

Prescriptions rituelles touchant les fonctions du Devin *(bârû)*.

XXVII. — Prescriptions rituelles touchant les fonctions du Devin *(bârû)*. *K.* 2486 + *K.* 4364.

Recto. Planche LXIII.

1 *EN-ME-DUR-AN-KI* [*šar Sippar*^{ki}]..........
2 *na-ra-am* ^{ilu}*A-num* ^{ilu}*Bêl* [*u* ^{ilu}*Ea*]
3 ^{ilu}*Šamaš* *ina* *E-BABBAR-RA* .....
4 ^{ilu}*Šamaš u* ^{ilu}*Adad* *ana puḫri-šu-nu*.........
5 ^{ilu}*Šamaš u* ^{ilu}*Adad* ....
6 ^{ilu}*Šamaš u* ^{ilu}*Adad ina kussi ḫurâṣi GAL*...........
7 *šamnê* (pl.) *ina mê* (pl.) *na-ṭa-lu ni-ṣir-ti* ^{ilu}*A-num* [^{ilu}*Bêl u* ^{ilu}*Ea*]
8 *dup-pi ilâni* (pl.) *ta-kal-ta pi-ris-ti šamê (e)* [*u irṣitim*]
9 ^{iṣu}*erini n*[*a-ram*] *ilâni* (pl.) *rabûti* *ú*-[*šat-me-ḫu qât-su*]
10 *ù šú*-[*ú ki-iṣ*]..... *šú-nu-ma* *mâr*[*ê* (pl.)].....
11 *Sippar*^{ki}............... *Bâbilu*^{ki}..................
12 *ú-še-rib-šú-nu-*[*ti-m*]*a ú-kab-bi-su-nu-ti*............
13 *šamnê* (pl.) *ina mê* (pl.) *na-ṭa-lu ni-ṣir-ti* ^{ilu}*A-num* ^{ilu}*Bêl* [*u* ^{ilu}*Ea*]
14 *dup-pi ilâni* (pl.) *ta-kal-ta pi-ris-ti šamê (e) u irṣitim*
15 ^{iṣu}*erini na-ra-am ilâni* (pl.) *rabûti qât-su-nu ú-šat-*[*me-iḫ*]
16 *dup-pi ilâni* (pl.) ^{širu}*ṬU niṣirti* *šamê (e) u irṣitim*
17 *šamna ina mê* (pl.) *na-ṭa-lu piristi* ^{ilu}*A-num* ^{ilu}*Bêl u* ^{ilu}*E-*[*a*]
18 *ša ki-ṣa-a-ti UD-AN* ^{ilu}*Bêl u A-DU-A* *šú-ta-bu-lu*
19 ^{amilu}*ummânu mu-du-ú* *na-ṣir piristi* *ilâni* (pl.) *rabûti* (pl.)
20 *a-pil-šú* *ša* *i-ram-mu ina dup-pi u* *qân* *dup-pi*

XXVII. — Prescriptions rituelles touchant les fonctions du Devin *(bârû)*. *K.* 2486 + *K.* 4364.

Recto. — Planche LXIII.

1 En-me-dur-an-ki , . roi de Sippara, ...
2 le chéri d'Anu, de Bêl et d'Êa,
3 Shamash, dans l'E-babbarra, ...
4 Shamash et Adad, dans leur société [*l'ont introduit*].
5 Shamash et Adad, ...
6 Shamash et Adad sur un trône en or [l'ont placé].
7 L'observation des huiles dans l'eau, le secret d'Anu, de Bêl et d'Êa,
8 la tablette des dieux, le *sachet de cuir* de l'oracle des cieux et de la terre,
9 le cèdre cher aux grands dieux ils ont mis en sa main.
10 Et lui.................eux [*les*] fils [de devin]
11 de Sippara.................... de Babylone........
12 il les a fait entrer, il les a réunis....................
13 L'observation des huiles dans l'eau, le secret d'Anu, de Bêl et d'Êa,
14 la tablette des dieux, le *sachet de cuir* de l'oracle des cieux et de la terre,
15 le cèdre cher aux grands dieux, il a mis en leur main.
16 De la tablette des dieux, du *sachet de cuir* du secret des cieux et de la terre,
17 de l'observation de l'huile dans l'eau, de l'oracle d'Anu, de Bêl et d'Êa,
18 des *prédictions* des tablettes UD-AN ^{ilu}Bêl et de...... ils s'occupent.
19 Le sage, le voyant, le dépositaire de l'oracle des grands dieux,
20 son fils chéri, par la tablette et le kalame,

Planche LXIV.

21 *ina ma-ḫar* ^{ilu} *Šamaš u* ^{ilu} *Adad ú-tam-ma-šú-ma*
22 *ú-šaḫ-ḫa-su e-nu-ma mâr* ^{amilu} *bârû*
23 *abkal šamni zîru da-ru-ú pir' EN-ME-DUR-AN-KI*
šar Sippar^{ki}
24 *mu-kin makalti ellite(te) na-šú-ú* ^{iṣu}*erini*
25 *SAR(?) DAN šarru SIG-BAR-E* ^{ilu} *Šamaš*
26 *bu-un-na-ni-e* ^{ilu} *NIN-ḪAR-SAG-GA'*
27 *ri-ḫu-ut* ^{amilu} *nisakku ša za-ru-šú ellu*
28 *ù šú-ú ina gat-ti minâti* (pl.)*-šú šuk-lu-lu*
29 *ana ma-ḫar* ^{ilu} *Šamaš u* ^{ilu} *Adad a-šar bi-ra u purussa*
iṭiḫḫi(ḫi)
30 *mâr* ^{amilu} *bârû ša za-ru-šu la ellu ù šú-u ina gat-ti u*
minâti (pl.)-[*šu*]
31 *la šuk-lu-lu zaq-tu ênâ*^{2} (pl.) *ḫi-pu šinnâ* (pl.)
32 *naq-pi ubâni ŠIR DIR KUR RA ma-li-e iššubbê*
33 *ḫi-is-ga-lu-ú*........... *šú na-ki-lu pi-il-pi-la-nu*
34 *la na-ṣir parṣê* (pl.) *ša* ^{ilu} *Šamaš u* ^{ilu} *Adad*
35 *ana a-šar ša* ^{ilu} *E-a* ^{ilu} *Šamaš* ^{ilu} *Marduk*
36 *u* ^{ilu} *Bêlit-ṣêri ša-suk-kat šamê(e) u irṣitim(tim)*
37 *mi-nu-tu at-ḫi-e ša ana purussi ba-ru-ti la ṭe-ḫi-e*
38 *ta-mit pi-ris-ti ul i-pat-tu-šu* ^{iṣu}*erina na-ram*
39 *ilâni* (pl.) *rabûti* (pl.) *qâtâ*^{2}*-šu*........................
40 *ikkib* ^{ilu} *Nabû u* ^{ilu} *Šarru*.........................

Planche LXV.

41 *mâr* ^{amilu}*bârû la ka-šid*............................
42 *ana ma-ḫar šú-bat* ^{ilu} ....
43 ^{ilu} *A-num*.............. 44 ^{ilu} ....

La fin du *recto* a disparu.

La première partie du *verso* manque.

Planche LXIV.

21 en présence de Shamash et d'Adad adjure.
22 Il lui apprend « Lorsque le devin ».
23 L'homme expert dans l'observation de l'huile, de vieille race, descendant d'En-me-dur-an-ki, roi de Sippara,
24 celui qui tient le *vase* sacré, celui qui porte le cèdre,
25 L'*enchanteur puissant* du roi de............, de Shamash,
26 s'il est la créature de Nin-ḫar-sag-ga,
27 (s'il est) issu d'un prêtre , d'un père pur,
28 et (s'il est) lui-même accompli dans sa forme et dans ses proportions,
29 devant Shamash et Adad, dans le sanctuaire de l'oracle et de la décision pourra se présenter.
30 Le devin dont le père n'est pas pur et qui lui-même dans sa forme et dans ses proportions
31 n'est pas accompli, qui est louche, édenté,
32 qui a un doigt mutilé, *la chair noirâtre* des abcès, de la lèpre,
33 .... un *ulcère purulent*,
34 ne peut être dépositaire des décrets de Shamash et d'Adad.
35 Du sanctuaire de Êa, de Shamash, de Marduk,
36 et de Bêlit-ṣêri, la .... des cieux et de la terre,
37 du collège de ceux qui s'adonnent à la décision de l'art du devin, il ne doit pas approcher.
38 Le mot de l'oracle on ne lui découvrira pas, le cèdre cher
39 aux grands dieux dans ses mains [on ne mettra pas].
40 *La faute contre* Nabû et Marduk..................

Planche LXV.

41 Le devin qui ne saisit pas..........................
42 devant le temple du dieu..........................
43 Anu............. 44 le dieu..........................

Verso. PLANCHE LXV (suite).

1 ^{isu}*erinu*. . . . .
2 ^{isu}*erinu*. . . . .
3 *ni-pi-šú* ^{ilu}*Sin* *šamni* ^{ilu}*E-a* . . . .
4 *u* ^{ilu}*Marduk bêl purusse (e)* *id-qu* ^{ilu}*Adad*
5 *mê* (pl.) *id-ki* *šip-ru* *ša* ^{ilu}*Šamaš* *u* ^{ilu}*Adad*
6 *qânu masabbu* *karû* ^{ilu}*Ba-ú*
7 *tukkannû mâr* ^{ilu}*Be-lit ṣêri* *3 KU-DUB-DUB-BU*
8 *ša pân niqê ana* ^{ilu}*A-ni* ^{ilu}*Bêl* *u* ^{ilu}*E-a*
9 *3 sir-qu* *rabûti* (pl.). . . . . *ana purussi*
10 *3 KU-DUB-DUB-BU*. ^{ilu}*Adad*
11-15 *KU-DUB-DUB-BU*. . . . .
16 *diš mu ta* . . . .

Suivent environ 20 lignes, dont il ne reste qu'un ou deux signes au commencement.

Verso. PLANCHE LXV (suite).

1 Le cèdre.......................................
2 Le cèdre.......................................
3 L'*instrument sacré* de Sin, l'huile d'Êa.......
4 et de Marduk, le seigneur des décisions, la toison d'Adad,
5 les eaux de la toison, œuvre de Shamash et d'Adad,
6 le roseau, la coupe, la tonne de Bau,
7 le sachet de cuir du fils de Bêlit-ṣêri, 3 portions de farine *très blutée*,
8 qui (sont placées) devant les victimes offertes à Anu, à Bêl et à Êa,
9 3 grands *encensements*................. pour la décision,
10 3 portions de farine *très blutée*........... Adad,
11-15 une portion de farine *très blutée*..................

COMMENTAIRE

Recto. 1 *En-me-dur-an-ki,* roi de Sippara, était donc regardé par les Babyloniens comme le père, l'initiateur de l'art du Devin *(bârû).* Le *m* se prononçait *v* ou même ' en assyrien : ce roi est donc, comme le remarque Zimmern, *Ritualtafeln,* 116, n. a, *Evédoranchos* ou *Edoranchos* de Bérose (*Fragment* IX-XI, dans Fr. Lenormant, *Essai de commentaire,* p. 241-251). Ce prince, le septième roi de la dynastie antédiluvienne, aurait régné pendant dix-huit sares à *Pantibibla.* Dans la pensée de Bérose, *Pantibibla* était-il un nom de Sippara ? Cf. Maspero, *Histoire ancienne des peuples de l'Orient classique,* Paris, 1895, t. I, p. 565, n. 2.

8 *ta-kal-ta* parait désigner un récipient en cuir, car il a pour idéogramme *SU-ṬU.* Delitzsch, *AHW,* 320, le rattache à la racine כול. A mon avis, il doit se rattacher comme *makaltu, supra,* p. 220, l. 11, à une racine *akâlu,* « contenir », qui existe encore en éthiopien, ኣከለ.

9 *n*[*a-ram*] visible sur II R., 58, n. 3 (*K.* 4364).

10 *šu*-[*ú ki iṣ*], d'après II R., 58, n. 3.

12 *ú-kab-bi-su-nu-ti* de כבס, voir Delitzsch, *AHW,* s. v. Zimmern le fait venir de כבת « chrte sic ».

16 *širu ṬU* est probablement l'idéogramme de *takalta,* voir *supra.* Le déterminatif *UZU* serait-il pour *SU,* ou plutôt ne faudrait-il pas lire *UZU-ṬU,* le « *takaltu* de la viande des oracles » ou « le *takaltu* de l'oracle », car de l'examen des viandes pour tirer les présages est venu l'emploi de *šîru* dans le sens d'oracle ?

18 *ki-ṣa-a-ti* « les décisions » ou « décrets » contenus dans la série *UD-AN-ilu Bêl,* cf. l'arabe قضى « décider, décréter ».

22 *e-nu-ma mâr* ^{amilu}*bârû,* premiers mots d'une tablette ou d'une section de tablette du rituel du *bârû.*

25 *SAR-DAN « l'enchanteur puissant »,* ou « le charme puissant » ? *SAR* = *rakâsu* « lien », et le charme de l'enchanteur était considéré comme un lien.

27 *za-ru-šu ellu.* Zimmern traduit « von edler Abstammung ». Outre que *zârû* signifie « père » et non pas « race » *(zêru),* le rituel a déjà prescrit, l. 23, qu'il fut de race antique, c'est-à-dire noble, et l. 27, qu'il fut fils de prêtre. Ici il semble exiger de plus qu'il soit d'un père « pur », « beau », doué des qualités corporelles exigées du candidat.

32 *DIR KUR RA*, v. IV Harper, 81-2-4, 52, *verso*, 6.

33 *ḫi-iṣ-ga-lu-u* et *na-ki-lu* désignent sans doute des défauts corporels. *pi-il-pi-la-nu* « ulcère purulent » ; cf. le syriaque ܦܠܦܠܐ « pollution » et l'éthiopien ፈልፈል « source », de la racine פלל.

36 *ša-suk-kat,* voir Meissner, *Supplem.,* p. 96 : ^{ilu}*Bêlit ṣêri ša-as-suk-kat ilâni rabûti,* cit. de Bezold, *Catalogue,* 1438.

37 *mi-nu-tu at-ḫi-e ša ana purussi ba-ru-ti la ṭe-ḫi-e.* Zimmern traduit : « *mag er die Zahl der Genossen vermehren* (aber) der Entscheidung des Wahrsagedienstes sich nicht nahen. » Selon lui, p. 118, n. i, peut-être le scribe déclarerait-il que celui qui est atteint de ces irrégularités corporelles reste encore apte à d'autres fonctions sacerdotales, *minutu at-ḫi-e,* non à celles de *bârû.* Cette hypothèse est peu vraisemblable. *minutu at-ḫi-e,* « le collège des associés », est plutôt le régime indirect de *ṭe-ḫi-e,* et il est régi par la préposition *ana* de la l. 35. On peut encore considérer *minutu* comme une préposition : « *au nombre des* associés qui remplissent l'office de bârû, il ne se mettra pas ».

Verso. 1 et 2 Au lieu de [iṣu]*erinu* (Zimmern), Craig a lu *IṢ-SIG-UḪ-ME-U* = *karû* « tonne », voir l. 6, *infra*.

3 *ni-pi-šu* : ce mot n'a pas ici le sens de « cérémonie ». Placé dans cette énumération d'objets matériels, il désigne lui-même une pièce du mobilier rituel de Sin.

5 [ilu]*Adad*. Zimmern lit [ilu]*Nergal*.

6 *qanû masabbu*. Zimmern transcrit [qanu]*masabbu*. *masabbu* (*MA-DI-AB*) signifie « coupe », voir Zimmern, p. 94, n. 4. Le déterminatif de roseau ne convient guère à ce sens. Je crois qu'il faut plutôt voir dans *GI* un mot distinct, désignant un roseau magique.

7 *tukkannu* écrit *SU-BIR*, probablement donc un récipient en cuir; voir Delitzsch, *AHW*, 705 b.

8 *ša pàn niqè*, Zimmern lit *ša bèl niqè*.

XXVIII

Tablette rituelle CXXXV de la Série *NAM-BUR-BI.*

XXVIII. — Tablette rituelle CXXXV de la Série *NAM-BU[R-BI]*. *K.* 3464.

Recto. Planche LXVI.

1 *ana*.................................... *A-ZU*

2 *lu*.............. *mu bît* .... *šur qa-me-i*

3 *kak*............ *e šur epir parakki ili epir abulli*

4 *epir pal*..........*il (?) ip-ra-ti epir ti-tur-ri*

5 *ša* [ilu] *AZAG-nap-ti-ti epir (?) ša arba'-ma epir a-ú*.... *ḫu (?)*

6 *epir bâb ḫarimti epir bâb*..... *muši*

7 *epir bâb ka-ṣi-ri epir bâb êkalli*

8 *epir bâb SIR-TE-SAR epir bâb sa-bi-i [ep]ir ḫarrâni*

9 *epir bâb* [amilu] *NU-GIŠ-ŠAR epir bâb* [amilu] *nangaru epirê [bâb?] an-nu-ti*

10 *ka-li-šu-nu ta-tar-rak išténiš ina nâri tuballal*

11 *šaman šurmêni ina libbi tu-šal bâb bîti* [amilu]..... *ma* ..... *te bu*

12 *uru tasarras mu ellu tanadi (di) GI-G[AB] ana pân* [ilu] *Ištâr tukân (an)*

13 *12 akâla SAR-AS akâla NI-DÊ-A dišpa [ḫi]mêta tašakkan (an)*

14 *suluppa KU-A-TIR tašappak (ak) niknak burâši tašakkan (an)*

15 *LU-UŠ LU-ŠAL ana uri tu-še-li-ma ina qi-ṣi-šu*

16 *tu-šak-par maška-ma ana imitti ṣalam êrî a-an ki-a-am i-qab-bi*

XXVIII. — Tablette rituelle CXXXV de la Série *NAM-BUR-BI. K.* 3464.

Recto. Planche LXVI.

1 .... le devin.
2 .... *il brûle.*
3 .... de la poussière du sanctuaire du dieu, de la poussière de la grande porte,
4 de la poussière......... des poussières, de la poussière du pont,
5 du dieu *Azag-naptiti*, de la poussière des quatre, de la poussière de...................
6 de la poussière de la porte de l'hiérodule, de la poussière de la porte..... de la nuit,
7 de la poussière de la porte du *recruteur*, de la poussière de la porte du palais,
8 de la poussière de la porte *Sir-te-sar*, de la poussière de la porte du *sabû*, de la poussière du chemin,
9 de la poussière de la porte du jardinier, de la poussière de la porte du charpentier, ces poussières de porte
10 toutes tu les broieras, ensemble tu les verseras dans de l'eau du fleuve;
11 de l'huile de cyprès au milieu tu *verseras*, la porte de la maison du...................
12 La plate-forme tu prépareras, de l'eau pure tu verseras, un *autel* devant Isthâr tu dresseras,
13 12 mets *sar-as*, un mets *ni-dê-a*, du miel, du beurre tu placeras,
14 des dattes, de la farine *atir* tu verseras, une cassolette de cyprès tu placeras.
15 un mouton, une brebis tu feras monter sur la plate-forme, à son extrémité ;
16 tu *oindras* (leur) peau ; à droite, en présence d'une statuette de cuivre, on parlera ainsi :

Recto. PLANCHE LXVI (suite).

17 ^{ilu}*Iš-tar* ^{ilu}*Na-na-a* *u* ^{ilu}*Gaz-ba-a-a*
18 *e-li-šu ru-ṣi an-na-a iqabbi-ma*
19 *a-ma-tum šá libbi-šú idabub (ub)-ma [eli] bît* ^{amilu}*sa-bi-i*
20 *i-šaṭ-ṭi-ra bîtu šuâtu ana arkât ûmê (me) damiq (iq)*

PLANCHE LXVII.

21 *šiptu* ^{ilu}*Iš-tar li-e-it ilâni* (pl.) *rabûti* (pl.)
22 *ša-ku-tum šú-pu-tum ga-rit-tum* ^{ilu}*Iš-tar*
23 *mu-pi-la-tum šur-bu-tum* ^{ilu}*Ir-ni-ni bêltum (tum)*
24 *a-na ia-a-ši ru-ṣi ba-na-at ù aṭ-ṭi-rat*
25 ^{ilu}*bêlat (at) ni-ši i-lat zi-ik-ka-ri*
26 *ša-nin-ti ni-ši te-li-ti* ^{ilu}*Iš-tar*
27 *mârat* ^{ilu}*A-num nab-ni-it ilâni* (pl.) *rabûti* (pl.)
28 *[na]-di-na-at ḫaṭṭa kussa. . . . . . ana ka. . . . .*

Verso.

1 *qa* . . . .
2 *GI-GAB tukân (an)*. . . . .
3 *niknak burâši tašakkan (an)*. . . . .
4 *šipta 7 ŠU tamannu (nu)-ma ulin[nu]*. . . . .
5 *ina mê* (pl.) *ta-maḫ-ḫa-aḫ šipta 7 [ŠU tamannu]*
6 *bâb bîti ta-ša-ḫat ù si-i*. . . . .
7 *alpa teppuš (uš)-ma ina šap-la-an ḫa-ri-e*. . . . .

8 *GIŠ NA kunukku ù dâk immeri ḫalaq immeri a-na nâri*. . . . . . .
9 *duppu CXXXV kam* *NAM-BUR-[BI]*

Recto. PLANCHE LXVI (suite).

17 « Ishtâr, Nanâ et Gazbâ,
18 viens à son secours ! » On prononcera cette parole.
19 Cette parole qu'on prononcera sur lui, sur la maison du *sabû*
20 on l'écrira ; cette maison jusqu'à la fin des jours sera purifiée.

PLANCHE LXVII.

21 Incantation : « O Ishtâr, la plus puissante des grands dieux,
22 sublime, magnifique, guerrière Ishtâr,
23 dominatrice, colossale ; ô Irnini, la souveraine,
24 viens à mon secours, toi qui crées et qui *conserves*.
25 Souveraine de l'humanité, déesse des hommes,
26 rivale des hommes, auguste Isthâr,
27 fille d'Anu, progéniture des grands dieux,
28 toi qui donnes le sceptre, le trône à......... »

Verso.

1 ....
2 Un *autel* tu dresseras..........................
3 Une cassolette de cyprès tu placeras................
4 L'incantation, tu la réciteras sept fois. (Puis) un vêtement de laine.............. [un vase]
5 d'eau tu rempliras. L'incantation tu la réciteras sept fois.,
6 (Puis) la porte de la maison tu arroseras et............
7 Un bœuf tu immoleras, à l'intérieur d'un vase ḫarû....

---

8 .... un sceau et l'immolation d'un mouton, la des truction d'un mouton sur le fleuve................
9 Tablette CXXXV^e de la série Nam-bur-bi.

COMMENTAIRE

Recto. 2 *qa-me-i* d'après les corrections de II Craig.

5 *a-ú.....ḫu;* d'après Craig, *a-ú.....ti.*

8 *bâb sa-bi-i,* malgré l'absence du déterminatif *amîlu,* il s'agit probablement de la porte du fonctionnaire *sa-bi-i* de la l. 19, plutôt que de vin de sésame.

10 *tuballal* écrit *ḪI-ḪI.*

12 L'idéogramme *GI-GAB* dont la lecture assyrienne est inconnue, paraît désigner un petit autel portatif, construit en briques, au moins dans le principe. *GI* = *qânu,* « le roseau » qui entrait dans la composition des briques, et *GAB, laban libitti* « la fabrication des briques ». Un correspondant du roi parle de 200 *GI-GAB-meš* qu'il a livrés pour le service du temple de Nabû : *K.* 582 (II Harper, n° 167), *verso,* 5, 6, *ša 200 GI-GAB-meš a-na dul-li ša bît ilu Nabû a-ti-din.* Le *GI-GAB* était donc un objet de petit volume, mais dont on faisait grand usage dans le culte.

tanadi écrit *ŠUB-ŠUB-di.*

Le mot *uru* revient souvent dans les textes rituels où il paraît signifier une espèce de plate-forme, peut-être même, au moins dans certains cas, la terrasse qui surmonte les maisons en Orient. Cf. I Harper, *K.* 602, *recto,* 19, 20, *Arad-ilu Ea ina UR êkalli ip-pa-aš* « Arad-ilu Ea sacrifiera sur le UR du palais ».

20 *i-šaṭ-ṭi-ra ;* voir d'autres exemples de cette vocalisation de *šaṭâru* dans les lettres ; cf. I Harper, *K.* 1113, *verso,* 7, et II Harper, *K.* 584, *verso,* 6.

21 *li-e-it,* féminin, à l'état construit, de *li'u* à côté de la forme *li'at,* ou état cstr. du substantif *lîtu,* « la force des grands dieux ».

24 *aṭ-ṭi-rat,* malgré la vocalisation en *a,* de *eṭêru* « conserver », plutôt que de *adâru* « trembler », à cause du contexte.

25 *ilubêl-at* écrit *iluEN-LIL-at.*

26 *te-li-ti,* voir *Recueil des Travaux,* t. XXIII, p. 159.

Verso. 6 *ta-ša-ḫat;* le sens de « arroser » était déjà indiqué par la double valeur de *MAR* dans *A-MAR-RA* qui répond à *mê raḫâṣu* et *mê šaḫâtu;* voir Delitzsch, AHW, 651 *a*, et Brünnow, nos 5818 et 5819.

8 *dâk,* écrit *GAZ* et *ḫalaq*, *HA-A*.

9 *NAM-BUR-*[*BI*] restitué d'après IV R., 17, col. II, 15 : *iluŠamaš*....... *mu-pa-aš-šir NAM-BUR-BI-e* et *K.* 602 (I Harper), *recto*, 15 : *NAM-BUR-BI šumma*, etc. D'après ces deux textes, cet idéogramme désignerait, semble-t-il, une cérémonie religieuse d'expiation ou de réconciliation.

XXIX

Prescriptions rituelles touchant les fonctions de l'Enchanteur *(âšipu)*.

XXIX. — Prescriptions rituelles touchant les fonctions de l'Enchanteur[a] (*âšipu*)[b]. *K.* 3245.

Planche LXVIII, colonne I.

1 .... *šú* 2 .... *šú-nu* 3 .... *am*
4 .... *ûmu u mûšu* 5 .... *meš arqûti*
6 .... *pa-za-ra* 7 .... *ina eli inadi(di)*
8 .... *[qu]-ta-ri ib-bu-te* 9 ... *mašmašu ina eli šarri*
10 .... *meš imannu (nu)* 11 .... *uš-ta-ni-iḫ*
12 .... *ilu Ea ut-ta-mi-ru* 13 ..... *ilu Šamaš ta-mi-ru*
14 .... *[r]eš irši šarri* 15 ...*[irš]i šarri tu-ša-za-az*
16 .... *libbi tu-kap-par* 17 .... *tamannu(nu)*
18 *arki*.................... *[tak-pi-ra]-ti ib-bi-ti*
19 *šarra tu-kap-par kîma tak-[pi-]ra-a-ti tuq-te-tu-u*
20 *ana bâbi tu-še-ṣa arki-šu ina BIR ḫulduppê(e)*

Planche LXIX.

21 *ina BIR gibillê(e)* *ina immeri balṭi(e)*
22 *ina erî danni* *ina mašak alpi rabî(e)*
23 *ina zêrê*(pl.) *êkalla tu-ḫap mašmašu ŠIM-AN-BAR zikara u zinništa*
24 *i-su-ak-ma itti dišpi ḫimêti uballal*
25 *ip-pa-ša-aš naḫlapta sâmta iḫ-ḫa-lap*
26 *ṣubata sâmta il-lab-biš* [7] *GI LIBIT/LIBIT ŠU*
27 *ina tarbaṣ êkalli tukân(an) akâla KU[SAG] akâla KU-LÚ-GAL*

a) Cette pièce est composée des fragments *K.* 3227+*K.* 3245+*K.* 6944+*K.* 7813+*K.* 8925+*K.* 11149 et comprend les planches 68-74 de I Craig. Les fragments *K.* 3227 et *K.* 6944 ne figurent pas dans la copie de Craig; ils ont été reconnus et ajoutés par Zimmern dont j'ai suivi d'ailleurs l'excellente autographie pour toute la pièce; v. Zimmern, *Ritualtafeln*, n° 26 et pl. XLI-XLIV.

b) L'Enchanteur, *âšipu*, était le prêtre chargé d'apaiser la colère des dieux, de chasser du corps du patient les mauvais démons et les maladies et d'effacer les fautes par ses incantations; v. Zimmern, *Ritualtafeln*, Einleitung, p. 91.

XXIX. — Prescriptions rituelles touchant les fonctions de l'Enchanteur[a] (*âšipu*)[b]. *K.* 3245.

Planche LXVIII, colonne I.

1 .... lui 2 .... eux 3 ....
4 .... jour et nuit, 5 ...... des plantes vertes
6 .... être secret, 7 .... dessus il placera.
8 .... des *qutari* purs 9 . [fera] le magicien sur le [roi.
10 .... il récitera, 11 .... il se répandra en gé- [missements.
12 ...... Êa, il fera *briller;* 13 .... Shamash, il [fera *briller*.
14 ... à la tête du lit du roi, 15 .... du lit du roi tu pla- [ceras.
16 ... au milieu tu *purifieras*. 17 .... tu réciteras.
18 Derrière.............. par de saintes *purifications*,
19 tu *purifieras* le roi. Lorsque tu auras terminé les *purifications*,
20 que tu auras mis à la porte (le mal ?); derrière lui, avec des *ḫulduppê*,

Planche LXIX.

21 avec des torches, avec un mouton vivant,
22 avec du *cuivre fort*, avec la peau d'un grand taureau,
23 avec des semences *tu purifieras* le palais. Le magicien avec de l'onguent *anbar* un homme et une femme
24 oindra. A du miel il mélangera du beurre,
25 il s'en frottera. Un vêtement sombre il revêtira,
26 un habit sombre il mettra. Sept *autels*
27 dans la cour du palais tu dresseras, un mets *kusag* un mets *kulugal*,

Planche LXIX (suite).

28 [*akâla kupp*]*uta akâla arka ina eli tašakkan(an)*
29 [*su*]*luppa KU-A-TIR qêma ina eli tašappak(ak)*
30 [*dišpa šamna ḫimêta*] *šizba dašpa tašakkan šamna šaman reštî*
31 [*šaman BA'R-GA tašakkan*] *7 n*[*iknakk*]*ê tašakkan(an)*
32 [*7* ^{karpatu}*la-ḫa-na-te karâni tumalli*]*-ma tašakkan(an)*

La suite de la colonne I, environ 40 lignes, n'est pas conservée.

Colonne II.

1 *urizu(zu) tanakki-ma šarra tu-kap-par arki-šu*
2 *tak-pi-ra-ti ib-bi-e-ti šarra tu-kap-par*
3 *kîma tak-pi-ra-a-ti tuq-te-it-tu-u ana bâbi tu-še-ṣa*
4 *arki-šu ina BIR ḫulduppê(e) ina BIR gibillê(e)*
5 *immeri balṭi êrî danni mašak alpi rabî(e)*
6 *ina zêrê êkalla tu-ḫap* ^{amilu}*mašmašu*
7 *ŠIM-AN-BAR zikara u zinništa i-su-ak-ma*

Planche LXX.

8 *itti dišpi šamni ḫimêta uballal ippašaš naḫlapta*
9 *sâmta iḫ-ḫa-lap ṣubâta sâmta il-lab-biš*
10 *7 GI* $_{LIBIT}^{LIBIT}$ *ŠU ina tarbaṣ êkalli tukân(an) akâla KU-SAG*
11 *akâla KU-LÚ-GAL akâla kuputta akâla arka ina eli tašakkan(an)*
12 *suluppa KU-A-TIR qêma ina eli tašappak(ak)*
13 *dišpa šamna ḫimêta šizba dašpa tašakkan(an) šamna šaman rešti*
14 *šaman BA'R-GA tašakkan(an) 7 niknakkê tašakkan (an)*

Planche LXIX (suite).

28 un pain court, un pain long tu placeras dessus.
29 Des dattes, de la farine *atir*, de la farine tu verseras dessus;
30 du miel, de l'huile, du beurre, du lait, de l'*hydromel* tu placeras; de l'huile, de l'huile excellente,
31 de l'huile parfumée tu placeras ; 7 cassolettes tu placeras;
32 7 vases de vin tu rempliras et tu placeras.

Colonne II.

1 Tu immoleras un mouton, tu *purifieras* le roi. Ensuite
2 avec de saintes *purifications*, tu *purifieras* le roi.
3 Lorsque tu auras terminé les *purifications*, que tu auras mis (le mal?) à la porte,
4 derrière lui avec des *ḫulduppê*, avec des torches,
5 un mouton vivant, du cuivre fort, la peau d'un grand taureau,
6 avec des semences, tu purifieras le palais. Le magicien
7 avec de l'onguent *anbar* oindra un homme et une femme;

Planche LXX.

8 avec du miel, de l'huile, il mélangera du beurre, il s'(en) frottera, un vêtement
9 sombre il revêtira, un habit sombre il mettra.
10 7 *autels* dans la cour du palais tu dresseras, un mets *ku-sag*,
11 un mets *kulugal*, un pain court, un pain long dessus tu placeras;
12 des dattes, de la farine *atir* dessus tu verseras;
13 du miel, de l'huile, du beurre, du lait, de l'*hydromel* tu (y) mettras, de l'huile, de l'huile excellente,
14 de l'huile *parfumée* tu (y) mettras, 7 cassolettes tu placeras;

PLANCHE LXX (suite).

15 7 ^{karpatu}*la-ḫa-na-te karâna tumalli-ma tašakkan(an)*
16 7 ^{karpatu}*la-ḫa-na-a-te šikara tumalli-ma tašakkan(an)*
17 *burâša* ^{šammu} *KUR-KUR a-na niknakkê kali-šu-nu ta-sar-raq*
18 *kurunna tanakki(ki) immera niqâ tanakki(ki)*
19 ^{šîru}*imitta* ^{šîru}*ḫinṣa* ^{šîru}*šumê tu-ṭaḫ-ḫa*
20 *karâna u šikara tanakki(ki) 7 KU-DUB-DUB-BU tanadi(di)*
21 ^{amîlu}*mašmašu ina arki riksi izazzaz(az)-ma ana pân riksi*
22 *šipta UD-MAḪ-E AN-EDIN-NA DU-A imannu(nu)*
23 *akâla NI-DÈ-A dišpa ḫimêta ana šârê irba (ba) it(?)...........*
24 *mašmašu ana bâbi kamî uṣṣa-ma muḫ-r*[*a*] *û-*[*ma*]*-aḫ-ḫar*
25 *urizu(zu) NU-TAG kab..... immera ab-ri ta-šár-rap*
26 *dišpa........... tašappak(ak) KU-A-TIR kurunna*
27 .... [*tan*]*akki(ki) ki-a-am taqabbi-ma*

PLANCHE LXXI.

28 ...... *mu-uḫ-ra ilu 7-bi* 29 .... *mu-uḫ-ra-ma*
30 ... *pa-ni-ku-nu šuk-na* 31 ..... *sa ana amêlûti* (pl.)
32 .... *limnu alû limnu*

La suite de la col. II, environ 40 lignes, n'est pas conservée.

Planche LXX (suite).

15 tu rempliras sept vases.......de vin, tu (les) placeras;

16 tu rempliras sept vases........de vin de dattes, tu (les) placeras;

17 tu répandras du cyprès, de l'herbe *kurkur* sur toutes les cassolettes;

18 tu verseras du vin de sésame, tu offriras en sacrifice un mouton.

19 Une *jambe* droite, les *reins,* de la chair *rôtie* tu présenteras;

20 du vin et du vin de dattes tu offriras en libation, 7 parts de farine *bien blutée* tu verseras.

21 Le magicien derrière l'offrande se tiendra; en présence de l'offrande,

22 l'incantation: « Lumière auguste qui te répands sur la plaine », il récitera.

23 Du mets *ni-dé-a,* du miel, du beurre aux quatre vents...

24 Le magicien ira à la porte............; il offrira un présent.

25 Un *mouton intact*............un mouton sur le bûcher tu brûleras;

26 du miel.................tu verseras, de la farine *atir*, du vin de sésame,

27 .... tu offriras; tu parleras ainsi.

Planche LXXI.

28 ....recevez, ô sept dieux, 29 ....recevez.

30 ....tournez votre face, 31 .... que vers les hommes,

32 ....le méchant....... le méchant démon *alû*.

Colonne III.

1 *šarru ana* ^{šîru}*ŠA'* .... [*ki-a-am iqabbi*]
2 *lu qur-bu-nim-ma ik-rib šul-mi* ....

---

3 *šarru ina eli ŠI-GAR-GA'L ellitu(tú)* ....
4 *uš-ta-ḫaṭ-ma* [*ki-a-am iqabbi*]
5 *lu-ḫi-pu-ú dup-pu ar-ni-*[*ia*] ....
6 *limnêtu* (pl.)*-ú-a* *lu par-sa* ....
7 *sak-la-tu-ú-a* *u* ....
8 *limuttu pî nišê* (pl.) ....
9 *kîma kaspu ina pî nišê* (pl.) ....

---

10 *šarru ana libbi* ^{karpatu}*A-DA-GUR šikara inakki*[*(ki) ki-a-am iqabbi*]
11 *lu bal-ṭa-ku-ma ina bît* ....
12 *ina pî nišê* (pl.) ....

---

13 *šarru ana libbi* ^{karpatu} ....
14 *ki-a-am iqabbi* ....
15 *lu-šú-uš-ḫu-ṭa lim-ni-tu-ú-a ù* ....

Planche LXXII.

16 *lu-el-li-ku-ma ana pân* ^{ilu} *Šamaš balṭa-ku* ....

---

17 *kîma an-na-a te-te-ip-šu šarru mê* (pl.) [*i-ra-muk*]
18 *ṣubâta ibba ilabbaš (aš) misû qâtâ' ib-b*[*u*] ....
19 ^{amilu} *mašmašu ina bâbi kamî uṣṣi-ma immera* ....
20 *ina bâb êkalli inakki (ki) ina dâmi urizi (zi) šú-a-tum i* ....
21 *LU-MAŠ-meš u šib-bi-e imni u šumêli ša bâb êkalli* ...
22 ^{amilu} *mašmašu ana ṣêri uṣṣi-ma bît rim-ki ippuš (uš)* ...
23 *ana* ^{ilu} *Ea* ^{ilu} *Šamaš u* ^{ilu} *Marduk* ....
24 ^{qânu}*urigalla ša šarri ina libbi tu*[*kân*] ? ....

COLONNE III.

1 Le roi sur le cœur (de la victime)............. parlera ainsi:
2 « Qu'on fasse une prière salutaire.................. »

---

3 Le roi sur une ? brillante........................
4 montera. Il parlera ainsi:
5 « Qu'elle soit brisée la tablette de mes péchés........
6 « Que mes méchancetés soient retranchées............
7 « Que mes folies et ....
8 « Que le mal de la bouche des hommes..............
9 « Comme de l'argent sur la bouche des hommes [que je sois! »]

---

10 Le roi versera du vin de dattes dans un vase *adagur;* il parlera ainsi :
11 « Que je vive dans la maison de...................
12 « Sur la bouche des hommes.......................

---

13 Le roi sur un vase ....
14 Il parlera ainsi :..............................
15 « Qu'elles soient extirpées mes méchancetés et.........

PLANCHE LXXII.

16 « que je sois pur, devant Shamash que je vive...! »

---

17 Quand tu auras fait cela, le roi dans l'eau se lavera,
18 il revêtira un habit, une pure ablution des mains.......
19 Le magicien ira à la porte.............un mouton....
20 à la porte du palais il sacrifiera, avec le sang de cet agneau il...........
21 les............. et les montants de droite et de gauche de la porte du palais........
22 Le magicien ira dans la campagne, il construira une piscine.....
23 à Ea, Shamash et Marduk ....
24 L'*étendard* du roi au milieu...................

PLANCHE LXXII (suite).

25 *tazaqqap(ap) bît rimki ina libbi tu*· . . . .
26 $^{i\check{s}u}$*ma-an-di-it-te ina libbi tanadi(di)*. . . . .
27 *bîta ana* ^{ilu}*AZAG-ŠUD u* ^{ilu}*NIN-A-ḪA-KUD-D*[*U*]. . . .
28 *14* ^{karpatu}*agubbî tukân(an) 3 riksê*. . . . .
29 ^{ilu}*AZAG-ŠUD u* ^{ilu}*NIN-A-ḪA-KUD-*[*DU*] . . . .
30 *3 immerê niqê* . . . .

Lacune de six lignes[a].

37 [*ana maḫar*]. . . . . *tum niknak* [*burâši tašakkan(an) kurunna tanakki(ki)*]
38 [*šipta*]. . . . . *šur*. . . . .
39 *ša-*[*qu-tu*] *i-lá-a-ti 3 ŠU* [*tamannu*]
40 *ana maḫar* ^{ilu}*Bêl niknak burâši tašakkan (an) kurunna* [*tanakki(ki)*]
41 *šipta* ^{ilu}*Bêl šur-bu-ú šadû(ú)* ^{ilu}*Igigi 3 ŠU* [*tamannu (nu)*]
42 *ana maḫar* ^{ilu}*Bêlit niknak burâši tašakkan(an) kurunna* [*tanakki(ki)*]
43 *šipta be-lit bêlêti* (pl.) *ilat (at) bêlêti* (pl.) *3 ŠU tamannu* [*nu*]
44 *ana maḫar* ^{ilu}*Ea niknak burâši tašakkan(an) kurunna* [*tanakki (ki)*]
45 *šipta b*[*êl*] *ni-me-ki banû(ú) ta-šim-ti 3* [*ŠU tamannu (nu)*]
46 *ana maḫar* ^{ilu}*Dam-ki-na niknak burâši tašakkan(an) ku*[*runna tanakki(ki)*]
47 *šipta* ^{ilu}*Dam-ki-na bêlit ilâni* (pl.) *ša-qu-tú 3 ŠU* [*tamannu(nu)*]
48 *ana maḫar* ^{ilu}*Nin-ip niknak burâši tašakkan (an) kurunna* [*tanakki(ki)*]

a) Le texte de la col. III, l. 37-69 et de la col. IV à peu près en entier manque dans l'autographie de Craig. Il a été reconnu par Zimmern sur les tablettes *K*. 3227 et *K*. 6944; v. son autographie, *Ritualtafeln*, pl. XLII.

PLANCHE LXXII (suite).

25 tu dresseras ; une piscine au milieu tu................

26 Du bois *manditte* au milieu tu jetteras............

27 Une maison pour Azag-shud et Nin-aḫa-kuddu........

28 14 vases à ablutions tu placeras, 3 offrandes...........

29 Azag-shud et Nin-aḫa-kuddu.......................

30 3 moutons en sacrifice.........................

Lacune de six lignes.

37 Devant.... tu placeras une cassolette de cyprès, tu verseras du vin de sésame,

38 l'incantation....................................

39 « La plus auguste des déesses » tu réciteras trois fois.

40 Devant Bêl, tu placeras une cassolette de cyprès, tu verseras du vin de sésame,

41 l'incantation : « O Bêl, le magnifique, le seigneur des Igigi » tu réciteras trois fois.

42 Devant Bêlit, tu placeras une cassolette de cyprès, tu verseras du vin de sésame,

43 l'incantation : « Souveraine des souveraines, déesse des souveraines » tu réciteras trois fois.

44 Devant Ea, tu placeras une cassolette de cyprès, tu verseras du vin de sésame,

45 l'incantation : « Seigneur de la sagesse, créateur de l'intelligence » tu réciteras trois fois.

46 Devant Damkina, tu placeras une cassolette de cyprès, tu verseras du vin de sésame,

47 l'incantation : « Damkina, auguste souveraine des dieux » tu réciteras trois fois.

48 Devant Ninip, tu placeras une cassolette de cyprès, tu verseras du vin de sésame,

49 *šipta* ^{ilu}*Nin[ip] gaš-ru bu-kur* ^{ilu}*Bêl 3 ŠU tamannu [nu]*

50 *ana maḫar* ^{ilu}*Gu-la niknak burâši tašakkan (an) kurunna tanak[ki (ki)]*

51 *šipta* ^{ilu}*Gu-la bêltu šur-bu-tú a-ši-bat šamê (e)* ^{ilu}*A-num 3 ŠU [tamannu (nu)]*

52 *ana maḫar* ^{ilu}*Sin niknak burâši tašakkan (an) kurunna tanakki[ki]*

53 *šipta* ^{ilu}*Sin azkaru šú-pu-ú 3 ŠU tamannu (nu)*

54 *ana maḫar* ^{ilu}*Ištâr niknak burâši tašakkan (an) kurunna tanakki (ki)*

55 *šipta ga-rit-tú* ^{ilu}*Ištâr ka-nu-ut i-lá-a-ti [3] ŠU tamannu*

56 *ana maḫar* ^{ilu}*Nabû niknak burâši tašakkan (an) kurunna tanakki (ki)*

57 *[šipta* ^{ilu}*Nabû] gaš-ru tiz-qa-ru 3 ŠU tamannu (nu)*

58 *[ana maḫar* ^{ilu}*Taš]-me-tum niknak burâši tašakkan (an) kurunna tanakki (ki)*

59 *[šipta šar-rat] kibrâti* (pl.) *i-lat i-lá-a-ti 3 ŠU tamannu (nu)*

60 *[ana maḫar* ^{ilu}*]Nusku niknak burâši tašakkan (an) kurunna tanakki (ki)*

61 *[šipta bêlu] muš-te-šir kiš-šat nišê* (pl.) *gi-mir nab-ni-t[i 3] ŠU tamannu*

62 *[ana maḫar]* ^{ilu}*7-bi niknak burâši tašakkan (an) kurunna tanakki (ki)*

63 *[šipta.....] mul-mul ilâni* (pl.) *rabûti* (pl.) *3 ŠU tamannu (nu)*

64 *[ana maḫar* ^{kak}*]*^{kab}*SIB-ZI-AN-NA niknak burâši tašakkan (an) kurunna tanakki (ki)*

65 *[šipta* ^{kak}*]*^{kab}*SIB-ZI-AN-NA ilu ellu bânû (ú) ni[šê]* (pl.) *3 ŠU tamannu (nu)*

66 *[ana maḫar........... niknak burâši tašakkan (an) ku]runna tanakki (ki)*

49 l'incantation : « puissant Ninip, premier-né de Bêl » tu réciteras trois fois.

50 Devant Gula, tu placeras une cassolette de cyprès, tu verseras du vin de sésame,

51 l'incantation : « Gula, souveraine magnifique, qui habites le ciel d'Anu » tu réciteras trois fois.

52 Devant Sin, tu placeras une cassolette de cyprès, tu verseras du vin de sésame,

53 l'incantation : « Sin, brillante nouvelle lune » tu réciteras trois fois.

54 Devant Ishtâr, tu placeras une cassolette de cyprès, tu verseras du vin de sésame,

55 l'incantation : « Guerrière Ishtâr, la plus *accomplie* des déesses » tu réciteras trois fois.

56 Devant Nabû, tu placeras une cassolette de cyprès, tu verseras du vin de sésame,

57 l'incantation : « O Nabû, le puissant, le sublime » tu réciteras trois fois.

58 Devant Tashmêtum, tu placeras une cassolette de cyprès, tu verseras du vin de sésame,

59 l'incantation : « Reine des régions, déesse des déesses » tu réciteras trois fois.

60 Devant Nusku, tu placeras une cassolette de cyprès, tu verseras du vin de sésame,

61 l'incantation : « Seigneur, gouverneur de la totalité des hommes, de toutes les créatures » tu réciteras trois fois.

62 Devant les sept dieux, tu placeras une cassolette de cyprès, tu verseras du vin de sésame,

63 l'incantation : « .... javelot des grands dieux » tu réciteras trois fois.

64 Devant l'étoile Sib-zi-anna, tu placeras une cassolette de cyprès, tu verseras du vin de sésame,

65 l'incantation : « Étoile Sib-zi-anna, dieu brillant, créateur des hommes » tu réciteras trois fois.

66 Devant................ tu placeras une cassolette de cyprès, tu verseras du vin de sésame,

67 [*šipta* . . . . *3 ŠU*] *tamannu (nu)*

68 [*ana maḫar* . . . . *niknak burâši tašakkan (an)*
kurunna ta]*nakki (ki)*

69 [*šipta* . . . . *3 ŠU tamannu*] *(nu)*

Colonne IV.

Lacune de sept lignes qui contenaient l'énumération des mêmes cérémonies en l'honneur d'autres divinités.

8 [*šipta* . . . . *3 ŠU tamannu*] *(nu)*

9 [*ana maḫar* . . . . *niknak burâši tašakkan (an)*
kurunna tanakki] *(ki)*

10 [*šipta* . . . . *3 ŠU*] *tamannu (nu)*

11 [*ana maḫar* . . . . *niknak burâši*] *tašakkan (an)*
kurunna tanakki (ki)

12 [*šipta*] . . . . *šar-rat E-KUR 3 ŠU tamannu (nu)*

13 . . . . *šu-nu riksa tarakkas (as)*

14 . . . . *šarru išakkan ni-pi-ši*

15 . . . . *meš kali-šu-nu tatarraṣ(aṣ)*

16 . . . . ^{ilu}*Ea* ^{ilu}*Šamaš u* ^{ilu}*Marduk*

17 . . . . *ru-a tarakkas (as)*

18 . . . . *3 riksê ana ili amêli*

19 . . . . [*3*] *riksê* . . . [*ana*] *maḫar* ^{ilu}*Šamaš*

20 . . . . *napḫar 6 riksê* (pl.) *an-*[*nu*]*-ti*

21 [*ša ina*] *imni šutukki tarkusu (su)* . . . .

22 *ša itti* ^{ilu} *Šamaš kam tarkusu (su)* . . . .

23 *ša NAM-BUR-BI lumni kalama* . . . .

24 *napḫar 6 riksê an-nu-ti sa ina šumêli* . . . .

25 *tarkusu (su) 1 riksu ana* ^{ilu} *Bêl (?)* . . . .

26 *ana imni riksi 1 riksu ana* ^{ilu} *A-nun-na-ki* . . . .

27 *7 râṭê* (pl.) *dišpa šamna ḫimêta kurunna* . . . .

28 *u mê* (pl.) *tamalli râṭa ana* ^{ilu} *Ea la maḫ* . . . .

29 ^{ilu} *A-nun-na-ki tamalli 1 riksu ana maḫar* ^{ilu} . . . .

67 l'incantation........................tu réciteras trois fois.
68 Devant...................tu placeras une cassolette de cyprès, tu verseras du vin de sésame,
69 l'incantation.............tu réciteras trois fois.

COLONNE IV.

8 l'incantation............. tu réciteras trois fois.
9 Devant................. tu placeras une cassolette de cyprès, tu verseras du vin de sésame,
10 l'incantation...............tu réciteras trois fois.
11 Devant.................tu placeras une cassolette de cyprès, tu verseras du vin de sésame,
12 l'incantation « ....reine de l'E-Kur » tu réciteras trois fois.
13 ....une offrande tu prépareras.
14 ....le roi fera la cérémonie.
15 ....eux tous, tu les dirigeras,
16 ....Ea, Shamash et Marduk.
17 ....tu prépareras
18 ....3 offrandes au dieu de l'humanité,
19 ....3 offrandes devant Shamash,
20 ....en tout ces six offrandes,
21 que, à droite du........ tu auras préparées..........
22 que près de Shamash tu auras ainsi préparées........
23 qui (sont) le dénouement de tout mal.................
24 En tout ces six offrandes que à gauche...............
25 tu auras préparées : l'offrande devant Bêl.............
26 à droite de (cette) offrande, une offrande aux Anunnaki.......
27 7 vases de miel, d'huile, de beurre, de vin de sésame. .
28 et d'eau tu rempliras; un vase pour Ea...............
29 (pour) les Anunnaki tu rempliras; l'offrande devant le dieu..........

30 *ana maḫar riksê an-nu-ti kali-šu-nu* ....

31 *akâla tašakkan (an) karâna kurunna* ^{karpatu}*A-DA-GUR*................

32 *qâna ṭâba ina libbi tu-za-qa-ab šamna u dišpa ina libbi*.................

33 *kîma riksê* (pl.) *an-nu-ti* *rak[su]*

34 *ni-pi-iḫ* ^{ilu}*Šamši ú-qa-a-a kîma* ^{ilu}*Šamaš*

35 *it-tap-ḫa šarru mê* (pl.) *i-ra-muk ṣubâta ni-pi-še*

36 *ib-ba ilabbaš (áš) ina bît rim-ki uššab (ab)*

37 ^{amilu}*mašmašu la-am šarri niknakkê* (pl.) *kali-šu-nu*

38 *inappaḫ* ^{iṣu}*ašaga i-ṣi-en* ^{immeru}*niqê* (pl.)

39 *kali-šu-nu inakki (ki)* ^{širu}*imitta* ^{širu}*ḫinṣa* ^{širu}*šumê*

40 *ú-taḫ-ḫa* $^{[ši]ru}$*ḫinṣa upunta burâša išappak (ak)*

41 *šikara šizba karâ[na ana]* ^{ilu}*Ea* ^{ilu}*Šamaš* ^{ilu}*Marduk inakki (ki)*

42 *KU-DUB-DUB-BU inadi(di) šú-luḫ-ḫi*

43 *[i-sal-laḫ ki]-is-pa ana* ^{ilu}*A-nun-na-ki*

44 *[i-ka-si-ip]* ^{immeru}*niqê inakki (ki)*

45 .... ^{immeru}*niqê inakki (ki)*

46 .... *ki-is-[pa]*.......................

47 .... *ki ul-tu riksi*......................

48 .... *eli šarri illak (ak)-ma*

49 .... *uṣṣi-ma ina* ^{qânu}*urigalli*

50 .... *libbi GI-BI elli*

51 .... ^{iṣu}*bînu ana qât šarri*

52 .... *uš-ka-an*

Lacune de dix-huit lignes.

71 *ana pu-ut* ....

72 *ana bît ša*.....................................

73 *šiptu* ^{ilu}*GU-ŠE-[E-A qa-i-šat gu-ša-a-ti]*

74 *šiptu*....... 75 *šiptu*....... 76 *ana eli a*.........

77 *ana amêli*............... 78 *šiptu* ^{ilu}..............

30 Devant toutes ces offrandes........................
31 un mets tu placeras, du vin, du vin de sésame dans un vase *adagur*.........
32 un roseau bon au milieu tu ficheras, de l'huile et du miel au milieu ....
33 Quand ces offrandes seront préparées,
34 il attendra le lever du soleil. Lorsque le soleil
35 se lèvera, le roi se lavera dans l'eau; un vêtement liturgique,
36 pur, il revêtira; dans la piscine il se placera.
37 Le magicien devant le roi toutes les cassolettes
38 allumera; un buisson *odorant*, des moutons en sacrifice,
39 tous à la fois il offrira; *la jambe droite, les reins, le rôti*
40 il présentera; (sur) les reins, de la *farine*, du cyprès il versera.
41 Du vin de dattes, du lait, du vin à Ea, Shamash, Marduk il offrira.
42 De la farine *bien blutée* il présentera; une aspersion
43 il fera; une offrande funéraire aux Anunnaki
44 il fera, des moutons en sacrifice il offrira;
45 .....des moutons en sacrifice il offrira;
46 ....une offrande funéraire
47 ....de l'offrande............
48 ....vers le roi il se rendra.
49 ....il sortira avec l'*étendard*.
50 ....au milieu d'un ? pur.
51 ....une branche de *tamaris* dans la main du roi.
52 ....il s'inclinera

Lacune de dix-huit lignes.

71 En face de.......................................
72 Vers la maison de.................................
73 l'incantation : « O Gusea qui donnes les *céréales* ».
74 Incantation .... 75 Incantation......76 sur....
77 vers l'homme............ 78 l'incantation : O dieu...

Planche LXXIII, colonne V.

Lacune de 30 lignes environ au début.

31 *GI-SAG tukân[an]..... BIR ḫulduppû NUN.......*
32 *BIR ḫulduppû šiptu LU ID-GA'L LU MI LU ID-GA'L*
33 *šiptu LU TI LU EL* *LU TI-LA-Û*
34 *arki-šu tak-pi-ra-a-te* *ib-bi-e-ti*
35 *šarra tu-kap-par niknakka ṭipâra tuš-ba-'*
36 *agubbâ tul-lal-šu 2* ^{karpatu}*BUR-ZI-GAL-SAR*
37 *mê* (pl.) *agubbî* *tamalli-ma*
38 ^{isu}*erini [burâ]ši a-na libbi mê* (pl.) *tanadi (di)-ma*
39 *2 mul-[lil-li ina libbi tašakkan (an)]-ma šarru ina imni-šu*
40 *[u šumêli-šu mul-lil-]la inašši-ma*
41 .... *izzaz (az)-ma*
42 .... *7 ŠU ana arki-šu*
43 .... *[ki-a-am] iqabbi*
44 .... ^{ilu}*E-a*

Lacune de 25 lignes environ.

Planche LXXIV.

70 *šiptu.........* 71 *šiptu.........* 72 *šiptu.........*
73 *šiptu ga-rit-[tu* ^{ilu} *Ištâr ka-nu-ut i-lá-a-ti]*
74 *šiptu buânê* (pl.)...................... *a*
75 *šiptu iz-zi-tu-[nu šam-ra-tu-nu qaṣ-ṣa-ta-nu] DIR*
76 *šiptu šadû (ú) lik-tum-ku-nu*............ *a* *id.*
77 *an-na-a iqabbi-ma ana maḫar rikis qabli (i) ša* ^{ilu} *Šamaš šarru uššab (?)-ma*

Planche LXXIII, colonne V.

Lacune de 30 lignes au début.

31 Le roseau ? tu dresseras......... un *ḫulduppû*....
32 un *ḫulduppû*. Incantation : «Mouton fort, mouton noir, mouton fort. »
33 Incantation : « Mouton vivant, mouton pur, mouton vivant. »
34 Ensuite avec des *purifications* saintes,
35 tu *purifieras* le roi ; tu apporteras une cassolette, une torche.
36 Avec une ablution tu le purifieras ; 2 vases *burzigalsar*
37 avec l'eau de l'ablution tu rempliras ;
38 du cèdre, du cyprès dans l'eau tu jetteras.
39 Les 2 *vases purificateurs* au milieu tu placeras ; le roi à sa droite
40 et à sa gauche un *vase purificateur* prendra.
41 .... il se tiendra,
42 .... sept fois derrière lui.
43 .... il parlera ainsi.
44 .... Ea.

Lacune de 25 lignes environ.

Planche LXXIV.

70 L'incantation..... 71 l'incantation.... 72 l'incantation..
73 l'incantation : « Guerrière Ishtâr, la plus *accomplie* des déesses »,
74 l'incantation : « Les nerfs........................ »,
75 l'incantation : « Vous êtes impétueux, violents, irrités »,
76 l'incantation : « Que la montagne vous couvre........ »,
77 (tout) cela il récitera ; devant l'offrande *du milieu* de Shamash, le roi se tiendra.

78 *šipta* ^{ilu} *Ea* ^{ilu} *Šamaš* ^{ilu} *Marduk*
79 *mi-nu-ú an-ni-ma imannu(nu)*
80 *ana maḫar riksi ša ili amêli* ^{ilu} *ištâr amêli izzaz-ma*
81 *šipta ili-ia ul idi ili-ia be-lí imannu(nu)*

COLONNE VI.

Lacune de 22 lignes environ.

23 ... *li-ma*... 24 ... *ma gal*... 25 ... *tamannu(nu)*
26 . [*te*]-*te-ip-šu* 27 .... *tuṣṣi* 28 ..... *saḫ-ḫar-ri*
29 ...... *iprâti* 30 ..... [*t*]*e-ṣir* 31 ... *meš arba' ša ir-ma*
32 ..... [*elâti*] (pl.) *u šaplâti* (pl.) 33 ..... ^{amilu} *KA-KA*
34 .... [*šar*]*ru inadi(di)-ma* 35 .... *git-pu-lu*
36 .... ^{amilu} *bârû* 37 .... *si*

Lacune d'une dizaine de lignes.

47 .... *UD ŠU A*........ 48 ..... *ana kit*.....
49 .... *ni* ^{amilu} *ni*......... 50 ..... *iš-me* ......
51 .... *taqabbi-ma*.......................

---

52 [*šiptu*]..... *UD-MAḪ A-AN AN*[*EDIN-NA DU-*]*A*
53 [*duppu*] *I kam bît*[*rim*]*-ki*

Suit la souscription d'Assurbanipal.

78 L'incantation : « O Ea, Shamash, Marduk,
79 qu'est ceci ! » il récitera.
80 Devant l'offrande du dieu de l'humanité, de la déesse de l'humanité il se tiendra.
81 L'incantation: « Mon dieu, je ne sais pas, mon dieu, mon maître » il récitera.

COLONNE VI.

Lacune de 22 lignes environ.

25 .... tu réciteras,
26 .... tu feras 27....... tu sortiras 28....... un vase *saḫḫarru*.
29 .... des poussières 30 ...... tu as délimité 31 .. les quatre qu'il a placés.
32 .... les choses d'en haut et les choses d'en bas.
33 .... l'adversaire
34 .... le roi jettera
36 .... le devin

Lacune d'une dizaine de lignes.

52 Incantation : « Lumière auguste qui te répands dans la plaine. »
53 Tablette I de la piscine.

Suit la souscription d'Assurbanipal.

COMMENTAIRE

Col. I. 8 *qu-ta-ri,* voir IV R., 55, 37 *a* et 14 *b,* une torche ou une offrande d'encens, r. קתר (?).

12 ^{ilu}*Ea* écrit *giš.*

13 ^{ilu}*Šamaš ta-mi-ru;* le scribe a omis sans doute le signe *ut,* et il faut lire *ut-ta-mi-ru.*

20 *BIR ḫulduppû* est un objet dont l'emploi mettait en fuite les mauvais esprits ; IV R., 21, n. 1, *recto,* 28-29, *ana minma limni ṭa-ra-di* id. *(BIR ḫulduppû) mi-iḫ-rit bâbi ul-ziz,* « pour chasser tout mal, il placera un *ḫulduppû* en face de la porte ». *ḪUL = limnu,* « le mal », et *DUB = napâṣu,* « briser ». Que signifie le signe *BIR,* « la vision » des *ḫulduppê? ḪUL-DUB-BA* a en assyrien la valeur *amisu,* « celui qui brise » ? Cf. حمش, « traiter avec violence », et l'hébreu חמס, « opprimer », « déchirer ».

21 *immeri balṭi* écrit *LU-TI-LA-E.*

22 *erî danni, URUDU ŠA-KAL-GA. ŠA-KAL-GA,* « ce qui est solide », à lui seul = *érû.*

23 Pour la lecture *tu-ḫap* au lieu de *tu-kil, tu-rim,* cf. Zimmern, *Rit.,* n. 75-78, 25, *tu-ḫa-ba,* et n. 96, 10, *ḫu-up-pi.* R. חוף, cf. le syr. ܚܦ « il lava ».

24 *i-su-ak,* r. סוך, en hébreu, « oindre » avec de l'huile.

26 Les restitutions de 26-32 sont faites d'après la col. II, 10-15, *infra.* — *GI*$^{LIBIT}_{LIBIT}$*ŠU,* sans doute un autel en briques, voir *supra, GI-GAB,* p. 242, l. 12 et commentaire, p. 246.

28 *kupputta* : ce mot revient plusieurs fois dans ces textes, cf. *infra,* col. II, 11. Il est écrit tantôt *KÙR (kir) RA,* comme ici et tantôt *KUR-RA.* J'ai transcrit avec Zimmern *kupputu* qui a en effet pour idéogramme le signe *KÙR* et que le scribe, sans

doute par homophonie, aurait écrit aussi *KUR*. Mais en présence de ces deux écritures, je me demande si nous n'avons pas dans *kurra* un mot sémitique. Dans toutes les langues sémitiques, on trouve la rac. כרר « être rond », soit sous la forme simple, soit sous la forme palpel, en ar. et en syr. par exemple, et à côté une racine apparentée, à 3ᵉ déficiente et de sens analogue, כרה, originairement « arrondir », de là « creuser » et en syr. ܟܪܝܐ « court ». Il en serait de même en assyrien où nous aurions les deux formes *kurru* et *kurû*, la 1ʳᵉ avec le sens plus spécial de « rond », la 2ᵉ avec le sens de « court » ; voir II R., 38, 7 d, où au côté long, *šiddu arku*, est opposé le côté court, *šiddu ku-ru-u*. — Dans cette hypothèse, il faudrait traduire ici « un pain rond » par opposition au « pain long ».

Col. II. 1 *urizu* « mouton » ou « agneau », à cause du passage col. III, 19, 20 (voir *infra*) où ce mot est employé comme l'équivalent de *LU-ARAD* = *immeru;* cf. l'éthiopien ወረዘወ « être jeune ».

7 *ŠIM-AN-BAR,* « l'onguent de Ninip » ?

14 Faut-il lire *basâmi?* Voir *supra*, col. I, 31 ; *infra*, pl. 80, l. 4.

17 *kali-šu-nu* et non *7-šu-nu*, voir Zimmern, *Rit.*, Nachträge und Berichtigungen. Craig a lu *ni-šu-nu*.

19 *ŠIRUimitta* écrit *ZAG;* ce signe a aussi la valeur *a-mutum*, qui paraît désigner une partie du corps, peut-être le bras et chez les animaux une jambe de devant; voir II R., 40, n. 2, 4. Mais on doit lire ici *imitta* (Zimmern), car dans un passage analogue *K*. 6060, *recto*, 8 (*Rit.*, nº 56), il est écrit *ZAG-LU*.

Širuḫinṣa : cette lecture conjecturale proposée par Zimmern pour *ŠiruME-KAN* est appuyée sur le même passage, *K*. 6060, *recto*, 8 : *šîru imitta ḫi-in-ṣa;* voir Zimmern, *Rit.*, p. 95 et 170, n. 7, « les reins » d'après Haupt, *ibid.*

šIRU šumê écrit *KA-NE*, qui a aussi la valeur *ḫamâṭu ša išâti*, ce qui confirme le sens de « rôti », ar. شوى, proposé par Iensen; voir Zimmern, *op. cit.*, p. 95; *ibid.*, n° 56, l. 8, 9, *širu imittu ḫi-in-ṣa u šú-me-e*.

23 *akâla NI-DÊ-A*, un mélange de graisse ou d'huile et d'autres matières, voir Delitzsch, *AHW*, s. v. מרם.

24 *muḫ-r[a] ú-[ma] aḫ-ḫar*, restitutions de Zimmern.

Col. III. 1 *širu SA'*... à compléter peut-être par *NIGIN* et à lire *ir-ru sa-ḫi-ru-ti*, si c'est bien *širu SA'-NIGIN* qu'il faut restituer dans la lacune IV R., 21, 19, comme idéogramme de *ir-rú sa-ḫi-ru-ti*. *sa-ḫi-ru-ti* signifie « l'enchantement », voir Maqlû 3, 132 où *sa-ḫi-ru* est employé comme synonyme de *kaššapu*. *ir-ru sa-ḫi-ru-ti* serait donc la partie du cœur de la victime dont on se servait dans les incantations.

8 « Que le mal de la bouche des hommes... » c'est-à-dire « que la calomnie et la médisance (ne m'atteignent pas ».

17 [*i-ra-muk*], restitution de Zimmérn.

18 *misû* écrit *LA'Ḫ*.

21 *sib-bi-e* avec un *b* au lieu d'un *p*, comme IV R., 21, 35 *b*, peut-être de סבב avec le sens de « encadrement », « montants » qui encadrent la porte. Comme le remarque Zimmern, il ne peut s'agir ici de seuil.

25 *tazaqqap*, lecture probable de *DU-ab*. *DU* = *zaqâpu ša ziqpi*.

26 *išu ma-an-di-it-te*, dérivé de *ma'du* pour *ma'dittu*, ou nom d'une essence particulière? S'agirait-il encore d'un bois exorcisé, aspergé préalablement; cf. ar. نَدِيَ, « être humide »? Cf. le syr. ܢܣܒ « aspersit ».

45 *b[él]*. Zimmern restitue *š[ar]*. L'espace laissé sur sa copie me paraît insuffisant pour le signe *lugal*.

49 *ilu Ninip* écrit *IP*.

63 *mul-mul* « javelot », ou idéogramme d'étoile au pluriel, *kakkabâni*.

Col. IV. 13 *riksa tarakkas* écrit, comme dans la suite du texte, *SAR-SAR-as*, littéralement « un lien tu lieras », c'est-à-dire, tu réuniras tous les objets nécessaires pour faire une offrande. V. Zimmern, *Ritualtafeln*, 94. Faute de mieux, j'ai traduit *riksu* par offrande ; je ne vois pas de mot français qui corresponde exactement à ce mot assyrien ; cf. la locution « mettre la table ».

14 *išakkan* écrit *ša;* Zimmern transcrit *akal(?) ni-pi-ši.*

15 *tatarraṣ, LAL-aṣ.*

21 *šutukki, GI-ŠUK-UD.*

23 *NAM-BUR-BI*, v. *supra*, p. 244, 247.

25 *^{ilu}Bêl(?)* écrit *be...*

38 *inappaḫ* écrit *BIL;* Zimmern transcrit *unammar(?).* La valeur *namâru* du signe *BIL* m'est inconnue. La valeur *napâḫu* est tout indiquée dans ce texte. — *ašaga e-ṣi-en :* Zimmern traduit « Dornen auflegen. »

51 *^{iṣu}binu*, cf. le syr. ܒܝܢܐ, « tamaris ».

73 Pour la restitution *GU-ŠE-[E-A]*, etc., v. *supra*, p. 60, l. 3 et p. 66.

Col. V. 32 *LU-ID-GA'L*, lecture de Zimmern. Craig a lu *LU-ID-DA'R.*

39 et 40 Zimmern a comblé les lacunes de ces deux lignes d'après le texte identique de *Ritualtafeln*, n° 28, l. 8 et 9.

73 V. *supra*, col. III, l. 55.

75 Restitué par Zimmern d'après *Maqlû*, V, 139.

Col. VI. 52, v. *supra*, col. II, 22.

XXX

Texte rituel

XXX. — Texte rituel. *K.* 3469.

Planche LXXV.

1 .... *takalta GIŠ-BAL-MIR(?) êrû* ....
2 .... *ḫi-ir-ṣu ù ni-ib(p)-du a-na* ....
3 [*iš*]-*šá-ak-ka-an 4 akâlê NI-DÊ-A dišpu ḫimêtu*
4 [*i*]-*na uppi ḫu-um-mi iš-šá-ak-ka-an*
5 [7] ^{karpatu} *pikalulu tarbaṣi 7* ^{karpatu} *kabduqqû šá šikari* ....
6 [*it*]-*ta-an-šú-u niqê bul ṣêri in-na-ak-ki*
7 [^{ilu}]*NUN-Ú-RA* ^{ilu}*NIN-ŠI-NAGAR-GID* ^{ilu}*DÊ* .....
8 [^{ilu}*MU*]*N (?)-AB* ^{ilu}*A-RA-A'L(?)* ^{ilu}*ŠÚ-LA'Ḫ-ḪA-AḪ-ḪA*
9 [^{ilu}] *AZAG-ŠUD uš-te-eš-še-pu 4 akâlê NI-DÊ-A dišpu ḫimêtu*
10 *ana šikari kin-nam i-na idi bir-te na-ki* ^{ilu} *LIBIT áš-bu*
11 ..... *akâlu NI-DÊ-A dišpu ḫimêtu ana maḫar* ^{ilu} *Šamaš*
12 *iš-šá-ak-ka-an niqê in-na-ak-ki*
13 ^{amilu} *TU-TU mê* (pl.) *i-na-aš-ši-ma* ^{ilu} *Šamaš ú-na-aḫ*
14 *a-na* ^{ilu} *Šamaš ḪAR-KIM iqabbi : KI-UŠ AK-AK DA-ŠE*

---

15 ^{ilu} *Šamaš be-el šamê(e) u irṣitim(tim) e-piš ala* [*u*] *bîta at-ta-ma*
16 [*ši*]-*ma-a-tum ša-a-mu uṣurâte* (pl.) *uṣ-ṣu-ru ša qa ḫu* ....
17 [*ši*]-*mat ba-la-ṭu at-ta-ma ta-*[*ša-am*]
18 [*ú*]-*ṣu-rat ba-la-ṭu at-ta-ma ta-*[*ša-am*]
19 [*ṣi*]-*it pi-ka ba-*[*la-ṭu*]
20 .... *ana* ^{ilu} *LIBI*[*T*] ....

XXX. — Texte rituel. *K.* 3469.

Planche LXXV.

1 ......une boîte, un........ en cuivre...............
2 ....le........et le..........vers................
3 seront placés; 4 mets *ni-dê-a*, du miel, du beurre,
4 *à l'intérieur d'un petit vase* seront placés.
5 7 (?) fours de campagne, 7 vases *kabduqqu* de vin de dattes
6 on apportera. Des *animaux des champs* en sacrifice on offrira.
7 Nun-ura, Ninshi-nagar-gid, Dê................
8 Mun-ab, Ara-al, Shu-laḫḫaḫḫa,
9 Azag-Shud on adjurera......4 mets *ni-dê-a*, du miel, du beurre,
10 avec du *bon* vin de dattes *près du milieu* on offrira, en présence de Libit.
11 (4) mets *ni-dê-a*, du miel, du beurre devant Shamash
12 seront placés; des victimes seront offertes.
13 L'enchanteur présentera de l'eau, il apaisera Shamash.
14 A Shamash, conformément au rituel, il parlera: *Dans sa marche il brise le.........*

15 O Shamash, seigneur du ciel et de la terre, c'est toi qui fais la ville et la maison!
16 Il fixe les destins, il délimite les limites de...........
17 Les destins de la vie, c'est toi qui les fixes!
18 Les limites de la vie, c'est toi qui les poses!
19 Ta parole est vie.
20 .... devant Libit........................

COMMENTAIRE

1 Le signe *MIR* est très douteux comme d'autres signes de ce texte ; la tablette étant exposée, je n'ai pas pu la faire collationner.

2 Les mots *ḫirṣu* et *nib(p)du* désignent vraisemblablement des meubles ou des instruments liturgiques ; *nibdu* vient-il de עבר ?

4 *uppi* est écrit *MUD*.

5 *pikalulu* « four », écrit [karpatu]*KA-KAK ; tarbaṣu, GI-KAK-A*, signifie « campement des bergers » ; la locution composée de ces deux mots doit donc désigner un fourneau portatif.

6 *bûl ṣêri ;* Craig a lu *BIR-DU*, à tort sans doute, au lieu de *BIR-IMÈR*.

7 Les trois noms divins de cette ligne sont des synonymes d'*Ea*. *NUN-Ú-RA* est une variante de *NUN-ÚR-RA*, v. II R., 58, 57 *a*). [ilu]*NUN-ÚR-RA* désigne Ea, dieu des potiers, *ibid.* ; [ilu]*NIN-ŠI-NAGAR-GID*, probablement Ea, dieu des charpentiers, v. II R., 59, 45 *a*, et IV R., 18, n. 3, col. I, 37-38, 39-40; [ilu]*DÈ*, Ea, dieu des forgerons, II R., 58, 58 *a*).

8 [ilu]*A-RA-AL(er)* ou [ilu]*A-RA-ZU?*

10 La transcription et la traduction de cette ligne sont très hypothétiques.

14 *ḪAR-QIM iqabbi*, v. cette formule IV R., 25, 26 et 41 *b*); *KI-UŠ* = *kibsu ; AK-AK* = *ḫaṣâṣu*.

15 Craig restitue *giš* devant [ilu]*Šamaš*.

XXXI.

Dédicace

XXX. — Dédicace. *K.* 2411.[a]

Planche LXXVII, colonne III.

1 *a-na* *ilu*[*Ašur*]. . . . .

2 *kûn palê-ia šum-dul* [*šarruti-ia*]. . . . .

3 *išid kussi-ia a-na ûmê* [*ṣa-a-ti*]. . . . .

4 *ilu Ašur šar ilâni* (pl.) *bêlu rabû* [*šarru*]*-ti-ia* [*lip-pa-lis-ma*]

5 *dam-qiš ina nap kil* . . . . *šu ip-te-te bi-bil* [*libbi-šu*]

6 *ma-la i-dib-bu-ba(?) pi-šu li-ṭib-ma pân ma-ḫir pa-nu-uš*

7 *nišê* (pl.) *kib-rat ir-ba-' li-šak-ni-ša-šu-ma li-šu-ṭa ap-ša-an-ni*

8 [*biltu*] *da-ád-me ka-bit-tú nu-ḫu-uš šamê(e) irṣitim (tim)*

9 *ina E-SAR-RA šú-bat ilu-ti-šu rabîti(ti) li-ša-az-nin šat-ti-šam*

10 *ilu Bêlit šar-rat E-SAR-RA ḫi-rat ilu Ašur ba-nit ilâni* (pl.) *rabûti* (pl.)

11 *ša Sin-aḫê* (pl.)*-irba šar* *mâtu Aššur ki* *ûme(me)-šam*

12 *a-mat damiqti-šu ina pân ilu Ašur liš-ša-kin šap-tu-uš-ša*

13 . . . . *šú-ti še-bi-e lit-tu-ti arâk ûmê* (pl.)*-šu*

14 *kûn palê*[(pl.)*-šu*]. . . . . *kussi šarruti(ti) šu*

a) Il ne reste rien du *recto* de cette tablette. La pl. 76 de l'autographie de Craig contient la col. IV et doit se placer après les pl. 77, 78 et 79, qui contiennent la col. III.

XXX. — Dédicace. *K.* 2411.

Planche LXXVII, colonne III.

1 A Ashur..
2 L'affermissement de mon règne, l'extension de ma royauté,
3 le fondement de mon trône, pour les jours éternels [qu'il l'établisse].
4 Ashur, le roi des dieux, le grand seigneur, qu'il regarde ma royauté
5 avec faveur ; dans......... il a exprimé le désir de son cœur.
6 Que toute parole de sa bouche rende heureux ceux qui se présentent devant lui.
7 Qu'on lui soumette les hommes des quatre régions, qu'ils portent (son) joug.
8 Des lourds présents des hommes, des richesses des cieux et de la terre,
9 l'E-sarra, demeure de sa divinité auguste, qu'on pourvoie tous les ans.
10 Bêlit, reine de l'E-sarra, épouse d'Ashur, mère des grands dieux,
11 que Sin-aḫê-irba, roi d'Ashur, tous les jours [invoque],
12 puisse être sur ses lèvres (de la déesse) une parole favorable pour lui devant Ashur !
13 .... un rassasiement de progéniture, la longueur de ses jours,
14 l'affermissement de son règne......... du trône de sa royauté,

Planche LXXVIII.

15 ^{ilu}*Ašur* ^{ilu}*Bêlit lit-tas-qa-ru a-na du-u-ri a-na* [*da-a*]-*ri* (?)

16 *6 ammatu*(pl.) *2/3 ammatu ina 1 ammatu arâk a-ma-ru* (?)

17 *3 ammatu 3 SU ammatu ina 1 ammat šarri pu-u-tu*

18 *12 na-al-ba-a-te ḫurâṣi šid-du*......................

19 *6* id. *rupši-šu qaqqad a-ma-ra-a-te ṣir*[*ruššû* (?)]...... *te ir*

20 *še-'-i-tu na-al-ba-na-a-te* *meš-ni*.......

21 *ḫasḫur a-bi* ^{abnu}*KA* ^{abnu}*ḫulâlu*(?) ^{abnu}*uknu* *i-lab-bu*

22 *še-'-i-tu šap-li-tu ḫurâṣi mê* (pl.) *ina muḫ-ḫi ḫub-bu*

23 *qab-la-a-te* ^{ŠAL}*AN-KAL* (pl.) *šapliš* ^{ŠAL}*AN-KAL* (pl.) *ṣu-pur*

24 8 ^{ŠAL}*AN-KAL* (pl.) *ina eli 2 gi-si-e ša šid-*[*di*]

25 *ištên a a*..... [^{ŠAL}]*AN-KAL* (pl.) *ina eli*..... *a*......

26 ^{ŠAL}*AN-KAL* (pl.) *mê* (pl.) *i-lab-bu*........... *bu*

27 *gi-si-a-ni mê* (pl.) [*ḫub*]-*bu*

28 *1 ammatu 2/3 ammatu ina 1 ammat šarri kab*....... *ku*[*ssi*]

29 *3 ammatu 3 SU ammatu ina 1 ammat šarri arâku ša kussi*

30 *1 ammatu 2/3 ammatu rupši-šu* ^{ŠAL}*AN-KAL* (pl.) *mê* (pl.) *i-lab-bu*

31 *4* ^{ŠAL}*AN-KAL* (pl.) *ina eli 2 gi-si-e šá šid-*[*di*]

32 *2* id. *ina pu-u-te pân* (?) *kussi*

33 *1 ammatu 2/3 ammatu arâk* ^{GIŠ}*kit-tur-ri 2/3 ammatu mu-lu-u*

34 *2/3 ammatu rupši-šu ku-up-te a-di ṣirruššû*

Planche LXXVIII.

15 qu'Ashur, que Bêlit prononcent pour l'éternité.

---

16 De 6 coudées, 2/3 de coudée est la longueur de l'encadrement (de l'estrade) ;

17 de 3 coudées, 3 *su* de coudée de roi est la largeur.

18 12. . . . . en or sont (sur) le côté long,

19 6 *id.* (sur) sa largeur ; à la tête des accotoirs un serpent colossal. . . . .

20 Une *rigole de*. . . . .

21 Des. . . . . des pierres *KA* , des pierres *ḫulâlu*, des lapis-lazuli l'enchâssent.

22 La *rigole* inférieure est en or ; l'eau coule dessus.

23 Au milieu, sont des *génisses-colosses* ; en bas, des *génisses-colosses*. La griffe

24 de huit *génisses-colosses* (repose) sur les deux *bords* du côté long.

25 Un. . . . . des *génisses-colosses* sur . . . .

26 Les *génisses-colosses* l'eau (les) entoure . . . .

27 Des *jets d'eau* la lancent.

28 De 1 coudée, 2/3 de coudée de roi est la [*hauteur*] du trône

29 De 3 coudées, 3 *su* de coudée de roi est la longueur du trône.

30 De 1 coudée, 2/3 de coudée est sa largeur. Les *génisses-colosses* l'eau (les) entoure.

31 4 *génisses-colosses* sont sur les deux bords du côté long ;

32 2 *id.* , sur le front devant le trône.

33 De 1 coudée, 2/3 de coudée est la longueur de l'*escabeau* ; de 2/3 de coudée, sa hauteur ;

34 De 2/3 de coudée, sa largeur. Le. . . . . (va) jusqu'au serpent colossal.

Planche LXXIX.

35 *da-ba-bu ša ina eli irši ša ina eli kussi šá* ^{ilu} *Bêl*
36 *ša ina bît* ^{ilu} *Ašur qar-rad-u-ni pa-aš-šu-ṭu-u-ni*
37 *šuma ša* ^{ilu} *Ašur-bân-aplu ina muḫ-ḫi šà-ṭir-u-ni*
38 ^{arḫu}*simânu ûmu XXVII kam lim-mu A-ú-ta(?)-nu...*
.... ma

La fin de la tablette manque.

Planche LXXVI, colonne IV.

1 .... *i bal*..........................
2 .... *[be]lum e-zi-zu nap-šu-ru*...............
3 .... *[ba]-nu-u šú-par-du-u šú-šú-pu qur-duk-ka*.............
4 *[E]-SAG-IL ku-um-mu ra-aš-bu šú-bat* ^{ilu} *Bêl*........
5 *[šá] a-na šarri na-ram-i-ka ud-du-šu šip-ri ilu-ti-ka*
6 *[ana-ku]* ^{ilu} *Ašur-bân-aplu šar* ^{mâtu}*Aššur*^{ki} *ri-e-šú mut-nin-nu-ka*
7 *[apil* ^{ilu}*]Ašur-aḫi-iddin šar* ^{mâtu}*Aššur*^{ki} *apil* ^{ilu} *Sin-aḫê* (pl.)*-irba šar* ^{mâtu}*Aššur*
8 *[pa-l]iḫ a-mat ilu-ti-ka rabîti(ti) muš-ti-'-u aš-ri-e-ka*
9 *[ù] parakkê* (pl.)*-ka mu-šal-lim parṣê* (pl.)*-ka mu-šap-ši-iḫ kab-ti-ka*
10 *[E-SAG]-IL ú-šak-lil gab-ri ap-si-i êkal be-lum-ti-ka*
11 *[hur]âṣi ú-za-'-in ú-nam-mir kîma ûme(me)*
12 *[ṣi-in]-du narkabat šar ilâni* (pl.) *úš-par-ru-du bêl bêlê*
13 *[*^{iṣu} *mu]sukannu iṣ-ṣi da-ri-e ma-a-a-al tak-ni-e*
14 .... *ša at abnê* (pl.) *ni-siq-ti ṣa-'-na-at*
15 .... *ša šú-us-ḫu-ra i(?)-ta*................
17[a] .... ^{ilu} *Marduk* ^{ilu} *Zar-pa-ni-tum..... me KI-AZAG(?) kun-nat*
18 *[ana balaṭ nap]šâti* (pl.)*-ia arâk ûmê* (pl.)*-ia a-na ši-riq-ti aš-[ruq*

a) La ligne 16 manque.

Planche LXXIX.

35 Le texte qui (était gravé) sur le lit, sur le trône de Bêl
36 placé dans le temple d'Ashur, on a gratté, on a effacé.
37 Le nom d'Assurbanipal dessus on a écrit.
38 Mois de Sivan, XXVIIe jour, éponymat de A-û-ta-nu...

Planche LXXVI, colonne IV.

1 ....
2 .... le souverain s'est irrité ; miséricorde.....
3 .... éclairer, illuminer, apprendre à conjurer est en ton *pouvoir*.........
4 L'E-sagil, le terrible sanctuaire, la demeure de Bêl....
5 dont ta divinité avait assigné l'œuvre à ton roi chéri,
6 moi, Assurbanipal, roi d'Ashur, ton grand priant,
7 fils d'Ashur-aḫi-iddin, roi d'Ashur, fils de Sin-aḫê-irba, roi d'Ashur,
8 qui révère les ordres de ta divinité auguste, qui prends soin de tes temples
9 et de tes sanctuaires, qui exécute tes ordres, qui apaise ta colère,
10 j'ai achevé l'E-sagil, image de l'abîme, le palais de ta majesté;
11 je l'ai orné d'or, je l'ai fait briller comme le jour ;
12 les harnais, le char du roi des dieux, j'ai fait resplendir; au seigneur des seigneurs,
13 avec du bois de musukannu, bois éternel, un lit de parade,
14 .... de pierres précieuses elle est remplie.
15 .... qui enchâssent......................
17 ....Marduk, Zarpânitum.......... sur l'abîme elle est affermie.
18 Pour la vie de mon âme, la longueur de mes jours je (l')ai offert en don.

Planche LXXVI (suite).

19 .... *iá (?) du i-šak-ka-nu ir-ru-bu E-ru-'-a-me*

20 .... *ia a-na a-ḫa-meš liq-bu-u ilâni* (pl.) *ki-lá-la-an*

21 [*ṣ*]*i-it pi-i-šu-nu ellu šá la uttakkari (ri) lik-ru-bu šarru-ti*

22 [*ṣ*]*u-me-rat libbi-ia li-šak-ši-du-in-ni ša aš-te-'-a aš-ri-šu-un*

Planche LXXVII.

23 *nakirê* (pl.)-*ia li-is-pu-nu ša ú-šal-li-mu bi-bil libbi-šu-un*

24 [*ša*] *(?) šú-me šaṭ-ru i-pa-aš-ši-ṭu-ma šum-šu i-šaṭ-ṭa-ru*

25 [*z*]*i-kir šarri muš-te-'-u aš-rat* ^{ilu}*Marduk* ^{ilu}*Zar-pa-ni-tum*

26 *minma ši-pir ni-kil-ti ma-la ba-šu-u i-sa-pa-nu ib-ba-tú*

27 ^{ilu}*Marduk šar ilâni* (pl.) *ni-iš libbi-šu li-e-ṭi-ir li-ḫal-liq zîr-šu*

28 ^{ilu}*Zar-pa-ni-tum ina UR-ŠI E-ḫa-am-mu-ti li-mut-ta-šu lit-tas-qar*

Planche LXXVI (suite).

19 .... ils placeront, ils entreront dans l'E-ru'ame.

20 .... que les deux dieux décrètent mutuellement.

21 De leur parole auguste, immuable, qu'ils bénissent ma royauté.

22 Qu'ils me fassent réaliser le vœu de mon cœur, à moi qui prends soin de leur temple.

Planche LXXVII.

23 Qu'ils terrassent mes ennemis, à moi qui accomplis leurs désirs.

24 Celui qui effacera le nom inscrit pour inscrire son nom,

25 qui la mémoire du roi qui prend soin des temples de Marduk, de Zarpânîtum,

26 (et) toute l'œuvre artistique détruira, anéantira,

27 que Marduk, roi des dieux, déjoue ses desseins, anéantisse sa race ;

28 que Zarpânîtum, sur le..... de l'E-Ḫammuti, jure son malheur.

COMMENTAIRE

Col. III. 2 *kûn,* écrit *DU.*

9 *li-ša-az-nin* « qu'il pourvoie » ou de *zanânu* pleuvoir, « qu'on fasse pleuvoir », c'est-à-dire « abonder ».

11 Il semble que le scribe a omis un verbe dont *Sin-aḫê* (pl.)-*irba* devait être le sujet. Je l'ai restitué dans la traduction d'après le contexte par « invoque ». On pourrait aussi rendre *ša* par « celle de », ou « en ce qui touche Sin-aḫê-irba », etc.

16 Comme le prouve la souscription, *infra,* l. 35, l'offrande se composait d'une estrade ou lit, *iršu,* et du trône qui reposait sur cette estrade. Les mesures des l. 16 et 17 sont celles de l'estrade.

18 *na-al-ba-a-te* ou *na-al-ba-na-a-te* comme a lu Craig l. 20? S'il faut maintenir la lecture *na-al-ba-a-te,* nous avons là un dérivé de לבה « entourer », désignant des objets décoratifs placés autour de l'estrade. — *na-al-ba-na-a-te,* r. לבן, peut-être des plaques d'or incrustées sur les parois ou sur le parquet de l'estrade.

20 *še-'-i-tu,* peut-être « rigole » ou « bassin » puisqu'on faisait couler de l'eau dessus; cf. syr. ܫܥܐ, « polir ».

21 *ḫasḫur a-bi,* v. Brünnow, n° 4193, où le groupe est précédé du déterminatif de plantes, *Ú.* Cette plante était, sans doute, une espèce de roseau, représenté peut-être au milieu du bassin comme motif de décoration.

23 *ŠAL* *AN-KAL* (pl.); l'idéogramme *AN-KAL* désigne les génies protecteurs, à forme de taureaux-colosses, *šêdu* ou *lamassu* qui gardaient l'entrée des palais et des temples. Mais il est précédé ici, comme dans les prismes d'Asarhaddon, A et C, col. V. 122, du

déterminatif du féminin *ŠAL*. Faut-il le rendre par *šédâti ?* S'agit-il de *génisses-colosses*, comme je l'ai traduit provisoirement? Ne serait-ce pas plutôt des *lionnes-colosses ?*

24 *gi-si-e* « côtés » (?), cf. le syr. ܓܣܐ, « côté ».

27 *gi-si-a-ni* « source artificielle », « jet d'eau »; cf. le syriaque ܓܣܐ « eructavit », « sourdre » en parlant d'une fontaine.

32 *pân*, douteux. Craig a lu *pap;* Virolleaud, un signe indécis, qui peut-être *nu* ou *pap*, ou plutôt *ši*, sans le clou vertical du milieu.

33 *kit-tur-ri*, probablement « l'escabeau » placé devant le trône pour permettre au dieu d'y placer ses pieds. Sa longueur correspond exactement à la largeur du trône, et ses dimensions en hauteur et en largeur, trente-trois centimètres environ, conviennent bien à cette destination.

36 *qar-rad-u-ni* « on a gratté »; cf. hébr. גרד, syr. ܓܪܕ, « effacer en raclant », v. *supra*, col. III, l. 11, le nom de *Sin-aḫé-irba*, probablement le donateur du trône. Cette tablette devait contenir, avec l'indication des mesures du trône, la reproduction de l'inscription dédicatoire originale, effacée par les scribes d'Assurbanipal.

Col. IV. 3 *šú-par-du-u* ou *šú-ud-du-u? K.* 2801, 8, *šu-par-du-u u šububu* semble exiger la lecture *šú-par-du-u* car *šububu* implique l'idée de « rendre brillant ». I R., 35, 5 est identique à notre passage : *ša šú-par-du-ú šú-šu-pu ba-šú-ú itti-šu* (Nabû).

5 *ud-du-šu*, pael de ודה. Il me semble difficile de donner à la phrase un sens acceptable, si on y voit l'infinitif ou le permansif de ארש.

19 *E-ru-'-a-me*, encore un nom de sanctuaire. *ru-'-a-me* est-il à rattacher au pael de ריאם ?

28 *E-ḫa-am-mu-ti*, « temple du gouvernement » ?

XXXII

Incantation. (Fragment)

XXXII. — Incantation (Fragment). *K.* 9148.

Planche LXXIX.

1 idem ^{ilu}*Marduk* *dannu* ^{ilu}*NIN* ....

2 idem ^{ilu}*Marduk* *dannu* ^{ilu}*Šamaš ba-nu-*[*ú*] ....

3 idem ^{ilu}*Marduk* *dannu* ^{ilu}*Išum mut* ....

4 idem ^{ilu}*Marduk* *dannu* ^{ilu}*UḪ* ^{ilu}*SAR-GAZ* ......

5 *lid-din-ku-nu-ši* ^{ilu}*ŠIT-LAM-TA-UD-DA* ....

6 *lip-qid-ku-nu-ši sibi* ^{amilu}*qêpâni* (pl.)................

7 idem *ana* ^{ilu}*Nam-tar sukkal irṣitim (tim) ša bâb ka*...............

8 *li-še-ri-bu-ku-nu-ši bâb*..........................

9 *ana qâtâ' gallê* (pl.) *rabûti* (pl.) *li*...................

10 ^{ilu}*NE-GAB qêpu rabû irṣitim (tim)*............

11 *lid-din-ku-nu-ši ana* ^{ilu}*NIN-IŠ-ZI-DA guzalû*......

12 ^{ilu}*A-nun-na-ki ilâni* (pl.) *rabûti* (pl.) *lik*..............

13 *ú-tam-me-ku-nu-ši guzalâ (a) rabâ (a) da*...........

14 *lik-la-ku-nu-ši na-'-i-lu šá ki*....................

15 .... *ka-ni la ta-as-sa-na-aḫ-ḫu-ra-ni la ta-as-*[*sa-na-aḫ-ḫu-ra-ni*]

a) Ce fragment fait peut-être partie des textes de la série *Maqlû* avec lesquels il présente beaucoup d'analogie; cf. Tallquist, *Maqlû*, IV, 9, 55, 72, et V, 156-163, etc.

XXXII. — Incantation (Fragment). *K.* 9148.

Planche LXXIX.

1 *idem*, Marduk, le puissant, Nin ....
2 *idem*, Marduk, le puissant, Shamash, qui éclaire......
3 *idem*, Marduk, le puissant, Ishum....................
4 *idem*, Marduk, le puissant, le dieu Uḫ, le dieu Sargaz.....
5 Qu'il vous livre, le dieu Shitlamtaudda...............
6 Qu'il vous confie [aux] sept gardiens.................
7 *idem* à Namtâr, le gouverneur de la terre, qui la porte de.........
8 Qu'il vous fasse entrer par la porte..................
9 Aux mains des grands démons qu'il..................
10 Que Negab, le grand gardien de la terre..............
11 vous livre à Nin-gišida, le gouverneur...............
12 Que les Anunnaki, les grands dieux..................
13 Je vous adjure par le grand gouverneur...............
14 Qu'il vous arrête le *gardien* de......................
15 .... ne revenez pas, ne revenez pas.

COMMENTAIRE

1-4 Marduk est écrit [ilu]*SILIG-MULU-SAR; dannu* est écrit *man* qu'on pourrait transcrire aussi par *šarru*.

6 *ana* manque après *lipqidkunuši*.

14 *na-'-i-lu* peut se ramener à la racine נטל « enfermer »; celui qui « arrête », qui « emprisonne ».

XXXIII

Prescriptions rituelles touchant les fonctions du devin *(bârû)*

XXXIII. — Prescriptions rituelles touchant les fonctions du devin (*bârû*). *K.* 2350.[a]

Planche LXXX.

1 *e-nu-ma* [amîlu] *bârû ana šarri bi-ra ba-ri-e*
2 *u parṣa šakâni(ni) pa-nu-šu šaknu(nu)-šu ina še-rim la-am*
3 [ilu] *Šamaš na-pa-ḫi* [amîlu] *bârû agubbâ i-ra-muk*
4 *ana libbi šamni BA'R-GA* [šammu] *ŠI-ŠI inadi(di)-ma ippašaš(áš)*
5 *lubušta za-ka-a il-tab-ba-aš*
6 [iṣu] *bîna* [šammu] *ṬUL-LAL ú-tal-lal ba-lu pa-tan*
7 [iṣu] *erina ina pî-šu ú-na-[ʾ-aš]*
8 *nisaba ina pî-šu i-li-[ʾ-ma]*
9 [abnu] *AN-GUG-ME SIG-GAM-ME-BE išakak* [[abnu] *ŠU-SAR*]
10 [abnu] *subû* [abnu] *PA ina DUR-NU išakak-ma ina....... šu išakkan(an)*
11 *kibir* [ilu] *nâri imat nâri ina išâti uq-ta-at-tar*
12 *ni-qa-a ú-ka-an bi-ra i-bar-ri-ma*
13 *ina di-ni-šu* [ilu] *Šamaš* [ilu] *Adad ki-niš izazu*
14 *NAM-BUR-BI ni-qa-a i-paṭ-ṭar* [abnu] *subû* [abnu] *PA*
15 [abnu] *AN-GUG-ME ipaṭṭar-ma akâla u nisaba*
16 *ša ina pî-šu i-li-mu ina šapal šêpâ'-šu ikabbas-ma*
17 *ina eli izzaz(az) ma-ʾ-da-ti i-[ṣa-a-ti]*
18 *ina libbi-šu ana* [ilu] *Šamaš idabub-ma NAM-BUR-BI tanatti(ti)*
19 *ba-ru-ti a-ma-ru u šú-ma ra-ba-a li-qu-u*

---

20 *e-nu-ma* [amîlu] *bârû bi-ra [i-bar-ru-u]*

a) Ce fragment fait partie d'un texte rituel concernant le *bârû*, reconstitué par Zimmern, *Ritualtafeln*, nº 11, p. 112, pl. XXVIII. J'ai suivi la collation faite par Weissbach pour Zimmern.

XXXIII. — Prescriptions rituelles touchant les fonctions du devin *(bârû)*. *K.* 2350.

Planche LXXX.

1 Lorsque le devin à voir une vision pour le roi
2 et à rendre un oracle appliquera sa face, à l'aurore, avant
3 le lever du soleil, le devin se lavera dans un vase à ablutions.
4 Dans de l'huile *parfumée,* il jettera de la plante *shi-shi ;* il s'oindra (avec).
5 Un vêtement pur il revêtira.
6 Avec du tamaris, de la plante *tullal,* il se purifiera ; sans *l'avaler,*
7 du cèdre dans sa bouche il *mordra.*
8 De l'*orge* dans sa bouche il mâchera.
9 Des pierres *angugme* sur un vêtement *couleur de sang* il *disposera ;* des pierres *shusar,*
10 des pierres *shubû,* des pierres *pa* sur un............ il disposera, sur son..... il placera.
11 Sur la rive du fleuve, il fera des fumigations avec l'écume du fleuve.
12 Il offrira une victime, il verra la vision.
13 Pendant qu'il jugera, Shamash, Adad l'assisteront fidèlement.
14 Les rites d'apaisement de l'offrande il rompra ; les pierres *shubû,* les pierres *pa,*
15 les pierres *angugme* il détachera ; le mets et l'orge
16 que dans sa bouche il aura mâchés, sous ses pieds il foulera ;
17 il se tiendra dessus ; beaucoup (ou) peu,
18 au milieu, à Shamash il dira. — Rite d'apaisement pour
19 contempler la gloire de l'art de la vision et acquérir un grand nom.
20 Lorsque le devin voit une vision, etc.

COMMENTAIRE

2 *parṣa* écrit *ME-A*.

4 *šamni BA'R-GA ;* faut-il lire *bašâmi* avec Zimmern? V. *supra, K.* 3245, p. 252, col. I, 31; col. II, 14.

6 *pa*[*tan*] restitué d'après *K.* 3862, *verso,* 6; v. Zimmern, *Ritualtafeln*, pl. XXXI.

7 *ú-na*[-'-*as*], restitué par analogie d'après *K.* 2364, où on lit *ú-na-'-is*. Pour le sens de « mordre », cf. l'ar. نَهَسَ et نَهَشَ, « mordre », et le syr. ܢܘܗܣܐ, « morsure ». Ce sens est confirmé par le passage de la l. 15, *infra,* où la locution est remplacée par *akâla.* Zimmern a traduit « Cedern (saft) mit seinem Munde schlürfen ».

8 *i-li*-['-*ma*], restitué d'après *K.* 2364. Sur *K.* 3862, *verso,* 7, on lit *i-li-im-ma,* v. *infra,* l. 16, *i-li-mu.* L'écriture *i-li-'-ma* et le contexte prouvent en faveur de la rac. לחם (Zimmern).

9 *SIG-GAM-ME-BE :* la transcription de Zimmern, *nabâsa dâmi*, « laine couleur de sang », est plausible. Cependant comme le dernier signe de l'idéogr. de *nabâsu,* le signe *DA (SIG-GAM-ME-DA)* est remplacé ici par *BE,* je me demande si le groupe entier ne répondait pas à un seul mot assyrien, qui nous est encore inconnu, mais d'un sens analogue à celui indiqué par Zimmern.

10 *ina DUR-NU ;* Zimmern transcrit *ina riksi (?) ṭamî (?).* — Plus loin, entre *ina* et *šu*, il restitue *kišâdi*. Toutes les restitutions, depuis cette ligne jusqu'à la fin, sont empruntées à *K.* 8949; v. Zimmern, pl. XXVIII.

18 *idabub-ma* est écrit *KA-KA-ma; tanatti, IM-TUK-ti* et dans *K.* 3862, *verso,* 15, *ta-na-at-ti.*

20 Cette ligne forme le début d'un autre texte rituel, v. Zimmern, *op. cit.*, p. 112, l. 16.

XXXIV

Consultation de Shamash et de Adad

XXXIV. — Consultation de Shamash et de Adad[a]

K. 2608 + 2633 + 3101 *b* + 3435.

Recto. Planche LXXXI.

1 ^{ilu}*Šamaš bêl di-nim* ^{ilu}*Adad bêl bi-ri pulpul* [*bêl lu-bušti*] *u lubušti anní(i) šar* ^{mâtu}*Šú-me-ri* [*u* ^{mâtu}*Akka-dî*] *šakkanak Bâbili*

2 *ša šatti annîti(ti) ana alâki mât nakiri-šu mâta pulpul ana dâki* [*ṣâbê*] (pl.)-*šu šaknûti* (pl.)-*šu lib-ba-šu na-šu-šu ka-*[*a-a-ma-nu*] *ti-iṣ-mu-ru-ma*

3 *ilu-ut-ku-nu rabîti(ti) tidû(ú) kîma pî ilu-*[*ti-ku-nu rabî*]-*ti ina libbi šatti amîti(ti) li..... mà am-ma-ti daian mâti-šu rapaštim(tim) liš-kun*

4 *umman-šu mât-šu karâs-su ri-ṣi-šu..... meš-šu li-paḫ-ḫir narkabti..... narkabâti* (pl.) *mâti-šu mala bašû(ú)*

5 *lid-ka-a ṣabê* (pl.) *taḫâzi a-lik i-di-ši-*[*na*]..... *u* ^{mâtu} *Nam-ri kabtu ti..... i(?) Aḫ-la-me-i šú-ut kuš-ta-ri mala bašû(ú)*

6 *a-ḫi-iz kišâd tâmti ṣa-bit* ^{mâtu}....... *u ga-du ra ban AN*[*MI?* ^{ilu}] *Na-an-na-rú ki-rib mâti-šu aš-bu-ma*

7 *ina ni-iš* ^{ilu}*NIM-TU bêl.......... ma ina ṭu-ub-ba-a-*[*ti*]..... *ip-ṭu-ru-uš itti ṣâbê* ^{ilu}*Bêl* ^{ilu}*Šamaš u* ^{ilu}*Marduk*

8 *ša ga............ ki-šu-nu-ti..... ša-du-ni ni..... pa.....* [*ṣ*]*i-mit-ta-šu šu-te-šir*

9 .... *meš an-na-a-ti abulli Bâbili........... pi...* [*ana*]*mâtâtî*(pl.)-*šu lu-etiq(iq) nârâti*(pl.)...*ra-a-nu*

10 *ina..... mil-lim ra-man-šu li-te-bir rik-si u......... e-lu-ti u šaplâti* (pl.) *lit..........*

a) Cette tablette fait partie des textes de Shamash et Adad, dont Craig a annoncé depuis plusieurs années la publication. Puisqu'il donnait un recueil de morceaux types, et qu'il avait copié les tablettes similaires, il devait et pouvait combler partiellement les lacunes de celle-ci; avec un texte aussi fragmenté je n'ai pu que donner une transcription et une traduction en partie conjecturales.

XXXIV. — Consultation de Shamash et de Adad
K. 2608 + 2633 + 3101 *b* + 3435.

Recto. Planche LXXXI.

1 O Shamash, seigneur du jugement, ô Adad, seigneur de la vision, X, le maître de ce vêtement et de ce vêtement, roi de Sumer et d'Akkad, gouverneur de Babylone,

2 que cette année à aller dans le pays de son ennemi, le pays X, à frapper ses soldats, ses chefs, son cœur porte, (qui) y pense constamment,

3 votre grande divinité le sait, par l'ordre de votre grande divinité, en cette année qu'il.......................
la terre (?) un juge de son vaste pays qu'il établisse;

4 ses troupes, son pays, son camp, ses auxiliaires.......
ses......... qu'il rassemble; les chars............
les chars de son pays, tous autant qu'ils sont;

5 qu'il mobilise les combattants qui marchent à leurs côtés........... le puissant Namri, les Aḫlaméens, habitants des tentes, tous autant qu'ils sont.

6 Celui qui possède le rivage de la mer, qui occupe le pays de........... et jusqu'à......... une éclipse (?) de lune dans son pays a eu lieu.

7 Par NIM-TU seigneur de...................... avec bienveillance................. il l'a délivré avec les soldats de Bêl, de Shamash et de Marduk

8 ....dirige son attelage.

9 Ces.................. la porte de Babylone..........
...... vers ses pays puisse-t-il se diriger; les fleuves

10 dans....... la crue puisse-t-il traverser lui-même; le charme et............... les choses d'en haut et les choses d'en bas qu'il............

Recto. PLANCHE LXXXI (suite).

11 *ḫur-ri na-ad-ba-ku u sa-hi-ma-a-ti ša šadî(i)*......
mâta pulpul ana dâki ḫabâti u šalali li-.........
12 *eli ilu-ti-ku-nu rabîti(ti)* ^{ilu}*Marduk bêl riksi*.........
ḫarrâni-šu šú-šur padâni-šu ša-ṭe-ip ga-ri-šu
13 *šum-qut lim-nu u a-a-bi nakiri-šu ṣa-bi-tú ina alâk*
ḫarrâni [lubušta] u ^{ku}*lubušta annâ ina di-ḫu šib-ṭu*
mu-tú kâni u siḫipti
14 *ina ḫi-miṭ urri ṭa-rid ti-u-ra-ti* ^{ilu}*Adad ašakku mur-*
[ṣu(?)]....... *ina limni šú-ru-ub-bu-ú u ḫar-ba-a-šu*
ši-bu ša šadî (i)
15 *mu-na-aš-šir minma šum-šu i-lak kar-ir-ti ud-di-im*...
[it]-te-iṣ-ṣi-ma ina šalimtim(tim) ana mât nakiri
šuâtu(tú) ikašad(ad)
16 *kîma ana mât nakiri šuâtu(tú) ik-tal-du šúm-ma ina*
epeš(eš) kakkê (pl.).......... *ú tib-ti im-taḫ-ḫa-*
ru-šu u maliku ilamme(e) alâni (pl.) *dan-nu-ti*
17 .... (pl.)*-e-ma itti-šu im-taḫ-ḫa-ṣu* ^{ilu}*Bêl bêl kakkê*
(pl.)*-ku [*^{ilu}*I]štâr be-lit qabli e-pi-šat a-na-an-ti*
18 *[durâ]ni* (pl.)*-šu-nu dan-nu-ti isapanu šum-ma šuk-*
niš dun-nu... *[ina pu]-luḫ-ti-šu šar mât nakiri-šu ša*
ku-uṣ-ṣu-ru-šu...
19 .... *matâti* (pl.)*-šu*..... *ittalak(ak)*
qu-rad nakir-šu na-aš kakka ašari[du].... *pal*....
20 .... *ka lim-nu immaru(ru)*
kakkê (pl.) *nakiri-šu*........ *ba-ku-ú*
21 .... *meš kakkê* (pl.)*-šu*
eli kakkê (pl.) *nakiri-šu*..... *inaṣaru(ú)*

Recto. PLANCHE LXXXI (suite).

11 Les ravins, les précipices et les gorges de la montagne .... pour frapper, ravager, piller le pays, qu'il.......

12 à votre grande divinité. Marduk, le seigneur du charme .... [guide] sa voie, dirige sa marche ; il submerge ses ennemis,

13 terrasse le méchant et l'adversaire, son ennemi. Il prendra dans sa marche ce vêtement et ce vêtement; par l'affliction, le carnage, la mort, l'écrasement et l'accablement,

14 par une lumière flamboyante, il chassera les.......... d'Adad, le démon de la maladie............. par la méchante fièvre, le frisson, le.......... de la montagne,

15 il brisera tout ce qui existe; il *marchera (dans) la destruction, l'oppression,*..... il ira, il arrivera sain et sauf dans le pays de cet ennemi.

16 Lorsqu'il sera arrivé au pays de cet ennemi, si par les armes.................. et le *combat* on le recevra et si le prince assiègera les villes fortes,

17 .... (si) avec lui combattront Bêl, le seigneur de tes armes, Ishtâr, la dame du combat, qui se livre à la lutte,

18 (si) leurs forteresses puissantes ils renverseront; si....., la puissance......................dans sa terreur le roi du pays de ses ennemis contre lequel il prépare la lutte.......

19 .... dans ses pays.............. il ira, le guerrier, son ennemi, le porteur de l'arme, le premier.............

20 .... le méchant il verra, les armes de son ennemi............... la désolation.

21 .... (si) ses armes contre les armes de son ennemi.............. protègeront

Recto. PLANCHE LXXXI (suite).

22 .... *si-kip-tú ri-si-ib-tu u ḫi-im-ṣa-a-ti ša ummân nakiri šuâtu(tú)*

23 .... *mu-tú u a-si-ru-tú ú-šal-lak-šu-nu-ti-i* (sic)

24 .... *[šu?]-kut-tú u ḫuṣâbu ša ummân nakiri šuâtu(tú) ina paqâdi-šu išakkanu (nu)*

25 .... *šattu annîtu(tu) ina pî ^{ilu}Šamaš u ^{ilu}Adad ilu-ti-ku-nu rabîti(ti) qa-bi-i ku-un-ma*

26 .... *ra pi-qiṣré* (pl.)-*šu dan-nu-ti ub-ba-a-tú*

27 .... *ú-m̃a-mu a-me-lu-tú u ša-šu u makkûru ša mât nakiri šuâtu(tú) qât-su ikašad(ad)*

28 .... *lid-na išakkanu(nu) na-a-ru ina tak-na-a-ti ma-ḫar-šu lik-ta-aṣ(z)-ṣa (za)-nu*

29 .... *lit ṭûb(ub) libbi(bi) uš-ša-pu ultu ul-li-i*

Verso. PLANCHE LXXXII.

Lacune de sept lignes.

1[a] *i-zib ša pulpul bél lubušti u [lubušti annî(i)]*.........
....

2 *mi-ti-iq nakiri imagur-ma libbi[šu]*... *a'ab* ....
....

3 *bél lubušti u lubušti annî (i) adi ummâni-šu u kar[às-su]*..............................

4 *u mâta i-maš-ú ina kal ûme(me) u nu-bat-ti u AB-ŠA'-KI*..............................

a) De la ligne 1 à la ligne 7, la moitié de chaque ligne manque.

Recto. PLANCHE LXXXI (suite).

22 .... l'écrasement la ruine et la défaite de l'armée de cet ennemi.

23 .... à la mort et la captivité il les fera aller.

24 .... (si) le mobilier luxueux et les richesses de l'armée de son ennemi en son pouvoir on mettra.

25 .... cette année par l'ordre de Shamash et d'Adad, votre grande divinité, une parole fidèle

26 .... ses troupes puissantes il détruira.

27 .... le bétail, les esclaves et les richesses et les biens du pays de cet ennemi sa main prendra.

28 .... il placera; le fleuve en bon ordre devant lui puisse-t-il *franchir*.

29 .... le bonheur du cœur il a *produit* depuis longtemps.

Verso. PLANCHE LXXXII.

1 Laisse, que X, le maître de ce vêtement et de ce vêtement..

2 La marche (contre) l'ennemi son cœur agréera.........

3 Le maître de ce vêtement et de ce vêtement avec son armée et son camp..............................

4 et le pays il *pillera*, tous les jours et (tous) les *soirs* et...

Verso. PLANCHE LXXXII (suite).

5 *ina libbi ummâni-šu ṣâbê* (pl.)-*šu tappê* (pl.) *ša ittišu mala bašû(ú) a*..............................

6 *a-na ta-mar-tú kiš-ša-tú ana ba-bal še-am u tibnu*.... ....

7 *ana šadê* (pl.) *ellû (ú) ina libbi-šu-nu ru-ú-qu e di alaktu (?) arki a*..............................

8 *e-zib ša pulpul bêl lubušti u lubušti annî(i) adi ana mâti nakiri šuâtu(tú) ittallaku(ku)* [*ḫu-bu-ut*] *alu rabbu(ú) ša ina kal mâti-šu aš-bu*

9 *ḫu-bu-ut ṣêri-šu u alâni* (pl.) -*šu ṣiḫrûti* (pl.) *iḫabbat išallal ileqqi ú*........ *mâti-šu ûmi (mi)-šam*... *itanarraru(ru)*

10 *ša lu-ú napâḫa lu-ú bîra*..... ^{ilu}*Šamaš u* ^{ilu}*Adad ki-a-am*

---

11 *ta-mit alâk ḫarrâni ana mât nakiri ana* [*dâ*]*ki maḫâṣi u šalâli ana di-in alâku (ku) u turra (ra)*

---

12 *napḫariš 47 MU-meš SIT at. ta(?) ši*....... *ab-SAR-a-an ba-an-UD-DU*

13 *dup-pi* ^{ilu}*Nabû-li'u-ukin apil* ^{ilu}*Marduk-gab-bi-ilâni* (pl.)-*ni-ereš (eš)* ^{amilu}*rab-dupšarri* (pl.)

Verso. PLANCHE LXXXII (suite).

5 au milieu de son armée, de ses soldats, de tous ses compagnons qui sont avec lui.....................

6 pour des tributs de toutes sortes, pour l'apport du grain et de la paille.................................

7 ils graviront les montagnes, dans leur intérieur lointain...

8 Laisse, que X, le maître de ce vêtement et de ce vêtement, jusqu'au pays de cet ennemi aille, que le butin des grandes villes de tout son pays,

9 le butin de ses champs et de ses petites villes il pille, il butine, il emporte.................... son pays tous les jours tremble;

10 *soit par une illumination, soit par une vision...* Shamash et Adad en ces termes.

---

11 Oracle de la campagne contre un pays ennemi, pour frapper, écraser et piller, pour la décision du départ et du retour.

---

12 En tout 47 lignes..........................écrit, vu.

13 Tablette de Nabû-li'u-ukin, fils de Marduk-gabbi-ilâni-eresh, grand scribe.

COMMENTAIRE

Recto. 1 *lubušti u lubušti anni-i* écrit *SIG u SIG E-NE-i*. L'écriture *SIG-NE* du *recto*, 13, et *SIG-NE-i* du *verso*, 3 et 8, me porte à voir dans *E-NE* l'idéogramme de *annû*, plutôt qu'un nom de vêtement. On consultait donc les dieux en leur présentant les vêtements de celui au nom duquel se faisait la consultation, vêtements qu'il devait porter pendant la campagne, *recto*, 13.

2 *annîti*, écrit *NE-ti*. — *na-šu-šu* d'après la collation de Virolleaud; Craig paraît avoir lu *na-siq*. — Cf. *K*. 83-1-18, 540, *verso*, 6-8 (Knudtzon, *Assyrische Gebete an den Sonnengott*, 1893, n° 43).

3 *liš-kun*, d'après Craig. Virolleaud a lu *iškun*.

4 *mala bašû* est toujours écrit dans ce texte *DIR-IK-ú*.

5 *Aḫlamei*, cf. *K*. 11437, *recto*, 11 (Knudtzon, *Assyrische Gebete*, n° 108), [*lu*]*ú Akkadu lu-ú Aḫ-lá-mu-ú lu-ú Gi-mir-*[*ra-a*].

7 Craig n'a-t-il pas lu à tort *ilu NIM-TÚ* au lieu de *ilu Marduk*.

8 *šu-te-šir*, d'après la collation de Virolleaud. Craig a lu *tú-te-šir*.

9 *etiq* écrit *LU-iq*.

10 *e-lu-ti*. Craig a omis *ti*.

11 *sa-ḫi-ma-a-ti*, Craig a omis *ḫi*. Ce mot répond à *naḫlu* dans les locutions analogues. *dâki ḫabâti u šalâli*, écrit *GAZ SAR u IR*. Au lieu de *IR*, Craig a lu, à tort probablement, *ni*.

13 *kâni* écrit *PI-KI*, v. Brünnow, n° 7975. Le sens d'« écrasement » est imposé par le contexte. *siḫipti*, écrit *NAM-ŠU*; *ŠU* = *saḫâpu*. Cette transcription est préférable ici à *šimâti-šu*.

14 *ši-bu* est-il ici un idéogramme ?

15 *i-lak kar-ir-ti ud-di-im* ou *i-lak-k(q)ar ir-ti tam-di-im ?*

šuâtu écrit *MUR-tú;* cf. Knudtzon, *Assyrische Gebete*, p. 16 et 77.

17 Les traces de signe encore apparentes dans la lacune du commencement de la ligne ne permettent pas de restituer *NIGIN,* comme le veut Craig.

21 *inaṣaru,* écrit *SES-meš-ú.* Il est possible qu'on doive transcrire ici cet idéogramme par un autre verbe que *naṣâru.*

24 *paqâdi, ŠIG (ši-pir).*

Verso. 1 Sur *ezib,* v. *supra,* p. 112, note sur le *recto,* 10.

2 *imagur-ma, ŠE-GA-ma.* Craig a lu *KUR-GA-ma.*

5 *tappê, BAR-meš* qu'on peut transcrire aussi par *asaridûti,* « les chefs ».

7 *ellû, UDDU-meš-ú.*

8 *alu rabbu, RAB-ú.*

9 *iḫabbat išallal ileqqi,* écrit *SAR IR TI.* Cette transcription me parait imposée par le contexte. — *itanarraru,* après *ûmišam* la copie de Craig est inexacte. La tablette est d'abord effacée et à la fin de la ligne on peut lire *UR-UR-ru* = *itanarraru,* v. Delitzsch, *AHW.*, p. 715 b.

10 *ša lu-ú napâḫa lu-ú bîra :* la copie de Craig est encore, je crois, inexacte en ce passage; il a lu 7 *šú ana,* etc., au lieu de *ša lú-ú ZI-meš lu-ú BAR-meš,* locution usitée dans ces sortes de consultations ; sur la transcription *napâḫa..... bîra* de *ZI-meš* et *BAR-meš,* v. *supra,* p. 112, *verso,* 6.

XXXV

Dédicace de Sennachérib a Ashur

XXXV. — Dédicace de Sennachérib a Ashur.
K. 5413 A.

Planche LXXXIII.

1 *a-na* ^{ilu}*Ašur šar kiš-šat ilâni* (pl.) *ba-nu-u ram-ni-šu ab ilâni* (pl.)

2 *šá ina apsî iš-mu-ḫu gat-tu-uš šar šamê(ê) u irṣitim (tim)*

3 *bêl ilâni* (pl.) *ka-la-ma ša-pi-ik* ^{ilu}*Igigi u* ^{ilu}*A-nun-na-*[*ki*]

4 *pa-ti-iq sa-mi* ^{ilu}*A-num u ki-gal-li e-piš kul-lat da-ád-me*

5 *a-šib bu-ru-mu ellûti* (pl.) ^{ilu}*bêl ilâni* (pl.) *mu-šim šîmâti* (pl.)

6 *a-šib E-SAR-RA ša ki-rib Aššur bêli rabî(i) bêli-šu* [^{ilu}*Sin-aḫê* (pl.)]*-irba*

7 *šar* ^{mâtu}*Aššur*^{ki} *e-piš ṣa-lam* ^{ilu}*Ašur ilâni* (pl.) *rabûti* (pl.) *a*[*na*]. . . . .

8 *arâk ûme* (pl.)*-šu ṭûb (ub) libbi(bi)-šu kûn palê* [pl. *-šu*]. . . . .

9 *LI-LI-AB siparri ruššî pi-ti-*[*iq*]. . . . .

10 *ša ina ši-pir* ^{ilu}*ŠAL-KA-GU e-rim*. . . . .

11 *nak-liš ú-še-piš-ma a-na sa*. . . . .

12 *ù nu-uḫ libbi (bi)* . . . .

13 *ûmu V kam ûmu VII kam*. . . . .

14 *ù i-si*[*n-ni*]. . . . .

XXXV. — Dédidace de Sennachérib a Ashur.
K. 5413 A.

Planche LXXXIII.

1 A Ashur, roi de tous les dieux, son propre créateur, le père des dieux,

2 (lui) dont la personne a grandi dans l'abîme, le roi des cieux et de la terre,

3 le seigneur de tous les dieux, qui *soutient* les Igigi et les Anunnaki,

4 qui a fait les cieux d'Anu et le monde souterrain, créateur de tous les hommes,

5 habitant du brillant firmament, seigneur des dieux, qui fixe les destins,

6 habitant de l'E-sarra qui est au milieu d'Ashshur, le grand seigneur, son maître, Sin-aḫê-irba,

7 roi d'Ashshur, a fait l'image d'Ashur. Les grands dieux pour . . . .

8 la longueur de ses jours, le bonheur de son cœur, l'affermissement de son règne . . . .

9 Un *li-li-ab* en cuivre brillant, œuvre de . . . .

10 que par l'art de *Shal-ka-gu* un encadrement . . . .

11 avec art il l'a fait pour . . . .

12 et le repos du cœur . . . .

13 Le jour V, le jour VII . . . .

14 et la fête . . . .

COMMENTAIRE

4 *sa-mi,* évidemment pour *šami :* les cieux d'Anu sont la partie la plus élevée des cieux, en opposition au monde souterrain, *kigalli ;* cf. récit du Déluge, 115, *K. B.* VI, p. 236.

6 *Aššur,* écrit *PAL-BE-KI.*

7 Craig a-t-il omis *bêl* ou *šar* après *ilu* *Ašur,* [maître] « des grands dieux » ?

LEXIQUE

CHOIX DE MOTS[1]

[*abâlu*], **יבל**, III, 2, emporter, impér. 2ᵉ p. m. s. *šú-ta-bil*, p. 148, l. 51.
abâtu, **אבת**, II, 2, se renverser, imparf. 3ᵉ p. m. pl. *ú-tab-ba-tu*, p. 158, l. 16.
ab-ri, bûcher (?), p. 254, l. 25.
AB-ŠA'-KI, p. 304, *verso*, l. 4.
[*adâdu*], **אדד**, I, 1, parf. 3ᵉ p. m. s. *id-di-id* (?), p. 36, l. 16.
adâru, **אדר** (?), III, 1, être triste, perm. 1ʳᵉ p. s. *šú-'-*[*du-ra-ku*], p. 56, l. 4.
A-DU-A, p. 232, l. 18.
az-zu da (?) *su*..., p. 220, l. 4.
azlu, bouquetin ou bélier sauvage (?), p. 222, l. 25; p. 224, l. 6, 9, 11.
A-ḪI-GUB, p. 22, col. II, l. 12.
a-ḫu-ru-ú. p. 182, l. 209.
akâlu, **אכל**, I, 3, manger, imparf. 3ᵉ p. m. s. [*i-ta*]*-nak-kal*, p. 222, *verso*, l. 1.
a-ki-ki-eš, comme le vent (?), p. 198, col. IV, l. 28, et com., p. 201.
ak-ka-pu, **אכף**, dominateur, p. 116, l. 32.
a-ku-ku-tum, ouragan, p. 60, l. 8, et com., p. 66.
alâdu, **ילד**, I, 3, enfanter, parf. 3ᵉ p. m. s. *it-ta-na-al-la-du-ma*, p. 20, col. I, l. 13.
[*alâlu*], **אלל**, I, 2, être illustre, partic. *mut-tal-il*, p. 136, l. 14. — II, 1, purifier, perm. 3ᵉ p. m. s. *ul-lu-lu*, p. 222, *verso*, l. 2. — II, 2, idem, imparf. *ú-tal-lal*, p. 296, l. 6.
[*alâšu*], **אלש**ʲ, I, 1, dompter (les flots), imparf. 3ᵉ p. m. pl. *i-la-šú-ú*, p. 166, l. 24, et com., p. 191.
al-la-lu-ú, **אלל**, puissant, brillant, p. 140, l. 17.

a-ma-ra-a-te, **אמר**, accotoirs, p. 282, l. 19.
amaru (?), estrade, p. 282, l. 16.
am-me-u, pron. démonstratif, celui (?), p. 26, l. 13; p. 28, l. 26.
am-mi-e, p. 180, l. 192.
*abnu**AN-GUG-ME*, nom de pierre, p. 296, l. 9, 15.
*ŠAL**AN-KAL*, génisse colosse (?), p. 282, l. 23-26, 30, 31.
an-nu, *il an nu*, p. 172, l. 76.
asakku, **אסך** (?), affaiblissement (?), p. 70, col. I, 20, et com., p. 72.
a-si-ru-tu, **אסר**, captivité, p. 304, l. 23.
apâlu, **אפל**, II, 1, répondre, parf. 3ᵉ p. m. pl. *ú-pil-lu-ma*, p. 20, col. I, l. 7.
[*apâšu*], I, **אפש**, II, 1, exercer la domination, imparf. 2ᵉ p. m. s. *tu-up-pa-šu-u-ni*, p. 100, *recto*, l. 5.
[*apû*], **ופה**, III, 1, glorifier, impér. *šú-pi*, p. 120, l. 22, 25; partic. *mu-ša-pu-ú*, p. 134, *recto*, l. 12.
aṣû, **יצא**, I, 2, sortir, aller, imparf. 3ᵉ p. m. s. [*it*]*-te-iṣ-ṣi*, p. 302, l. 15; infin. *i-tu-us-si* p. *ituṣṣi*, p. 26, l. 15. — III, 2, faire irruption, parf. 3ᵉ p. m. pl. *us-si-ṣu-nik-ka*, p. 90, l. 11.
aṣudi, espèce d'aliment (?), p. 94, l. 31.
ar-ka-a, p. 196, l. 8, et com., p. 200.
ar-šú-ti, obscurité (?), p. 118, l. 35.
[*ašâlu*], **ושל**, I, 1 (?), ou [*šâlu*], **שול**, II, 1(?), *tu-šal*, verser (?), p. 242, l. 11.
ašâpu, **ושף**, III, 1, apprendre à conjurer, infin. *šú-šú-pu*, p. 284, col. IV, l. 3. — III, 2, adjurer, imparf. 3ᵉ p. m. s. *uš-te-eš-še-pu*, p. 276, l. 9.
ašpaltu, **שפל**, abaissement, p. 182, l. 208.

1. Les mots sont disposés d'après leur forme. Pour faciliter leur recherche, j'ai restitué par analogie, entre [ ], les infinitifs qui ne sont pas encore documentés.

aš-ša-ru, אשר (?), p. 178, l. 145.
atû, אתה, voir I, 1 (ou II, 1 ?), parf. *lu-ut-te*, p. 174, l. 108. — II, 1, parf. 3e p. m. s. *ut-tu*, p. 42, l. 12.
ezêbu, אזב', permettre, tolérer, I, 1, impér. *e-zib*, p. 108, l. 10-14 ; p. 110, l. 1, 3 ; p. 304, l. 1.
eṭêru, אטר', sauver, I, 1, partic. fém. (?) *aṭ-ṭi-rat*, p. 244, l. 24.
[*elêku*], אלך', brûler des parfums (?), I, 1, imparf. 3e p. m. pl. *il-lu-ku*, p. 90, l. 31, et com., p. 97.
elêṣu, אלץ', être joyeux, I, 1, perm. 3e p. m. s. *e-li-iṣ*, p. 182, l. 204.
elû, אלה', I, 2, se lever, imparf. 1re p. s. [*e*]*-ta-al-la*, p. 100, *verso*, l. 1. — II, 1, élever, s'élever, impér. 2e p. s. *ul-la-a*, p. 198, col. IV, l. 15. — III, 2, élever, faire monter, imparf. *us-si-li-a*, p. 88, col. I, l. 5 ; *us-si-li-šu-nu*, 1re p. s., p. 90, l. 20.
enênu, אנן³, II, 1, avoir pitié, imparf. *un-na-ni-ka*, p. 102, l. 10, ou substantif (?).
[*enêqu*], ינק, sucer, teter, I, 1, imparf. 2e p. m. s. *te-en-ni-iq*, p. 28, *verso*, l. 8.
en-gur-a-ti, p. 100, *verso*, l. 3, 4, 5, et com., p. 104.
iluEN-LIL-LAL-tû, souveraineté, p. 114, l. 3.
en(?)-ni-it-ti, faute (?), p. 206, l. 27.
e-ṣi-en, אצן, odoriférant (?), p. 264, l. 38.
e-ra, châsse ou cour (?), p. 36, l. 10.
erêšu, ארש', II, 1, planter, partic. *mu-ur-riš*, p. 2, l. 3.
erû dannu, cuivre fort (?), p. 250, l. 22 ; p. 252, col. II. l. 5.
e-šal, p. 102, l. 9.
ešêbu, אשב', se développer (végétation), I, 1, imparf. 3e p. m. s. *eš-še-ba*, p. 222, l. 17.
e-šig-ši-e, p. 6. l. 15.
etêqu, אתק', III, 1, faire avancer, imparf. *û-še-taq*, p. 88, l. 23. — III, 2, faire marcher, impér. (?) *ši-te-ti-iq*, p. 166, l. 28. — IV, 1, être déplacé, être franchi, imparf. 3e p. m. pl. *in-ni-ti-qu*, p. 46, l. 5.
ia-as-si, אסס', ennemi, p. 28, l. 5, et com., p. 29.
ikkibu, faute (?), p. 234, l. 40.
ik-mu-û ou *nam-mu-u* (?), poignard (?), p. 196, l. 2.
ilku, œuvre (?), p. 172, l. 74.
širuimittu (ZAG), épaule (?) droite, p. 254, l. 19 ; p. 264, l. 39 ; v. com., p. 271.
GIŠi-ni, espèce d'offrande, p. 116, l. 28.
is-qat (?), bijou (?), p. 102, l. 8, et com., p. 104.
IṢ-BAL-MIR(?)-erû, p. 276, l. 1.
IṢ-ZAG-SAL, instrument de musique, p. 196, l. 7.
IṢ-ŠAL-LA-'-, p. 22, col. III, l. 2.
iritu, ארה, obstacle, barrière, p. 186, l. 241.
irqu, p. 180, l. 163.
[*išâru*], ישר, I, 2, se diriger, imparf. 2e p. m. s. *ta-at-ta-šir*, p. 36, l. 17. — II, 1, redresser, partic. *mu-ši-ru*, p. 120, l. 10. — III, 1, diriger, rendre prospère, perm. *šû-šur*, p. 302, l. 12 ; partic. fém. *mu-ša-aš-ra-at*, p. 198, col. IV, l. 12.
išû, ישה, être, I, 1, imparf. *i-šû-'*, ou de שוא, s'envoler (?), p. 28, *verso*, l. 9.
itguru, אגר, pensée, p. 186, l. 235.
itgurtu, נגר (?), insigne, p. 4, col. IV, l. 8, et com., p. 9.
UD-AN-iluBêl, p. 232, l. 18.
UL-UL = *i-qaṣ-ṣa-ru*, « elle soude ». p. 70, col. I, l. 7/8.
upuntu (KU-ŠAD-MAL), espèce de farine (?), p. 14, l. 17 ; p. 264, l. 40.
upnu, אפן', main, poing, p. 28, l. 1.
uppašu, domination, souveraineté, p. 102, l. 10 ; v. les corrections.
amiluurigallu, un prêtre, p. 2, l. 5 *bis* ; p. 4, col. IV, l. 13.
gišurigallu, « étendard », ou « pavillon portatif (?) », v. introduction, p. XXII, n. 4.
urizu, mouton, agneau, p. 256, l. 20.
uru(UR), plate-forme, p. 242, l. 12, 15, et com., p. 246.
urki, ורק (?), « vert », ou nom de plante (?), p. 94, l. 33.
ur-pi-tu, f., ארף, nuages, p. 198, col. IV, l. 16.
UR-ŠI, pièce du mobilier rituel ou partie de temple, p. 286, l. 28.

Ú ŠA-U-BI, nom de plante, p. 22, col. III, l. 3.
ušultu, sorte de vase, p. 6, l. 17.
ušparu (UŠ-BAR), verge, sceptre, p. 50, l. 9, et com., p. 53.
ba-a-lum, grand (?), p. 198, col. IV, l. 16.
[*bâ'u*], **ב׳אה**, II, 2, rechercher (?), parf. *ub-te-'-i*, p. 174, l. 99.
ba-i-lat, souveraine, ét. cstr. de *bailtu*, ou perm. I, 1, de *ba'âlu* ? p. 60, l. 9.
babâlu, **בבל**, II, 1, apporter, amener, imparf. *û-bab(?)-bi-la*, p. 26, l. 17. — IV, 1. « être offert », imparf. *ib-bab-la*, p. 222, *cerso*, l. 4.
bâbu kâmû, p. 256, l. 19.
ba-ḫi, p. 182, l. 196.
[*balû*], **בלה**, prier, II, 2, *ub-til-li*, p. 174, l. 94 ?
banû, **בנה**, créer, II, 1, parf. *û-ban-ni*, p. 114, l. 9; infin. *bu-un-ni*, p. 114, l. 9. — II, 2, *ub-te-en-ni*, p. 174, l. 95.
[*baṣâdu*], **בצד**, II, 2, *ub-te-ṣi-id*, p. 174, l. 96.
[*baṣû*], **בצא**, II, 2, chercher (?), *ub-te-iṣ-ṣa-am-ma*, p. 174, l. 93.
bar-ma, gris (?), p. 220, l. 13.
ba(?)-ra-ti, plur. de *bartu*, révolte ? p. 196, l. 11.
širuBA'R-GA (šamnu), huile parfumée (?), p. 25., l. 31, et col. II, l. 14; p. 296, l. 4.
ba-tu-ma, **בָּתָה** (?), soudainement, p. 20, col. I, l. 13; p. 22, col. II, l. 6.
bêlu, **ב׳אל**, dominer, I, 2 (?), *ub-til*, p. 164, l. 9. — II, 1, participe (?), *mu-bi-lat*, p. 42, l. 8.
iṣubînu, tamaris, p. 264, l. 51; com., p. 273; p. 296, l. 6.
BIR gibillê, torches, p. 250, l. 21; p. 252, col. II, l. 4.
BIR ḫulduppû, p. 250, l. 20; p. 252, col. II, l. 4; p. 266, l. 31, 32.
bir-te, intérieur (?), p. 276, l. 10.
bîrtu, **באר**, profondeur, p. 174, l. 104.
bišû, **בשה**, fortune, richesse, p. 174, l. 101.
bîšutum, **באש**. le mal, p. 174, l. 110.
bûbu, le haut du visage (?), p. 64, l. 12.
bunbullu, sanctuaire (?), p. 36, l. 3.
bur-bi-il-la-a-te, **בלל** (?), p. 30, l. 10.
bur-gi-e, libation, fondation, p. 50, l. 7; v. com., p. 53.
karpatuBUR-ZI-GAL-SAR, p. 266, l. 36.
bur-ki, **ברך**, sein, p. 28, *cerso*, l. 7.
b(p)ur-sag-gu, offrande, p. 50, l. 7; v. com., p. 53.
ga-lik (?), perm. de I, 1, *galâku*, couvrir (?), p. 102, l. 7; v. com., p. 104.
GA-meš, nom de plante (?), p. 222, l. 18.
[*garâdu*], **גרד**, gratter, effacer, I, 1, perm. 3e p. m. pl. *gar-rad-u-ni*, p. 284, l. 36.
garinu, p. 88, l. 21.
amilugarrê, p. 196, l. 9; com., p. 201.
[*gašâru*], **גשר**, II, 1, fortifier, perm. 3e p. m. s. *gu-uš-šur*, p. 116, l. 24.
gašîrtu, fém. de *gašru*, puissant, p. 198, col. IV, l. 15.
GI-BI, p. 264, l. 50.
GI-GAB, autel portatif (?), p. 242, l. 12; p. 244, *cerso*, l. 2; com., p. 246.
gi-iz-bar-ri-e, **גזבר**, trésorier, p. 170, l. 63; com., p. 191.
GI LIBIT LIBIT ŠU, espèce d'autel (?), p. 250, l. 26; p. 252, col. II, l. 10.
gi-il-lat nêši, p. 170, l. 62.
gimillu, **גמל**, produit (?), p. 170, l. 60.
GI-NA-A, p. 56, l. 4.
GI-SAG, p. 266, l. 31.
gi-si-a-ni, jets d'eau (?), p. 282, l. 27.
gi-si-e, bords (?), p. 282, l. 24, 31.
giṣiṣu, **קצץ**, adversaire, p. 92, l. 22.
gi-ṣu, nom de plante, p. 100, *cerso*, l. 1.
GI-RI, p. 220, l. 3.
GIR-BA, p. 220, l. 10.
gug-ga-ni-e, espèce d'offrandes, p. 116, l. 28.
gu-ša-a-ti, céréales (?), p. 60, l. 3; com., p. 66.
[*dagâru*], **דגר**, I, 3, se recroqueviller, imparf. 3e p. f. s. *ta-at-ta-ni-gir*, p. 26, l. 10; com., p. 32.
dalâḫu, **דלח**, II, 1, répandre l'épouvante, impér. *dul-li-ḫa*, p. 198, col. IV, l. 10.
DA-ma, p. 22, col. III, l. 5.

damâmu, דמם, I, 1, gémir, parf. 3ᵉ p. m.s. *li-id-mu-um-ma*, p. 182, l. 211.
[*damâṣu*], דמץ, ou דוץ ? IV, 1, parf. 1ʳᵉ p. s. *ad-da-mu-ṣa*, p. 182, l. 207.
[*damû*], דמה, ravager, I, 1, imparf. 1ʳᵉ p. s. *a-dam-mu*, p. 100, *verso*, l. 2; com., p. 104.
[*danâšu*], דנש, outrager, I, 1, parf. *id-nu-šu*, p. 184, l. 231.
darâsu, דרס, fouler aux pieds, I, 1, imparf. *i-dar-ri-su*, p. 184, l. 230.
da-ni-nu, דנן, puissant, p. 118, l. 37.
dânu, דין, juger, I, 1, imparf. 2ᵉ p. m. s. *ta-da-an-nu*, p. 148, l. 42.
[*darâgu*], דרג, fouler aux pieds. I. 1. imparf. 2ᵉ p. m. s. *ta-ad-ar-ru-qu*, p. 30, l. 10.
dâru, דור, éternel, f. pl. *da-i-ra-ti*, p. 36, l. 8.
di-gil-ut (tú ?), p. 196, l. 9.
DI-rat, p. 60, l. 8.
diš-šu, herbe (?), p. 222, l. 17; com., p. 229.
DUK, p. 20, col. II, l. 1; p. 22, col. III, l. 1.
ᶦˢᵘdun-ni, דנן, forteresse (?), p. 182, l. 202.
du-up-pu-du, (ט)דפד, p. 118, *verso*, l. 6.
DUR-NU, p. 296, l. 10.
za-'-a, résine (?), p. 224, l. 15; com., p. 230.
[*zâbu*], זוב (?), I, 1, se liquéfier, parf. 3ᵉ p. m. pl. *i-zu-bu-u*, p. 142, l. 22, 23.
zanânu, זנן, I, 1. faire pleuvoir, imparf. 1ʳᵉ p. s. *a-zu-nu-un*, p. 90, l. 21.
zaqâpu, זקף, I, 1, faire lever le bétail, imparf. 2ᵉ p. m. s. *tu-zak-ki-pu*, p. 62, l. 7.
za-qi-ba-a-ni, plur. de *zaqipu*, poteau, pal, p. 94, l. 29.
za-ra-a (?), p. 120, l. 24.
za-ri, זיר, ennemi, rival, p. 116, l. 26.
za-ru-u, bras (?), force (?), p. 182, l. 201.
zi-zi-e, זיז, mamelle, p. 28, l. 8.
žilulu, זלל, p. 182, l. 205.
zillu, זלל, *an zilḫu*, crime, p. 184, l. 225; com., p. 194.
zinû, זנא, s'irriter, I, 1, parf. (?), 3ᵉ p. m. s. *i-zi-na*, p. 178, l. 143.
zirqu (?), זרק, écoulement, libation (?), p. 6, l. 19.
zupparu, ongle, p. 220, l. 13.
zu-u-tu, זיו, éclat (?), p. 22, col. II, l. 8.
ḫaiaṭu, חיט sorcier, p. 64, l. 21.
ḫa-'-u-ti, plateau (?), p. 90, l. 28.
[*ḫabâbu*], חבב, II, 1, couler (ou faire couler ?), perm. 3ᵉ p. m. pl. *ḫub-bu*, p. 282, l. 22, 27.
ḫabâlu, חבל, IV, 1. être perdu, imparf. 1ʳᵉ p. s. *aḫ-ḫab-bil*, p. 146, l. 34.
ḫa-bil-ti, חבל, prévarication, p. 140, l. 4.
ḫabâtu, חבת, II, 1, ravager, impér. *ḫab-ba-ta*, p. 148, l. 56.
ḫa-ṭa-nu, חטא, *ḫa-aṭ-ṭa-nu*, *ḫa-ṭa-nu-te*, adversaires, p. 26, l. 2, 6; p. 28, l. 22, et *verso*, l. 3, 4, 9.
ḫaṭû, חטא, défectueux, p. 108, l. 10, 14.
ḫa-li-lu, חלל, harmonieux, p. 60, l. 6.
[*ḫalû*], חלה, III, 1, illuminer, imparf. 3ᵉ p. m. s. *û-šaḫ-lu-u*, p. 118, l. 35.
[*ḫâlu*], חול, I, 1, s'affaisser, parf. 3ᵉ p. m. pl. *i-ḫu-lu*, p. 142, l. 22, 23; com., p. 151.
ḫal-la-la-at-ti, p. 100, *verso*, l. 3, 4, 5; com., p. 104.
ḫal-pi-te, חלף, demeure, retraite (?), p. 100, *recto*, l. 4; com., p. 104.
[*ḫamâmu*], חמם, II, 1, examiner, étudier, perm. 2ᵉ p. m. s. *ḫa-am-ma-tu*, p. 114, l. 4.
[*ḫamû*], חמה, I, 1, diriger (?), perm. 3ᵉ p. m. s. *ḫa-mi*, p. 42, l. 17.
ḫasâsu, חסס, IV, 1, être compris, imparf. 3ᵉ p. m. s. *iḫ-ḫa-as-sa-as*, p. 128, l. 29.
[*ḫâpu*], חוף, II, 1, purifier, imparf. 2ᵉ p. m. s. *tu-ḫap*, p. 250, l. 23; p. 252, col. II, l. 6; com., p. 270.
[*ḫaṣâṣu*], חצץ, II, 2, briser (?), parf. *uḫ-ti-ṣi*, p. 88, col. I, l. 4.
ḫarḫaru, p. 180, l. 191.
ḫar-ḫa-ru-û, p. 172, l. 77.
[*ḫarmâmu*], חרמם, III, 1, anéantir, imparf. 3ᵉ p. m. s. *uš-ha-ram-mu*, p. 186, l. 242.
ḫar(mur ?)-ga ou *la-ḫar-qa ?* p. 172, l. 78.
ḫašâḫu, חשח, I, 1, désirer, parf. 1ʳᵉ p. s. *aḫ-ši-iḫ*, p. 174, l. 101; 2ᵉ p. m. s. *taḫ-ši-ḫu*, p. 168, l. 38; p. 172, l. 80; p. 176, l. 112; p. 180, l. 191; *taḫ-ši-iḫ*, p. 170, l. 65.

[*ḫašû*], חשא, I, 2, s'obscurcir (?), imparf. 3ᵉ p. m. s. *i-ḫaš-šu*, p. 170, l. 60.
ḫaš-tum, fosse (?), p. 170, l. 62.
[*ḫatâpu*], חתף, I, 2, terrasser, imparf. 1ʳᵉ p. s. *aḫ-ta-ti-ip*, p. 90, l. 22.
ḫatû, חתיא, II, 1, abattre, parf. [*û-ḫat-tu*]-*u*, p. 144, l. 4.
ḫilpu, חלף, vêtement, p. 102, l. 9.
ḫi-im-ṣa-a-ti, défaite, honte (?), p. 304, l. 22.
ḪI-NAM-meš, p. 4, col. IV, l. 14.
širuḫinṣa (ME-KAN), reins (?), p. 254, l. 19; p. 264, l. 39, 40; com., p. 271.
ḫi-is-ga-lu-u, nom d'un défaut corporel, p. 234, l. 33.
ḫir-bi (ou *šarbi?* v. *šarbabiš*), חרב, désert, p. 100, *verso*, l. 2.
ḫi-ir-ṣu, nom d'une pièce du mobilier rituel, p. 276, l. 2.
ḫi-it-pu, p. 116, l. 29.
ḫu-um-mi, nom d'un vase, p. 276, l. 4.
ḫunṭu, חמט, flamme, fièvre, p. 142, l. 28; com., p. 151.
ṭaḫû, טחיא, II, 1, offrir, imparf. 1ʳᵉ p. s. *û-ṭaḫ-ḫi*, p. 62, l. 23; 2ᵉ p. m. s. *tu-ṭaḫ-ḫa*, p. 254, l. 19; 3ᵉ p. m. s. *û-ṭaḫ-ḫa*, p. 264, l. 40; — infin., *ṭûḫ-ḫi-e*, p. 50, l. 7.
ṭarâdu, טרד, II, 1, chasser, expulser, partic. *mu-ṭa-rid*, p. 216, l. 6.
ṭe-en-ga, p. 170, l. 67; p. 178, l. 145.
širuṬU, sachet de cuir (?), p. 232, l. 16.
abnuKA, p. 282, l. 21.
kabâlu, כבל, I, 1, lier, imparf. 1ʳᵉ p. s. *a-kab-bil*, p. 144, l. 48; infin. *ka-bal-li-ia*, p. 142, l. 37.
karpatukabduqqû, vase pour liquides, p. 276, l. 5.
[*kas(ṣ)ânu*], כוצן ou קו(צ)ן, I, 2, franchir un fleuve, parf. 3ᵉ p. m. s. *ik-ta-as-sa-nu*, p. 304, l. 28.
KA-LUḪ-Û-DA, lavage de la bouche, p. 220, l. 9; com., p. 228.
kal-la-ma-ri, en tout temps (?), p. 102, l. 10; com., p. 10?.
kam, pour *ki-a-am*, ainsi, p. 64, l. 19.
ka-man, pâtisserie cuite au four, p. 60, l. 20; com., p. 67; cf. Introduction, p. XIX.
kamâsu, כמס, I, 2, s'incliner, perm. *kit-mu-su*, p. 116, l. 26; p. 182, l. 208.
ka-an-za-bi, כזב (?), instrument de musique ou espèce de chant ? p. 196, l. 7; com., p. 200.
kânu (*PI-KI*), écrasement, p. 302, l. 13.
kânu, כון, II, 1, inf. ét. cstr. *gu-um* (ou de קום ?), fidélité, p. 42, l. 11, 20.
kanutu, כנה, accomplie (?), p. 260, l. 55.
kâsu, כוס, coupe, p. 92, l. 28; p. 94, l. 35.
kapâru, כפר, II, 1, purifier, imparf. 2ᵉ p. m. s. *tu-kak-par*, p. 250, l. 16, 19; p. 252, col. II, l. 1, 2; p. 266, l. 35. — III, 1, oindre, essuyer, imparf. 2ᵉ p. m. s. *tu-šak-par*, p. 242, l. 16. V. Introduction, p. XXII.
ka-par-ra-a-ti, כפר, purifications (?), p. 62, l. 23.
[*kaṣâdu*], כצד, II, 1, lier (?), perm. *ku-uṣ-ṣu-du*, p. 172, l. 76.
ka-ṣi-ri, recruteur (?), p. 242, l. 7.
karâbu, כרב, I, 3, bénir, imparf. 3ᵉ p. m. s. *ik-ta-nar-rab-ka*, p. 28, l. 26.
karâṣu, v. *qarâṣu*.
[*karâru*], כרר, I, 2, placer, disposer, imparf. 1ʳᵉ p. s. *ak-tar-ar*, p. 92, l. 30; com., p. 97.
kar-ir-ti (ou *i-lak-kar ir-ti?* v. le texte), destruction (?), p. 302, l. 15.
karû, tonne (?), p. 236, l. 6.
kašâdu, כשד, IV, 3, atteindre, imparf. 3ᵉ p. m. pl. *it-ta-nak-ša-du*, p. 26, l. 2.
ka-ša-lu (?), p. 164, l. 6.
ka-a-ta, toi, p. 146, l. 18.
katû, כתיא, faible, malheureux, p. 182, l. 206; p. 198, col. IV, l. 12.
KA-TUḪ-Û-DA, ouverture de la bouche, p. 220, l. 9; com., p. 228.
katutu, כתיא, infortune, p. 172, l. 75.
ki-di, p, 174, l. 106.
ki-di-eš, קדיא (?), comme une flamme (?), p. 142, l. 15; com., p. 151.
ki-du-di-e, כדד (?), rites, fondations (?), p. 172, l. 80; com., p. 192.
kinûnu, foyer, p. 206, l. 31.
kin-ṣi-e, כמץ (?), tunique ou prostration ? p. 26, l. 19; com., p. 32.
kipidu, כפד, dessein, p. 172, l. 85.
ki-ṣa-a-ti, prédictions (?), p. 232, l. 18; com., p. 238.

ki-iṣ-ra, écorce (?), p. 224, l. 15; com., p. 230.
ki-iṣ-ri, lien (?), p. 206, l. 30.
kirubu, קרב, intérieur (?), p. 172, l. 87.
GIŠkit-tur-ri, escabeau (?), p. 282, l. 33.
kitu, קוה, fil, p. 142, l. 37; p. 144, l. 48.
ku-a-ri, p. 166, l. 25.
KU-A-TIR, sorte de farine, p. 242, l. 14; p. 252, l. 29, et col. II, l. 12; p. 254, l. 26.
KU-DUB-DUB-BU, farine bien blutée (?), p. 236, l. 10-15; p. 254, l. 20; p. 264, l. 42.
KUD-DA, idéogr. de *batqu*, brisé, p. 70, l. 7/8.
KU-LÚ-GAL, mets rituel, p. 250, l. 27; p. 252, col. II, l. 11.
KU-SAG, mets rituel, p. 250, l. 27; p. 252, col. II, l. 10.
ku-su, p. 94, l. 33.
kupputu, court, p. 252, l. 28, et col. II, l. 11; com., p. 270.
ku-up-te, partie d'un trône, p. 282, l. 34.
šammuKUR-KUR, nom de plante, p. 254, l. 17.
ku-ši-ri, כשר, sincérité, p. 166, l. 28; *ku-ši-ir*, p. 178, l. 139; *ku-šir*, p. 182, l. 195.
[*lâ'u*], לאיא, I, 1, aimer, part. fém. *la-it-tu* (?), p. 198, col. IV, l. 5, 7.
[*lâ'u*], לאיא, II, 1, souiller, parf. 3e p. m. s. *ú-li-'-ú*, p. 108, l. 12.
labâru, לבר, III. 1, prolonger la durée, impér. *šul-bi-ra*, p. 198, col. IV, l. 21.
labâšu, לבש, I, 2, revêtir, imparf. *il-tab-ba-aš*, p. 296, l. 5.
[*lâdu*], לוד, I, 1, être confondu, imparf. 3e p. m. s. *i-lu-ad*, p. 28, l. 2, 3.
karpatula-ḫa-na-te, et *la-ḫa-na-a-te*, espèce de vase, p. 252, l. 32; p. 254, l. 15, 16.
la-ḫar-(mur)-qa, ou *la ḫar-qa*, p. 172, l. 78?
la-ḫar-(mur)-ri, ou *la ḫar-ri*, p. 184, l. 215?
la-li-'-ka, לליא (?), p. 164, l. 14.
lamâdu, למד, I, 2, apprendre, perm. *lit-mu-da*, p. 172, l. 84; p. 184, l. 223.
la-a-mi, écume (?), p. 186, l. 242.
[*lâmu*], לאם3, I, 1, mâcher, imparf. *i-li-'-ma*, parf. *i-li-mu*, p. 296, l. 8, 16.
lânu, nature, caractère (?), p. 182, l. 193.
laqâtu, לקת, I, 1, emporter, imparf. 3e p. m. s. *i-laq-qit*, p. 182, l. 203.
laqû, לקא3, I, 2, prendre, parf. *il-ta-qu-ú*, p. 172, l. 77. — III, 1, enlever, impér. *šú-ul-ki*, p. 148, l. 54.
li'u, puissant, fém. ét. cstr. *li-'e-it*, p. 244, l. 21.
lêautu, לאיא, puissance, p. 182, l. 213.
ligimu, rejeton, p. 172, l. 72; p. 184, l. 217.
LI-LI-AB, nom d'une pièce du mobilier rituel, p. 312, l. 9.
li-il-lu, p. 184, l. 218.
limênu, למן, I, 1, maltraiter, imparf. 3e p. m. s. *i-lam-ma-nu*, p. 186, l. 239.
LUGAL-BIL-ilâni, p. 6, l. 19.
LU-MAS, linteau (?), p. 256, l. 21.
kuMA-AT, nom d'un vêtement, p. 64, l. 26.
magâru, מגר, I, 1, exaucer, impér. *mug-ri-in-ni*, p. 60, l. 21.
magiru, favori, p. 198, col. IV, l. 27.
ma-ḫa-ri, gués (?), p. 222, l. 19, et *verso*, l. 2; p. 224, l. 13; com., p. 229.
maḫâru, מחר, I, 1, accueillir, parf. 2e p. m. s. *taḫ-ḫur*, pour *tam-ḫur*, p. 42, l. 14. — I, 2, implorer, infin *mi-taḫ-ḫu-ri-ia*, p. 26, l. 9. — I, 3, se présenter à, invoquer, imparf. 1re p. s. *at-ta-na-aḫ-ḫar*, p. 26, l. 3; 3e p. *it-ta-na-aḫ-ḫar-an-ni*, p. 26, l. 14, 15, 16, 18, 19; p. 28, *verso*, l. 1.
makaltu, אכל (contenir), nom d'un vase rituel, p. 220, l. 11; p. 234, l. 24; com., p. 229.
ma-al-li-e, p. 178, l. 155.
MAN, p. 4, col. IV, l. 13, 14.
iṣuma-an-di-it-te, nom d'un bois, p. 258, l. 26.
ma-nit, p. 170, l. 67.
masabbu (MA-SA'-AB), plateau, coupe, p. 48, l. 27, et *verso*, l. 2,

3, 6; p. 50, l. 15, 16, 18, 21; p. 236, l. 6; com., p. 52.
maqâtu, מקת, III, 1, écraser, impér. *šum-ki-ta*, p. 50, l. 11.
[*marâṣu*], III, 1, être malade, être triste, perm. *šum-ru-ṣu*, p. 164, l. 4; *šum-ru-zu*, p. 20, col. I, l. 14.
mašâ'u, משא, I, 1, piller, imparf. 3ᵉ p. m. s. *i-maš-û*, p. 304, *verso*, l. 4.
[*mašâšu*], משש, I, 1, frotter, parf. 3ᵉ p. m. s. *im-šû-uš*, p. 64, l. 14.
amilumaš-ši, nom de prêtre, p. 118, l. 37, et *verso*, l. 9; com., p. 123.
me-ki, sourire (?), p. 172, l. 82; com., p. 192.
mir-sa, מרס, onguent (?), p. 62, l. 23.
MU, ligne d'écriture, p. 306, l. 12, et p. 50, l. 21.
mu-lu-u, א׳לי׳א, hauteur, p. 282, l. 33.
mul-[lil-li], אלל, vase purificateur (?), p. 266, l. 39, 40.
multu, מלא, abondance, p. 62, l. 25.
muzâtu, מסא, lavage, p. 142, l. 43; p. 144, l. 54.
mu-pi-la-tum, ב׳אל, ou פאל (?), dominatrice, p. 244, l. 23.
mûru, מאר, petit de l'homme, p. 102, l. 11.
mu-šam-qi-ât, pour *mu-šam-qi-ta-at ?* p. 2, l. 21.
mut-lil-lu-u, אלל, le célébré, p. 126, l. 18.
muttu, chef, front (?), p. 170, l. 69.
na-i-lu, p. 204, l. 11.
na-'-i-lu, gardien (?), p. 292, l. 14.
nabâṭu, נבט, I, 1, briller, imparf. 3ᵉ p. m. pl. *i-nam-bu-ṭu*, p. 158, l. 15.
nagû, district, plur. *na-gi-a-ni*, p. 92, l. 9.
nadânu, נדן, I, 3, donner, imparf. 1ʳᵉ p. s. *at-ta-na-ad-da-nak-ka*, p. 26, l. 11. — III, 2, faire donner, parf. 2ᵉ p. m. s. *tuš-ta-ad-di-nu*, p. 172, l. 78.
nadû, נד׳א, I, 1, invoquer, imparf. 1ʳᵉ p. s. *ad-da-ni-ka*, p. 26, l. 20; p. 28, l. 22.
na-ad-ri-eš, נדר, avec fureur, p. 142, l. 26.
na-az-qu, נזק, infirme, p. 2, l. 22.
nâḫu, נוח, I, 1, se reposer, impér. f. *nu-ḫi*, p. 198, col. IV, l. 17. — II, 1, apaiser, imparf. 3ᵉ p. m. s. *ú-na-ah*, p. 276, l. 13.
na-ki-lu, nom d'un défaut corporel, p. 234, l. 33.
na-al-ba-a-te, p. 282, l. 18; com., p. 288.
na-al-ba-na-a-te, p. 282, l. 20.
[*nâlu*], ניאל, I, 2, se coucher, imparf. 1ʳᵉ p. s. *at-te-'-i-la*, p. 26, l. 5.
namâru, נמר, II, 2, faire briller, imparf. (?), 3ᵉ p. m. s. *ut-ta-mi-ru*, p. 250, l. 12, 13.
NAM-BUR-BI, rite conjuratoire du mal, p. 262, l. 23; p. 296, l. 14, 18.
nam(?)-mu-u (ou *ik-mu-u ?*), poignard (?), p. 196, l. 2.
na-am-ra(?)-tum, נמר, éclat, p. 164, l. 15.
[*namâšu*], נמש, I, 1, partir, se mouvoir, impér. fém. s. *un-ši*, p. 196, col. II, l. 5.
nan-du-ru, נדר, grondant, p. 140, l. 2.
[*nâsu*], ניאס, II, 1, mordre, mâcher, imparf. 3ᵉ p. m. s. *ú-na-['-as]*, p. 296, l. 7; com., p. 298.
napâḫu, נפח, I, 1, illustrer (?), imparf. 3ᵉ p. m. s. *i-nap-pa-ḫa-an-ni*, p. 88, col. II, l. 4. — IV, 3, désirer ardemment, s'enflammer pour (?), imparf. 3ᵉ p. m. s. *e-tan-nap-ḫa*, p. 222, l. 19.
[*napâšu*], נפש, I, 1, effiler, imparf. 1ʳᵉ p. s. *a-nap-pa-aš*, p. 100, *verso*, l. 1.
[*naṣâru*], נצר, III, 1, faire observer, infin. *šu-uṣ-ṣu-ru*, p. 172, l. 80.
nâṣu, נאץ, I, 1, protéger (?), impér. *i-iṣ*, p. 120, l. 12.
[*naṣû*], נצה, I, 1, apporter; *ta-na-ṣu*, p. 172, l. 79; *i-na-a-ṣa-an-ni*, p. 182, l. 209.
naqâru, נקר, II, 1, détruire, imparf. 3ᵉ p. m. s. *ú-naq-qar-ú-ma*, p. 50, l. 19.
[*naqâtu*], נקת, I, 1, vénérer (?), parf. 3ᵉ p. m. s. *iq-qut*, p. 48, l. 22.
naq-ru-ṭu, קרט, p. 168, l. 44.
[*narâṭu*], נרט, I, 1, se fatiguer, imparf. 3ᵉ p. f. pl. *i-nar-ru-ṭa*, p. 26, l. 8.
našû, נשא, I, 2, ôter, imparf. 1ʳᵉ p. s. *at-ti-ši*, p. 90, l. 19. — IV, 2, être apporté, imparf. 3ᵉ p. m. pl. *it-ta-an-šû-u*, p. 276, l. 6.

[*natáku*], נתך, IV, 2, se fondre (?), parf. 3e p. m. pl. *it-ta-at-tu-ku*, p. 142, l. 22, 23.

[*natánu*], נתן, I, 1, donner, imparf. 2e p. m. s. *ta-at-ta-an-na-šu-nu*, p. 92, l. 5; 3e p. m. s. *it-ta-na-šu*, p. 88, col. II, l. 3; parf. 1re p. s. *at-ta-nak-ka*, p. 94, pl. XXIV, col. II, l. 15.

ne-ṭi(?)-liš, p. 164, l. 15.

amilunêrûti (LUL), p. 196, l. 6; com., p. 200.

ni-ib(p)-du, nom d'une pièce du mobilier rituel, p. 276, l. 2.

NI-DÊ-A, nom d'un mets rituel, p. 242, l. 13; p. 254, l. 23; p. 276, l. 3, 9, 11.

ni-ḫi-iš, p. 186, l. 247.

niknakku (ŠA-NA), cassolette, brûle-parfums, p. 242, l. 14; p. 244, *verso*, l. 3; p. 252, l. 31, et col. II, l. 14; p. 254, l. 17; p. 258-262, *passim*.

iluNIN-DUR-tû, puissance de lier (?), p. 114, l. 3.

nis-su, p. 184, l. 215.

ni-pu-u, נפיא (?), éclatant, p. 116, l. 34.

nipšu נפש, (effiler), haillons, loques, p. 100, *verso*, l. 1.

niṣirtu, mystère, secret, p. 232, l. 7, 13, 16.

nu-bat-ti : 1° soir (?), p. 304, *verso*, l. 4; 2° charme (?), p. 142, l. 45; com., p. 151.

NU-BAT-TIL, abondance, p. 46, l. 9; com., p. 52.

NU-ME (plur.), p. 4, col. IV, l. 14.

nušurrû, נשר, faiblesse corporelle, p. 198, col. IV, l. 23.

NU-TAG intact (?), p. 254, l. 25.

NU-TAR (plur.), p. 6, l. 15.

sa-bi-i, nom de fonctionnaire (?), p. 242, l. 8; p. 244, l. 19.

sadáru, סדר, I, 1, préparer la nourriture (?), perm. *sa-di-ir*, p. 182, l. 196. — II, 1, ranger en bataille; impér. *su-ud-di-ra*, p. 198, col. IV, l. 16.

saḫáru, סחר, II, 1, renvoyer; impér. *saḫ-ḫir-šú-ma*, p. 62, l. 1. — III, 1, enchâsser, perm. *šú-us-ḫu-ra*, p. 284, l. 15.

sa-ḫi-e ou *ir-ḫi-e* ? p. 166, l. 31.

sa-ḫi-ma-a-ti ou *sa-ṭi-ma-a-ti* ? gorges, ravins, p. 302, l. 11.

[*saḫû*], סחיא, I, 1 : 1° détruire, parf. 3e p. m. s. *is-ḫi-ma*, p. 4, col. IV, l. 12; 2° tomber de (?), parf. *is-ḫu-un-ni*, p. 196, l. 13.

[*sáku*], סוך, I, 1, oindre, imparf. 3e p. m. s. *i-su-ak*, p. 250, l. 24; p. 252, col. II, l. 7; com., p. 270.

sak-ki-e, rites, cérémonies, p. 118, l. 44.

sak-la-tu, סכל, folies, p. 256, l. 7.

samanu, paralysie des articulations (?), p. 70, col. I, l. 20; com., p. 72.

sa-ma-ri (?), terreur (?), p. 196, l. 11; com., p. 201.

[*samû*], סמיא, I, 3, boiter, imparf. 3e p. f. pl. *is-sa-nam-ma-a*, p. 26, l. 3.

GIŠsa-am-me-e, סום, oblations, p. 116, l. 28; com., p. 122.

sanáqu, סנק, « se mêler à », ou « empêcher » (l'effet des rites)? I, 1, parf. *isniqu*, p. 220, l. 8.

sapáḫu, ספח, II, 1, anéantir, imparf. 1re p. s. *ú-sap-paḫ*, p. 48, l. 24.

saráqu, סרק, I, 1, répandre, imparf. 2e p. m. s. *ta-sar-raq*, p. 254, l. 17.

SAR-DAN, p. 234, l. 25.

SIG-BAR-E, p. 234, l. 25.

SIG-GAM-ME-BE, vêtement couleur de sang, p. 296, l. 9.

.....*SID-IM*, p. 120, l. 24.

sikêru, סכר, IV, 1, se fermer, imparf. 3e p. m. s. *is-sik-kir*, p. 60, l. 15, 17.

silmu, סלם, accueil bienveillant, ét. cstr. *si-lim*, p. 108, l. 5.

si-pi, סוף (?), algues (?), p. 28, *verso*, l. 9.

sippi, סבב (?), confins, p. 92, l. 19; com., p. 97.

subatSIR-TE-SAR, p. 42, l. 8.

SU, subdivision de la coudée, p. 282, l. 29.

surri, סרר (?), p. 182, l. 198.

abnuPA, p. 296, l. 10, 14.

pag-gur (?), p. 186, l. 241.

[*paḫáru*], פחר, II, 2, rassembler, parf. *up-te-iḫ-ḫir*, p. 174, l. 97.

pa-lak-ki, p. 196, l. 9.

[*páqu*], פוק, I, 1, veiller sur, partic. fém. *pa-aq-tu*, p. 92, l. 7. — II, 2, penser à, parf. *up-te-iq*, p. 174, l. 98.

pa-ra-a, p. 182, l. 204.
[*parâdu*], פרד, II, 2, s'échapper, parf. 3ᵉ p. m. s. *up-tar-ri-du*, p. 110, l. 6.
[*parâdû*], פרדא, III, 1, faire briller, parf. 3ᵉ p. m. s. *uš-par-ru-du*, p. 284, col. IV, l. 12.
parṣu, oracle, p. 296, l. 2.
pašâṭu, פשט, I, 1, effacer, perm. 3ᵉ p. m. pl. *pa-aš-šú-ṭu-u-ni*, p. 284, l. 36.
pašallu, פשל, vil (?), p. 184, l. 227; com., p. 194.
pašâru, פשר, II, 1, délier, *ú-pa-šar*, p. 144, *verso*, l. 5.
patâlu, פתל, I, 1, enlacer, imparf. 1ʳᵉ p. s. *a-pat-til*, p. 144, l. 52; infin. *pa-ta-li-ia*, p. 142, l. 41.
patâqu, פתק, I, 1, créer, partic. fém. *pa-ti-iq-ta*, p. 186, l. 234.
karpatupikalulu tarbaṣi, four de campagne (?), p. 276, l. 5; com., p. 278.
pi-il-pi-la-nu, ulcère purulent (?), p. 234, l. 33; com., p. 239.
piristu, פרס, oracle, p. 232, l. 8, 14, 17, 19; p. 234, l. 39.
pirittu (LIB-MUD), épouvante, p. 110, l. 5.
pitiltu, פתל, lacet, p. 142, l. 41; p. p. 144, l. 52.
pitû, פתא³, I, 2, ouvrir, parf. 2ᵉ p. m. s. *tap-ti-ti-ia*, p. 90, l. 13; 3ᵉ p. m. s. *ip-te-te*, p. 280, l. 5.
ṣa-bi-át, pour *ṣa-bi-ta-at?* p. 2, l. 19, 22; com., p. 8.
ṢAB-LAT, p. 166, l. 32.
ṣa-ad-du, bonheur (?), p. 118, l. 42.
ṣarṣari, צרר (?), angoisse (?), p. 92, l. 2, 4.
ṣênu, צאן (?), I, 1, remplir, partic. (?), *ṣa-'-nu*, p. 46, l. 7.
ṣi-in-na-tu, צנן, bonne (?), p. 60, l. 2; com., p. 66.
ṣi-in-ni-ti, instrument de musique, p. 196, l. 8.
ṣinnu, funeste (?), p. 198, col. IV, l. 24.
GIŠṢUR, nom d'un instrument divinatoire (?), p. 118, l. 9.
[*qabâlu*], קבל, I, 1 : 1° apporter (?), parf. 3ᵉ p. m. s. *liq-bil* (?), p. 172, l. 77; 2° combattre, perm. 3ᵉ p. f. s. *qab-lat*, p. 60, l. 8.
qabû, קבא, I, 3. parler, parf. 3ᵉ p. m. s. *iq-ṭa-nab-bi*, p. 26, l. 13.
[*qadâšu*], קדש, être pur, II, 1, infin. *qud-du-ša*, p. 62, l. 22
[*qalâlu*], קלל, IV, 2, se montrer rapidement, imparf. 1ʳᵉ p. s. *at-ta-qa-al-la-al-la*, p. 90, l. 16; com., p. 96.
[*qalâpû*], קלפא, III, 1, faire passer sur, partic. fém. *muš-qa-al-pi-ti*, p. 204, l. 18.
qalû, קלא¹, I, 1, embraser, impér. *qu-li*, p. 148, l. 46, 48.
qamû, קמא³, I, 1, écraser (?), imparf. 3ᵉ p. m. s. *i-qa-am-me-šu*, p. 170, l. 64.
qa-ni, sceptre (?), p. 198, col. IV, l. 18.
qa-an-ni, intérieur, famille (?), p. 28, *verso*, l. 3.
qaṣâṣu, קצץ, I, 1, être irrité, perm. 2ᵉ p. m. pl. *qaṣ-ṣa-tu-nu*, p. 266, l. 75.
[*qaṣâru*], קצר, II, 1, garder du ressentiment (?), perm. 3ᵉ p. m. s. *ku-uṣ-ṣu-ru*, p. 302, l. 18.
qarâbu, קרב, I, 2, combattre, impér. *qit-ra-ba*, p. 198, col. IV, l. 15.
[*qarânu*], קרן, II, 1, entasser, perm. 3ᵉ p. m. s. *qur-ru-nu*, p. 170, l. 63.
qarâṣu, קרץ, I, 1, façonner l'argile, partic. *ka-ri-ṣu*, p. 186, l. 233.
[*qarâru*], קרר, I, 1, brûler, parf. 1ʳᵉ p. s. *la-aq-ru-ur*, p. 90, l. 17.
qaritu, poutre (?), p. 92, l. 25.
[*qatâru*], קתר, II, 2, faire des fumigations; imparf. 3ᵉ p. m. s. *uq-ta-at-tar*, p. 296, l. 11.
qiddâti, gouffres, abîmes (?), p. 204, l. 18.
qi-ṣi, extrémité (?), p. 242, l. 15.
qurdu, pouvoir, puissance, p. 284, col. IV, l. 3.
qu-ta-ri, encensements (?), p. 250, l. 8.
rabû, רבה, III, 1, grandir, impér. *šur-ba-a*, p. 198, col. IV, l. 14.
[*râbu*], ראב, I, 1, aller à, parf. 3ᵉ p. m. s. *e-rab*, p. 100, *verso*, l. 5.
ragâmu, רגם, I, 1, crier, partic. fém. *ra-gi-in-tu*, p. 100, *recto*, l. 1.

ra-kis, p. 174, l. 106 (n'est pas, semble-t-il, le permansif, I, 1, de *rakâsu*).

ramâku, רמך, I, 1, se laver, faire des ablutions, imparf. 3e p. m. s. *i-ra-muk*, p. 264, l. 35; p. 296, l. 3.

ramû, רמיא, I, 1, habiter, impér. fém. s. *ri-me-i*, p. 198, col. IV, l. 17.

[*râmu*], רום, II, 1, élever, porter (?). parf. 3e p. m. s. *li-ru-un*, p. 142, l. 28; com., p. 51.

[*râšu*], ראש, I, 1, être abondant, parf. 3e p. m. s. *i-ra-aš*, p. 222, l. 17; com., p. 229.

rêmênu, ריאם, miséricordieux, fém. *ri-me-ni-tú*, p. 60, l. 19.

[*rêšu*], ריאש, I, 1, se réjouir, imparf. 3e p. m. s. *i-ra-a-ša*, p. 116, l. 29. — IV, 2. se plaire à, imparf. 3e p. m. s. *i-ta-ra-ša*, p. 222, l. 19.

ri-din, p. 188, l. 250.

rimku, ablution; *bît rimki*, piscine, p. 256, l. 22; p. 258, l. 25; p. 264, l. 36; p. 268, l. 53.

ri-im-tum, ראם, génisse sauvage (?), p. 60, l. 7.

risibtu, רסב, ruine, p. 304, l. 22.

ritû, רתה, 1, 3, s'attacher à, imparf. 1re p. s. *ar-ta-na-at-ta-ka*, p. 26, l. 1.

RU-DA, jeter, prononcer une incantation, p. 140, l. 1, 10; p. 142, l. 24, 35; p. 144, l. 57; p. 146, l. 12; p. 148, l. 39; p. 154, l. 4.

ru-ṣu-un-tu, רצן, impétueuse (?), p. 198, l. 14.

[*šabâku*] (?), faut-il admettre l'existence d'une racine שבך, avec le sens de placer, p. 28, *verso*, l. 7? V. *šabû*.

I *šabû*, שביא, I, 2: 1° attaquer, imparf. 3e p. m. pl. *il-ti-bu* (ou I, 2, de *labû*, entourer?), p. 90, l. 12; 2° dominer, imparf. 3e p. m. pl. *i-sa-am-bu-'*, p. 158, l. 17.

II *šabû*, שביא (?), I, 1, placer (?), parf. 1re p. s. *aš-ba-ka*, p. 28, l. 7; com., p. 29; v. *šabâku*.

šâbu, שיב, I, 2, vieillir, parf. 3e p. m. s. *i-sa-ab*, p. 22, col. II, l. 10.

šadâḫu, שדח, II, 1, introduire, imparf. 1re p. s. *ú-šad-daḫ*, p. 26, l. 12.

I [*šaḫâṭu*], שחט, I, 1, monter sur, parf. 3e p. m. s. *iš-ḫi-iṭ-ṭu*, p. 224, l. 11. — III, 2, faire monter, imparf. 3e p. m. s. *uš-ta-ḫaṭ*, p. 256, l. 4.

II [*šaḫâṭu*], שחט, III, 1, extirper, perm. 3e p. f. pl. *lu-šu-uš-ḫu-ṭa*, p. 256, l. 15.

šaḫâtu, שחת, I, 1, arroser, imparf. 2e p. m. s. *ta-ša-ḫat*, p. 244, *verso*, l. 6.

KUšaḫḫa, שחח, vêtement de deuil (?), p. 64, l. 17; com., p. 67.

šaḫtu, vénéré, p. 126, l. 18.

šaṭâpu, שטף, I, 1, submerger (?). perm. *ša-ṭe-ip*, p. 302, l. 12.

šakâku, שכך, I, 1, disposer (?), imparf. 3e p. m. s. *išakak (UD-DU)*, p. 296, l. 9, 10.

šakânu, שכן, IV, 3, se montrer, parf. 3e p. m. s. *it-ta-na-aš-ka-nam-ma*, p. 14, l. 19.

SA-LAG-GA', p. 140, l. 1.

šalbabu, לבב, impétueux, grondant (?), p. 46, l. 8.

šalṭu, שלט, puissant, p. 184, l. 229.

šanû, שניא, I, 2, changer, infin. *šit-na-a*, p. 182, l. 199.

šasû, שסיא, I, 1, crier, prier, parf. 1re p. s. *as-si* pour *aš-si*, p. 94, l. 35.

ša-suk-kat, p. 234, l. 36.

šapâlu, שפל, IV, 1, se taire, parf. 3e p. m. s. *iš-ša-pil*, p. 188, l. 248.

[*šapû*], שפיא, IV, 1, être proféré, parf. 3e p. m. s. *iš-ša-pu*, p. 188, l. 248.

šaqû, שקיא, III, 1, élever, imparf. 3e p. m. pl. *ú-ša-aš-qu-ú*, p. 184, l. 223.

šaqumme, en silence, p. 220, l. 10.

[*šarâḫu*], שרח, II, 1, resplendir, impér. *šur-ri-ḫa*, p. 198, l. 14. — III, 1, glorifier, imparf. 3e p. m. s. *ú-ša-aš-ra-ḫu*, p. 116, l. 29; parf. 3e p. m. s. *ú-ša-aš-ri-[ḫu]*, p. 166, l. 19; perm. être magnifique, colossal, *šú-uš-ru-uḫ*, p. 130, l. 14; *šu-uš-ru-ḫu*, p. 118, *verso*, l. 6.

šarâpu, שרף, I, 1, brûler, imparf. 3e p. m. pl. *i-šar-ru-pu*, p. 88, l. 20.

ša-ri-i, p. 186, l. 237.

[*šarû*], **שריא**, I, 1, régir, perm. (?), *ša-ru*, p. 158, l. 21.
[*šâru*], **שאר**, I, 1, rester, résister, partic. *ša-'-ir-ru*, p. 158, l. 11; com., p. 162.
ša-ru-uḫ-tu, fém. de *šarḫu*, colossal, p. 198, col. IV, l. 15.
šar-ba-biš, **רבב**, en opprimant, p. 186, l. 242.
šarḫiš, **שרח**, avec violence, p. 186, l. 237.
šar-ma, *šar-ma-mi*, ruine (?), p. 186, l. 238, n. 19 et corrections, com., p. 194.
šar-ra-bi, désert (?), p. 182, l. 200, com., p. 193.
šá-šam, p. 20, col. I, l. 15.
šat-ti, p. 30, l. 10.
še-'-i-tu, p. 282, l. 20, 22.
[*šè-'-u*], **שׁיא**, I, 2, rechercher, impér. *ši-te-'-e-ma*, p. 182, l. 197; *ši-te-e*, p. 170, l. 66.
še-bi-ti, nom d'un instrument de musique ou d'une espèce de chant? p. 196, l. 7; com., p. 200.
šemû, **שׁמיא**, I, 2, entendre, parf. 1re p. s. *as-si-me*, p. 90, l. 14.
šêmû, **שׁמיא**, favori, p. 198, col. IV, l. 27.
[*šêtu*], **שׁ??את**, I, 1, échapper, parf. (?) 3e p. m. s. *i-šit*, p. 48, l. 22.
ši-i-bi, **שׁיב**, vieillesse, litt. « le cheveu gris », p. 100, *recto*, l. 9, v. corrections.
ši-bu ša šadi, p. 302, l. 14.
ŠI-GAR-GA'L, p. 256, l. 3.
šid-din, p. 184, l. 217.
šil-ta, **שׁלת** (?), coupé (?), p. 224, l. 15; com., p. 230.
GIŠŠIM, p. 220, l. 6.
ŠIM-AN-BAR, nom d'onguent, p. 250, l. 23; p. 252, col. II, l. 7.
ŠIR-DIR-KUR-RA, chair noirâtre (?), p. 234, l. 32; v. Introd., p. XVI.
šammuŠI-ŠI, nom de plante, p. 296, l. 4.
šit-ru-ḫu, **שׁרח**, puissant, p. 120, l. 20.
GIŠŠU, instrument divinatoire, p. 118, *verso*, l. 9.
šú-'-e, p. 182, l. 210.
šú-'-e-tum, souveraine (?), p. 186, l. 234.
šú-'-i-ti, **שׁיא** (?), avis, conseil, p. 116, l. 27.
šú-'-u-tu, p. 180, l. 166.
šu-bul-tu, **ובל**, don, objet du désir, p. 20, col. I, l. 2, 3.
šú-luḫ-ḫi, pl. *šu-luḫ-ḫi-e*, **סלח**, aspersions, rites, p. 118, l. 44; p. 264, l. 42.
šulmu, **שׁלם**, oracle, p. 90, l. 8, 26.
širušumê (ME-KAN), rôti (?), ou plutôt une partie spéciale de la victime, qu'on faisait rôtir, p. 254, l. 19; p. 264, l. 39; com., p. 272.
abnuŠU-SAR, nom de pierre précieuse, p. 296, l. 9.
šupiltu, **אפל**, réponse, p. 20, col. I, l. 7.
šupû, **ופיא**, éclat, p. 116, l. 34.
šutukku (GI-ŠUK-UD), p. 262, l. 21.
ta-a-a-ra-tu, **תור**, compassion, p. 16, l. 29.
ta-ḫa-na-tu, p. 168, l. 43.
takaltu, **אכל** (contenir), vase, sachet de cuir (?), p. 232, l. 8; com., p. 238; p. 276, l. 1.
tak-li-me, **כלם**, offrandes, p. 134, *recto*, l. 6.
ta-mit, **תמיא**, oracle, p. 220, l. 7; p. 222, l. 22; p. 224, l. 8, 17; p. 234, l. 38.
ta-as-su-mi, **וסם**, splendeur, p. 158, l. 9.
tak-pi-ra-ti, **כפר**, purifications, p. 250, l. 18, 19; p. 252, col. II, l. 2, 3; p. 266, l. 34.
taqânu, **תקן**, II, 1, soutenir, impér. *tak-ki-in*, p. 42, l. 7.
[*taqâpu*], **תקף**, III, 2, fondre sur; imparf. 3e p. m. pl. *us-sa-at-qab-bu-ka*, p. 90, l. 11; com., p. 96.
[*taqû*], **תקיא**, II, 1, verser; *ù-taq-qam-ma*, p. 184, l. 221.
tarâku, **תרך**, I, 1, broyer, imparf. 2e p. m. s. *ta-tar-rak*, p. 242, l. 10.
I [*tarû*], **תריא**, II, 1, crier, parf. 3e p. m. pl. *li-tar-ru-šu*, p. 62, l. 8; com., p. 67.
tarû, **תריא**, lamentation, cri, p. 164, l. 11; com., p. 191.
II [*tarû*], **תריא**, I, 1 (?), protéger, 3e p. m. s. *i-ta-ri*, p. 168, l. 40.
telitu, **אליא**, sublime, auguste, p. 60, l. 4; com., p. 66; p. 244, l. 26.
te-na-na-a, faute (?), p. 140, l. 21; com., p. 150.

te-ni, p. 48, l. 25.
ti-u-ra-ti, p. 302, l. 14.
ti-qu-u, beau (?), p. 220, l. 13.
tù, piège (?), p. 170, l. 65.
tukkannu, sachet de cuir, p. 236, l. 7.
*šammu**TUL-LAL***, nom de plante, p. 296, l. 6.
tum-ri, four, p. 60, l. 20; com., p. 67.
tuq-te-e, קתיא, dans la locution *tur-ri tuq-te-e*, tirer vengeance, p. 48, l. 17.
*amilu**TU-TU***, enchanteur, p. 276, l. 13.

NOMS

DE DIVINITÉS, D'INDIVIDUS, DE TEMPLES, DE VILLES, DE PAYS, ETC.

LISTE DES TABLETTES

D'APRÈS LA NUMÉROTATION DU BRITISH MUSEUM

CORRECTIONS

P. 14, l. 14, lisez : *aš-šum eṭêru gamâlu (?)* [*ti-di-e*].

P. 15, l 14, lisez : « Car tu peux protéger et sauver »; l. 19, lisez : « s'est montré irrité, furieux contre moi ».

P. 61, l. 20, lisez : « avec un gâteau cuit au four ».

P. 84, *recto*, l. 14, lisez : [*ša*] *la in-ni-nu-u ki*[*bit-su*], et p. 85, *recto*, l. 14, au lieu de : « je te prie », lisez : « ...dont l'ordre n'est pas violé ».

P. 85, *verso*, l. 12, lisez : « j'ai offert une cassolette », au lieu de : « j'ai offert un holocauste ».

P. 86, effacez le commentaire de la l. 14.

P. 94, l. 34, lisez : *ina*, au lieu de : *i a*.

P. 101, *verso*, l. 1, lisez : « comme des haillons, je les effilerai », au lieu de : « comme de la laine »; l. 9, lisez : « le roi devenu vieux », au lieu de : « le vieux roi affaibli », et p. 104, remplacer le commentaire de la ligne 9 par ces mots : littéralement : « qui possède le (cheveu) blanc », c'est-à-dire devenu vieux.

P. 103, l. 10, lisez : « garde ta souveraineté », au lieu de : « garde ce que je t'ai acquis ».

P. 108, l. 11, et p. 110, l. 2, lisez : *ú lu*, au lieu de : *ú-lu*.

P. 111, l. 12, lisez : « une réponse favorable », au lieu de : « une faveur véritable ».

P 117, l. 25, lisez : « les dieux ses rivaux se tiennent en silence [devant lui] », au lieu de : « les dieux plongent, etc. ».

P. 140, l. 12, lisez : *iluŠA'-LA-AŠ*, au lieu de : *iluSA'-LA-AŠ*.

P. 141, l. 8, lisez : « dévore mes adversaires », au lieu de : « perds mes adversaires »; l. 22 : « comme ces statuettes se sont affaissées, se sont liquifiées et se sont fondues ».

P. 157, 158 et 159, lisez : XXI, au lieu de : XX.

P. 167, l. 21, lisez : « celui qui porte les décrets de la divinité possède la science ».

P. 170, l. 62, lisez : *pi-ta-as-su*, au lieu de : *i-ta-as-su*.

P. 172, l. 76, lisez : *an-nu*, au lieu de : *an nu*.

P. 182, l. 201, lisez : *za-ru-ú*, au lieu de : *zaru-ú*.

P. 186, l. 235, lisez : *it-gu-ra*, au lieu de : *id-gu-ra*; note 19, lisez : *šar-ma-mi*, au lieu de : *ša-ma-mi*.

P. 201, rétablissez : « Col. IV », devant 10 *i-ir-ma*.

P. 216, l. 5, lisez : *šam-me ba-la-ṭi*, plutôt que : *ú-me ba-la-ṭi*.

P. 217, l. 5, lisez : « [qui donnes] une plante de vie », plutôt que : « [qui donnes] des jours de vie ».

P. 242, l. 12, lisez : *tarakkas*, au lieu de : *tasarras*.

P. 266, l. 75, lisez : *qaṣ-ṣa-tu-nu*, au lieu de : *qaṣ-ṣa-ta-nu*.

TABLE DES MATIÈRES

CHALON-SUR-SAÔNE, IMP. FRANÇAISE ET ORIENTALE, E. BERTRAND

www.ingramcontent.com/pod-product-compliance
Ingram Content Group UK Ltd.
Pitfield, Milton Keynes, MK11 3LW, UK
UKHW022049260726
13993UKWH00001B/10